明史

清 張廷玉等撰

第二一册
卷二四一至卷二五四（傳）

中華書局

明史卷二百四十一

列傳第一百二十九

周嘉謨　張問達 陸夢龍 傅梅　汪應蛟　王紀 楊東明　孫瑋

鍾羽正　陳道亨 子弘緒

周嘉謨，字明卿，漢川人。隆慶五年進士。除戶部主事，歷韶州知府。萬曆十年遷四川副使，分巡瀘州。窮治大猾楊騰霄，置之死。建武所兵燔總兵官沈思學廨，單車諭定之。尋撫白草番。督兵邛州、灌縣，皆有方略。居五年，進按察使，移疾歸。久之，起故官。榷稅中官丘乘雲播虐，逮繫相屬。嘉謨檄所司拒絕，而榜殺奸民助虐者，乘雲爲戢。

就遷左布政使。擢右副都御史，巡撫雲南。隴川宣撫多安民叛，入緬，據蠻灣。嘉謨討擒之，立其弟安靖而還。進兵部右侍郎，巡撫如故。黔國公沐昌祚侵民田八千餘頃。嘉謨劾治之，復劾其孫啓元罪狀。久之，改督兩廣軍務兼巡撫廣東。滿考，加右都御史。廣西土酋引交阯兵內犯，官軍拒退之。嘉謨爲增兵置戍。南海、三水、高要、四會、高明諸邑大水，壞圩岸，留贖鍰築之。

遷南京戶部尚書，尋召拜工部尚書。孝定后喪，內廷宣索不貲。嘉謨言喪禮有中制，不當信左右言，妄耗國帑，不納。俄改吏部尚書。

四十八年七月，神宗崩。八月丙午朔，光宗卽位。鄭貴妃據乾清宮，且邀封皇太后。嘉謨從言官楊漣、左光斗等言，以大義責貴妃從子養性，示以利害。貴妃乃移慈寧宮，封后事亦寢。外廷皆言貴妃進侍姬八人，致帝得疾。二十六日，嘉謨因召見，以寡欲進規。帝注視久之，令皇長子諭外廷：「傳聞不可信。」諸臣乃退。二十九日，帝疾大漸。嘉謨偕大學士方從哲、劉一燝、韓爌等受顧命。其夕，帝崩。質明，九月乙亥朔，光宗遺詔皇長子嗣位。而李選侍專制宮中，勢頗張。廷臣慮不測。旣入臨，請見皇長子，呼萬歲，奉至文華殿受朝，送居慈慶宮。嘉謨奏言：「殿下之身，社稷是託，出入不宜輕脫。大小殮，朝暮臨，須臣等至乃發。」皇長子頷之。諸大臣定議，皇長子以九月六日卽位。選侍居乾清自如，且欲挾皇長子同居。嘉謨亟草疏率廷臣請移宮，光斗、漣繼之。五日，選侍始移噦鸞宮。〔一〕時大故頻仍，國勢杌隉，首輔從哲首鼠兩端，一燝、爌又新秉政，嘉謨正色立朝，力持大議，中外倚以爲重。

神宗末，齊、楚、浙三黨爲政。黜陟之權，吏部不能主。及嘉謨秉銓，惟才是任。光、熹相繼踐阼，嘉謨大起廢籍，耆碩滿朝。向稱三黨之魁及朋奸亂政者，亦漸自引去，中朝爲清。已，極陳吏治敝壞，請責成撫、按、監司。上官注考，率用四六儷語，多失實，嘉謨請以六事定官評：一曰守，二曰才，三曰心，四曰政，五曰年，六曰貌。各注其實，毋飾虛詞。帝稱善，行之。

天啓元年，御史賈繼春得罪。其同官張愼言、高弘圖疏救，帝欲並罪之。嘉謨等力爲解，乃奪愼言、弘圖俸而止。朱欽相、倪思輝被謫，嘉謨亦申救。給事中霍維華希魏忠賢指劾王安，置之死。嘉謨惡之，出維華於外。忠賢怒，嗾給事中孫杰劾嘉謨受劉一燝屬爲安報讐，且以用袁應泰、佟卜年等爲嘉謨罪。嘉謨求退，忠賢矯旨許之。大學士葉向高等請留嘉謨竣大計事，不聽。明年，廣寧陷。嘉謨憂憤，馳疏劾兵部尚書張鶴鳴主戰悞國罪。五年秋，忠賢黨周維持復劾嘉謨曲庇王安，遂削籍。

崇禎元年薦起南京吏部尚書，加太子太保。明年，卒官，年八十四。贈少保。

張問達，字德允，涇陽人。萬曆十一年進士。歷知高平、濰二縣，有惠政。徵授刑科給事中。寧夏用兵，請盡蠲全陝逋賦，從之。父喪除，起故官，歷工科左給事中。帝方營建兩宮，中官利乾沒，復興他役。問達力請停止，不納。俄陳礦稅之害，言：「閹尹一朝銜命，輒敢糾彈郡守，甚且糾撫按重臣。而孫朝所攜程守訓、陳保輩，至箠殺命吏，毀室廬，掘墳墓。不一按問，若萬方怨恫何！」

典試山東，疏陳道中饑饉流離狀，請亟罷天下礦稅，皆不報。已，巡視廠庫。故事，令商人辦內府器物，僉名以進，謂之僉商。而諸高貲者率賄近幸求免，帝輒許之。問達兩疏爭執，又極論守訓罪，並寢不行。進禮科都給事中。劾晉江李贄邪說惑衆，逮死獄中。贄事具耿定向傳。

三十年十月，星變，復請盡罷礦稅。時比年日食皆在四月，問達以純陽之月其變尤大，先後疏請修省，語極危切，帝終不納。尋遷太常少卿，以右僉都御史巡撫湖廣。所部水災，數請蠲貸。帝方營三殿，採木楚中，計費四百二十萬有奇。問達多方拮据，民免重困。久之，召拜刑部右侍郎，署部事兼署都察院事。

四十三年五月讞問張差梃擊事。問達從員外郎陸夢龍言，令十三司會訊，詞連鄭貴妃宮監龐保、劉成。中外籍籍，疑貴妃弟國泰爲之。問達等奏上差獄。帝見保、成名，留疏不下。尋召方從哲、吳道南及問達等於慈寧宮，命並磔二人。甫還宮，帝意復變。乃先戮差，令九卿三法司會訊保、成於文華門。保、成供原姓名曰鄭進、劉登雲，而不承罪。方鞫時，東宮傳諭曰：「張差情實風癲，誤入宮門，擊傷內侍，罪不赦。後招保、成係內官，欲謀害本宮。彼何益，當以讐誣，從輕擬罪。」問達等以鞫審未盡，上疏曰：「奸人闖宮，事關宗社。今差已死，二囚易抵飾。文華門尊嚴之地，臣等不敢刑訊，何由得情？二囚偏詞，何足爲據？差雖死，所供詞故在，其同謀馬三道等亦皆有詞在案，孰得而滅之？況慈寧召對，面諭並決。煌煌天語，通國共聞。若不付之外庭，會官嚴鞫，安肯輸情？既不輸情，安從正法？祖宗二百年來，未有罪囚不付法司，輒令擬罪者。且二人係內臣。法行自近，陛下尤當嚴其銜轡，而置之重辟。奈何任彼展辨，不與天下共棄之也。」帝以二囚涉鄭氏，付外庭，議益滋，乃潛斃之於內，言皆以創重身死。而馬三道等五人，命予輕比坐流配。其事遂止。是年解都察院事。久之，遷戶部尚書，督倉場。尋兼署刑部，拜左都御史。光宗疾大漸，同受顧命。

天啓元年冬，代周嘉謨爲吏部尚書。連掌內外大計，悉叶公論。當是時，萬曆中建言詿誤獲譴諸臣棄林下久，死者已過半。問達等定議：以廷杖、繫獄、遣戍者爲一等，贈官廕子；貶竄、削籍者爲一等，但贈官。獲恤者七十五人。

會孫愼行、鄒元標追論「紅丸」，力攻方從哲。詔廷臣集議，與議者百十餘人。閒達旣集衆議，乃會戶部尙書汪應蛟等上疏曰：

按愼行奏，首罪李可灼進紅丸。可灼先見從哲，臣等初未知。及奉召進乾清宮，候於丹墀，從哲與臣等共言李可灼進藥，俱愼重未決。俄宣臣等至宮內跪御前，先帝自言「朕躬虛弱」。語及壽宮，並諭輔陛下爲堯、舜。因問「可灼安在」。可灼趨入，和藥以進，少頃又進。聖躬安舒就寢。此進藥始末，從哲及文武諸臣所共見者。是時羣情倉惶，悽然共切。弑逆二字，何可忍言。在諸臣固諒從哲無是心，卽愼行疏中亦已相諒。若可灼輕易進藥，非但從哲未能止，臣與衆人亦未能止，臣等均有罪焉。及御史王安舜等疏論可灼，從哲自應重擬，乃先止罰俸，繼令養疾，則失之太輕。今不重罪可灼，何以慰先帝而服中外之心。宜提付法司，正以刑辟。若崔文昇妄投涼藥，罪亦當誅。請並下法司，與可灼並按。從哲則應如其自請，削去官階，爲法任咎，此亦大臣引罪之道宜然，而非臣等所敢議也。

至選侍欲垂簾聽政，羣臣初入臨，閹者阻不容入，羣臣排闥而進。哭臨畢，奉聖躬至文華殿，行朝謁嵩呼禮，復奉駕還慈慶宮。因議新主登極，選侍不當復居乾淸。九卿卽公疏請移，言官繼之，從哲始具揭奏請，選侍遂卽日移宮。然輿論猶憾從哲之奏，不殺然爲百僚倡。倘非諸臣共挾大義，連章急趨，則乾清何地，猶然混居，令得假竊魁柄，將如陛下登極還宮何！

疏入，帝謂從哲心跡自明，不當輕議。止逮可灼下吏。文昇已安置南京，弗問。

問達歷更大任，「梃擊」、「紅丸」、「移宮」三大案並經其手。持議平允，不激不隨。先以秩滿，加太子太保，至是乞休，疏十三上。詔加少保，乘傳歸。

五年，魏忠賢擅國。御史周維持劾問達力引王之寀植黨亂政，遂削奪。御史牟志夔復誣問達贓私，請下吏按問。命捐貲十萬助軍興。頃之，問達卒。以巡撫張維樞言，免其半。問達家遂破。崇禎初，贈太保，予一子官。維持、志夔咸名挂逆案。

陸夢龍，字君啓，會稽人。萬曆三十八年進士。授刑部主事，進員外郎。

張差獄起，引凡向宮殿射箭、放彈、投磚石等律當以斬。獄具，提牢主事王之寀奏差口詞甚悉，乞敕會問。大理丞王士昌亦上疏趣之。時夢龍以典試廣東杜門，主事邢臺傅梅過之曰：「人情庇奸，而甘心儲皇。吾雖恤刑山右，當上疏極論，君能共事乎？」夢龍曰：「張公遇我厚，遽上疏，若張公何？當力爭之耳。」乃偕見問達。時郎中胡士相等不欲再鞫，趣問達具疏請旨，以疏入必留中，其事可遂寢。夢龍得其情，止勿復請。衆曰：「提馬三爺、李外父輩，非得旨不可。」夢龍曰：「堂堂法司，不能捕一編氓，須天子詔耶？差所供，必當訊實。」問達以爲然。

明日，會訊，士相、永嘉、會禎、夢龍、梅、之宋及鄒紹先凡七人，惟之宋、梅與夢龍合。將訊，衆咸囁嚅。夢龍呼刑具三，無應者。擊案大呼，始具。差長身駢脅，睨視傲語，無風癲狀。夢龍呼紙筆，命畫所從入路。梅問：「汝何由識路？」差言：「我薊州人，非有導者，安得入？」問：「導者誰？」曰：「大老公龐公，小老公劉公。」且曰：「豢我三年矣，予我金銀壺各一。」夢龍曰：「何爲？」曰：「打小爺。」於是士相立推坐起曰：「此不可問矣。」遂罷訊。夢龍必欲得內豎名。越數日，問達再令十三司會審，差供逆謀及龐保、劉成名，一無所隱。士相主筆，躊躇不敢下，郎中馬德灃趣之。永嘉復以爲難。夢龍咈然曰：「陸員外不肯匿，誰敢匿？」獄乃具。給事中何士晉遂疏詆鄭國泰。帝於是斃保、成於內，而棄差市。梅慮其潛易，躬請監刑。當是時，自夢龍、之宋、梅、德灃外，鮮不爲鄭氏地者。已而之宋、德灃悉被罪，梅以京察罷官。夢龍賴問達力獲免，由郎中歷副使。

天啓四年，貴州賊未靖，總督蔡復一薦夢龍知兵，改右參政，監軍討賊。安邦彥犯普定。夢龍偕總兵黃鉞以三千人禦之。曉行大霧中，直前薄賊，賊大敗。三山苗叛，思州告急。夢龍夜遣中軍吳家相進擣賊巢，撾苗鼓，聲振山谷。苗大奔潰，焚其巢而還。尋改湖廣監軍，遷廣東按察使。上官建忠賢祠，列夢龍名，亟遣使劃去之。

崇禎元年大計，忠賢黨猶用事，鐫二級調任。三年起副使，以故官分巡東兗道。盜起曹、濮間，討斬其魁，餘衆悉降。遷右參政，守固原。夢龍慷慨好談兵，以廓淸羣盜自負。七年夏，賊來犯，擊却之。閏八月，賊陷隆德，〔二〕殺知縣費彥芳，遂圍靜寧州。〔三〕夢龍率遊擊賀奇勳、都司石崇德禦之。抵老虎溝。賊初不滿千，已而大至。夢龍所將止三百餘人，被圍數重，賊矢石如雨，突圍不得出。二將抱夢龍泣。夢龍揮之曰：「何作此婦孺態！」大呼奮擊，手馘數人，與二將俱戰死。事聞，贈太僕卿。

而傳梅，崇禎中歷台州知府，解職歸。十五年冬，捐金佐知府吉孔嘉守城。城破殉難，贈太常少卿。

汪應蛟，字潛夫，婺源人。萬曆二年進士。授南京兵部主事，歷南京禮部郎中。給由入都，值吏部侍郎陸光祖與御史江東之等相訐。應蛟不直光祖，抗疏劾之，於政府多所譏切。

累遷山西按察使。治兵易州，陳礦使王虎貪恣狀，不報。朝鮮再用兵，移應蛟天津。

及天津巡撫萬世德經略朝鮮，卽擢應蛟右僉都御史代之。屢上兵食事宜，扼險列屯，軍聲甚振。稅使王朝死，帝將遣代。應蛟疏請止之，忤旨，切責。朝鮮事寧，移撫保定。歲旱蝗，振恤甚力。已，極言畿民困敝，請盡罷礦稅。會奸人柳勝秋等妄言括畿輔稅可得銀十有三萬。應蛟三疏力爭，然僅得減半而已。三十年春，帝命停礦稅，俄中止。應蛟復力爭，不納。

應蛟在天津，見葛沽、白塘諸田盡爲汙萊，詢之土人，咸言斥鹵不可耕。應蛟念地無水則鹻，得水則潤，若營作水田，當必有利。乃募民墾田五千畝，爲水田者十之四，畝收至四五石，田利大興。及移保定，乃上疏曰：「天津屯兵四千，費餉六萬，俱斂諸民間。留兵則民告病，恤民則軍不給，計惟屯田可以足食。今荒土連封，蒿萊彌望，若開渠置堰，規以爲田，可七千頃，頃得穀三百石。近鎭年例，可以兼資，非獨天津之餉足取給也。」因條畫墾田丁夫及稅額多寡以請，得旨允行。

已，請廣興水利。略言：「臣境內諸川，易水可以溉金臺，滹水可以溉恒山，溏水可以溉中山，滏水可以溉襄國。漳水來自鄴下，西門豹嘗用之。瀛海當諸河下流，視江南澤國不異。其他山下之泉，地中之水，所在而有，咸得引以溉田。請通渠築防，量發軍夫，一準南方水田之法行之。所部六府，可得田數萬頃，歲益穀千萬石，畿民從此饒給，無旱潦之患；

卽不幸漕河有梗，亦可改折於南，取糴於北。」工部尚書楊一魁亟稱其議，帝亦報許，後卒不能行。召爲工部右侍郎，未上，予告去。已，進兵部左侍郎，以養親不出。親沒，竟不召。

光宗立，起南京戶部尚書。天啓元年改北部。東西方用兵，驟加賦數百萬。應蛟在道，馳疏言：「漢高帝稱蕭何之功曰：『鎭國家，撫百姓，給餉餽不絕，吾不如蕭何。』夫給餽餉而先以撫百姓，故能興漢滅楚，如運諸掌也。今國家多難，經費不支，勢不得緩催科；然弗愛養民力，而徒竭其脂膏，財殫氓窮，變亂必起，安得不預爲計。」因列上愛養十八事。帝嘉納焉。熊廷弼建三方布置之策，需餉千二百萬，應蛟力阻之。廷議「紅丸」事，請置崔文昇、李可灼於法，而斥方從哲爲編氓。

應蛟爲人，亮直有守，視國如家。謹出納，杜虛耗，國計賴之。帝保母客氏求墓地踰制，應蛟持不予，遂見忤。會有言其老不任事者，力乞骸骨。詔加太子少保，馳傳歸。陛辭，疏陳聖學。引宋儒語，以宦官、宮妾爲戒。久之，卒於家。應蛟學主誠敬，其出處辭受一軌於義。里居，謝絕塵事，常衣縕枲。

王紀，字惟理，芮城人。萬曆十七年進士。授池州推官。入爲祠祭主事，歷儀制郎中。

秉禮持正，時望蔚然。二十九年，帝將册立東宮，數遷延不決。紀抗疏極論。其冬，禮成，擢光祿少卿，引疾去。

四十一年自太常少卿擢右僉都御史，巡撫保定諸府。連歲水旱，紀設法救荒甚備。稅監張曄請征恩詔已蠲諸稅，紀兩疏力爭，曄竟取中旨行之。紀劾曄抗違詔書，沮格成命，皆不報。居四年，部內大治，遷戶部右侍郎，總督漕運兼巡撫鳳陽諸府。歲大凶，振救如畿輔。光宗立，召拜戶部尚書，督倉場。

天啓二年代黃克纘爲刑部尚書。時方會議「紅丸」事。紀偕侍郎楊東明署議，言：「方從哲知有貴妃，不知有君父。李可灼進藥駕崩，反慰以恩諭，賚之銀幣，國典安在？不逮可灼，無以服天下；不逮崔文昇，無以服可灼；不削奪從哲官階廕，無以洩天地神人之憤。」議出，羣情甚竦。

主事徐大化者，素無賴。日走魏忠賢門，搆陷善類，又顯劾給事中周朝瑞、惠世揚。紀憤甚，劾大化溺職狀。因言：「大化誠爲朝廷擊賊，則大臣中有交結權璫，誅鋤正士，如宋蔡京者，何不登彈文，而與正人日尋水火。」其言大臣，指大學士沈潅也。大化由此罷去，而潅及忠賢深憾之。御史楊維垣與大化有連，且素附潅，遂助潅詆紀，言紀所劾大臣無主名，請令指實。紀遂直攻潅，言：「潅與京，生不同時，而事實相類。其結納魏忠賢，與京之契合童貫同也。乞哀董羽宸，與京之懇款陳瓘同也。要盟死友邵輔忠、孫杰，與京之固結吳居厚同也。逐顧命元臣劉一燝、周嘉謨，與安置呂大防、蘇軾同也。斥逐言官江秉謙、熊德陽、侯震暘，與貶謫安常民、任伯雨同也。至於賄交婦寺，竊弄威權，中旨頻傳而上不悟，朝柄陰握而下不知，此又京迷國罔上，百世合符者。」客、魏聞之怒，爲漼泣愬帝前。帝謂紀煩言，加譙責焉。

初，李維翰、熊廷弼、王化貞下吏，紀皆置之重辟。而與都御史、大理卿上廷弼、化貞爰書，微露兩人有可矜狀，而言不測特恩，非法官所敢輕議。有千總杜茂者，齎登萊巡撫陶朗先千金，行募兵。金盡而兵未募，不敢歸，返薊州僧舍，爲邏者所獲，詞連佟卜年。卜年，遼陽人，舉進士，歷知南皮、河間，遷夔州同知，未行，經略廷弼薦爲登萊監軍僉事。邏者搒掠。茂言嘗客於卜年河間署中三月，與言謀叛，因挾其二僕往通李永芳。行邊尚書張鶴鳴以聞。鶴鳴故與廷弼有隙，欲藉卜年以甚其罪。朝士皆知卜年冤，莫敢言。及鎮撫既成獄，移刑部，紀疑之，以問諸曹郎。員外郎顧大章曰：「茂既與二僕往來三千里，乃拷訊垂斃，終不知二僕姓名，其誣服何疑？卜年雖非間諜，然實佟養眞族子，流三千里可也。」紀議從之。邏者又獲奸細劉一巘。忠賢疑劉一燝昆弟，欲立誅一巘與卜年，因一巘以株連一燝。紀皆執不可。漼遂劾紀護廷弼，緩卜年等獄，爲二大罪。帝責紀陳狀，遂斥爲民。以侍郎楊東明署部事，坐卜年流二千里。獄三上三却。給事中成明樞、張鵬雲、沈惟炳，卜年同年生也，爲發憤，摭他事連劾東明。卜年獲長繫，瘐死，而東明遂引疾去。紀旣斥，大學士葉向高、何宗彥、史繼偕論救，皆不聽。後閹黨羅織善類，紀先卒，乃免。崇禎元年復官，贈少保，廕一子，諡莊毅。

楊東明，字啓修，虞城人。官給事中。請定國本，出閣豫敎，早朝勤政，酌宋應昌、李如松功罪之平。上河南饑民圖，薦寺丞鍾化民往振。掌吏科，協孫丕揚主大計。後以劾沈思孝，思孝與相詆，貶三官爲陝西布政司照磨。里居二十六年。光宗立，起太常少卿。天啓中，累遷刑部右侍郎。旣歸，遂卒。崇禎初，贈刑部尙書。

孫瑋，字純玉，渭南人。萬曆五年進士。授行人，擢兵科給事中。劾中官魏朝及東廠辦事官鄭如金罪，如金坐下詔獄。二人皆馮保心腹也。

初，張居正以刑部侍郎同安洪朝選輕遼王罪，銜之。後勞堪巡撫福建，希居正意，諷同安知縣金枝捃摭朝選事，堪飛章奏之。命未下，捕置之獄，絕其飯食三日，死，禁勿殮，屍腐獄中。堪尋召爲左副都御史，未至京而居正卒。朝選子都察院檢校競訴冤闕下，堪復飛書抵馮保，削競籍，廷杖遣歸。至是，瑋白發其事，並及堪諸貪虐狀，堪免官。未幾，朝選妻訴冤，丘橓亦爲訟，競復援胡檟、王宗載事，請與堪俱死，乃遣堪戍。

當是時，廠衞承馮保餘威，濫受民訟；撫按訪察奸猾，多累無辜；有司斷獄，往往罪外加罰；帝好用立枷，重三百餘斤，犯者立死。瑋皆極陳其害。詔立枷如故，餘從瑋言。以母病，不俟命擅歸，坐謫桃源主簿。久之，歷遷太常卿。

三十年以右副都御史巡撫保定。朝鮮用兵，置軍天津，月餉六萬，悉派之民間。先任巡撫汪應蛟役軍大治水田，以所入充餉。瑋踵行之，田益墾，遂免加派。歲比不登，旱蝗、大水相繼，瑋多方振救，帝亦時出內帑佐之。所條荒政，率報允。畿輔礦使倍他省。礦已竭而搜鑿不已，至歲責民賠納。瑋累疏陳其害，且列天津稅使馬堂六大罪，皆不省。

就進兵部侍郎，召爲右都御史，督倉場。進戶部尚書，督倉場如故。大僚多缺，命署戎政。已，又兼署兵部。瑋言：「陛下以纍纍三印悉畀之臣，豈眞國無人耶？臣所知，大僚則有呂坤、劉元震、汪應蛟，庶僚則有鄒元標、孟一脈、趙南星、姜士昌、劉九經，臺諫則有王德完、馮從吾輩，皆德立行修，足備任使。苟更閱數年，陛下卽欲用之，不可得矣。」弗聽。

都御史自溫純去後，八年不置代。至四十年十二月，外計期迫，始命瑋以兵部尚書掌左都御史事。瑋素負時望。方欲振風紀，而是時朋黨勢成，言路大橫。會南畿巡按御史荊養喬與提學御史熊廷弼相訐，瑋議廷弼解職候勘。廷弼黨官應震、吳亮嗣輩遂連章攻瑋。瑋累疏乞休，帝皆慰留。無何，吏部以年例出兩御史于外，不關都察院。瑋以失職，求去益力，疏十餘上。明年七月稽首文華門，出郭候命。至十月，始予告歸。

天啓改元，起南京吏部尚書，改兵部，參贊機務。三年召拜刑部尚書。囚繫衆，獄舍至不能容。瑋請近畿者就州縣分繫。內使王文進殺人，下司禮議罪，其餘黨付法司。瑋言一獄不可分兩地，請并文進下吏，不聽。其冬，以吏部尚書再掌左都御史事，累以老疾辭，不允。明年秋，疾篤，上疏曰：「今者天災迭見，民不聊生。內而城社可憂，外而牖戶未固。法紀凌遲，人心瓦解。陛下欲圖治平，莫如固結人心；欲固結人心，莫如登用善類。舊輔臣劉一燝，憲臣鄒元標，尚書周嘉謨、王紀、孫愼行、盛以弘、鍾羽正等，侍郎曹于汴，詞臣文震孟，科臣侯震暘，臺臣江秉謙，寺臣滿朝薦，部臣徐大相，並老成蹇諤，跧伏草野，良可歎惜。倘蒙簡擢，必能昭德塞違，爲陛下收拾人心。尤望寡欲以保聖躬，勤學以進主德，優容以廣言路，明斷以攬大權。臣遘疾危篤，報主無期，敢竭微忱，用當屍諫。」遂卒。贈太子太保。魏忠賢用事，陝西巡撫喬應甲劾瑋素黨李三才、趙南星，不當叨冒恩恤。詔追誥命，奪其廕。崇禎初，復之。後謚莊毅。

鍾羽正，字叔濂，益都人。萬曆八年進士。除滑縣知縣。甫弱冠，多惠政，徵授禮科給事中。疏言朝講不宜輟，張鯨不宜赦，不報。

遷工科左給事中，出視宣府邊務。哈剌慎老把都諸部挾增市賞二十七萬有奇。羽正建議裁之。與參政王象乾讋以利害，莫敢動。兵部左侍郎許守謙先撫宣府，以賄聞，羽正劾去之。又劾罷副總兵張充實等，而悉置諸侵盜軍資者於理。

還爲吏科都給事中。劾禮部侍郎韓世能，薊遼總督蹇達，大理少卿楊四知、洪聲遠不職，四知、聲遠坐貶謫。時當朝覲，請禁餽遺，言：「臣罪莫大于貪。然使內臣貪而外臣不應，外臣貪而內臣不援，則尙相顧畏莫敢肆。今內以外爲府藏，外以內爲窟穴，交通賂遺，比周爲奸，欲仕路清，世運泰，不可得也。」帝善其言，敕所司禁之。且命閣部大臣公事議於朝房，毋私邸接賓客。吏部推孟一脈應天府丞，蔡時鼎江西提學，副以呂興周、馬猶龍。帝惡一脈、時鼎嘗建言，皆用副者。羽正率同列上言：「陛下不用一脈、時鼎，中外謂建白之臣，不惟一時見斥，而且復進無階，銷忠直之氣，結諫諍之舌，非國家福。」疏入，忤旨，奪俸有差。

二十年正月偕同官李獻可等請皇長子出閣豫教。帝怒，謫獻可官。羽正以己實主議，請與同謫，竟斥爲民。杜門讀書，士大夫往來其地，率辭不見。林居幾三十年。光宗立，起太僕少卿。未至，進本寺卿。

天啓二年，吏部將用爲左副都御史，羽正辭曰：「馮公從吾僉院已久，吾後入，先之，是長競也。西臺何地，可以是風有位乎？」乃受僉都御史而讓從吾爲副。甫入署，即言：「方從哲進藥議謚，封后移宮，無謀鮮斷，似佞似欺，宜免其官秩，使爲法受過。沈㴶結內援，招權賄，宜遄決其去。」羣小多不悅。熊廷弼、王化貞之獄，衆議紛呶。羽正言：「向者開原、鐵嶺之罪不明，致失遼陽；遼陽之罪不明，致失廣寧。朝廷疆土，堪幾番敗壞。」由是二人皆坐大辟。會朱童蒙以講學擊鄒元標及從吾，羽正言書院之設，實爲京師首善勸，不當議禁，因自劾乞休。頃之，代從吾爲左副都御史，俄改戶部右侍郎，督倉場。

明年春，拜工部尚書。故事，奄人冬衣隔歲一給。是夏六月，羣奄千餘人請預給，蠭擁入署，碎公座，毆掾吏，肆罵而去。蓋忌羽正者嗾奄使發難也。羽正疏聞，因求罷。詔司禮太監杖謫羣奄，而諭羽正出視事。羽正求去益堅，因言：「今帑藏殫虛，九邊壯士日夜荷戈寢甲，弗獲一飽。慶陵工卒負重乘高，暴炎風赤日中，求傭錢不得。而獨內官請乞，朝至夕從。此輩聞之，其誰不含憤。臣奉職不稱，義當罷黜。」復三疏自引歸。

踰年，逆黨霍維華追理三案，言羽正委身門戶，遂削奪。崇禎初，復官。久之卒。贈太子太保。

陳道亨，字孟起，新建人。萬曆十四年進士。除刑部主事，歷南京吏部郎中。同里鄧以讚、衷貞吉亦官南都，人號「江右三清」。遭母喪，家燬于火，僦屋以居。窮冬無幃，妻御葛裳，與子拾遺薪爇以禦寒。或有贈遺，拒弗受。由湖廣參政遷山東按察使、右布政使，轉福建爲左，所至不私一錢。以右副都御史提督操江。光宗立，進工部右侍郎，總督河道。天啓二年，妖賊徐鴻儒作亂。道亨守濟寧，扼諸要害，以衞漕舟。事平，增俸賜銀幣。尋拜南京兵部尚書，參贊機務。楊漣等羣擊魏忠賢，被譙責。道亨憤，偕九卿上言：「高皇帝定令，內臣止供掃除，不得典兵預政。陛下徒念忠賢微勞，舉魁柄授之，恣所欲爲，舉朝忠諫皆不納。何重視宦豎輕天下士大夫至此。」疏入，不納。道亨遂連疏求去。詔許乘傳歸。踰年卒。

道亨貞亮有守。自參政至尚書，不以家累自隨，一蒼頭執爨而已。崇禎初，贈太子少保，謚清襄。

子弘緒，字士業。爲晉州知州，以文名。

贊曰：光、熹之際，朝廷多故。又承神宗頹廢之餘，政體怠弛，六曹罔修厥職。周嘉謨、張問達諸人，懇懇奉公，詩所稱「不懈于位」者，蓋庶幾焉。汪應蛟持國計，謹出納，水田之議，鑿鑿可見施行。孫瑋請登用善類，鍾羽正請禁餽遺，韙哉，救時之良規也。

校勘記

〔一〕五日選侍始移噦鸞宮　噦鸞宮，當作「仁壽殿」。參見本書卷二四〇校勘記〔六〕。

〔二〕閏八月賊陷隆德　國榷卷九三頁五六五三、懷陵流寇始終錄卷七都作「八月」，無「閏」字。

〔三〕遂圍靜寧州　靜寧州，原作「靜海州」。明史稿傳一二一張問達傳附陸夢龍傳、國榷卷九三頁五六五三作「靜寧州」。按明無「靜海州」，靜寧州與隆德縣相鄰，與固原州都在陝西平涼府，且與此記事情況合，據改。

明史卷二百四十二

列傳第一百三十

陳邦瞻　畢懋康兄懋良　蕭近高　白瑜　程紹

翟鳳翀郭尙賓　洪文衡何喬遠　陳伯友李成名　董應舉

林材　朱吾弼林秉漢　張光前

陳邦瞻，字德遠，高安人。萬曆二十六年進士。授南京大理寺評事。歷南京吏部郎中，出爲浙江參政。進福建按察使，遷右布政使。改補河南，分理彰德諸府。開水田千頃，建滏陽書院，集諸生講習。士民祠祀之。就改左布政使。以右副都御史巡撫廣西。〔一〕

上林土官黃德勳弟德隆及子祚胤叛德勳，投田州土酋岑懋仁。〔二〕懋仁納之，襲破上林，殺德勳，掠妻子金帛。守臣問狀，詭言德勳病亡，乞以祚胤繼。邦瞻請討於朝。會光宗嗣位，即擢邦瞻兵部右侍郎，總督兩廣軍務兼巡撫廣東，遂移師討擒之。海寇林莘老嘯聚萬餘人侵掠海濱，邦瞻扼之，不得逞。澳夷築室青州，奸民與通，時侵內地，邦瞻燔其巢。召拜工部右侍郎。未上，改兵部，進左。

天啓二年五月疏陳四事，中言：「客氏既出復入，乃陛下過舉。輔臣不封還內降，引義固爭，致罪讁言者，再蹈拒諫之失，其何解於人言？」疏入，忤旨譙讓。尋兼戶、工二部侍郎，專理軍需。明年卒官。詔贈尙書。

邦瞻好學，敦風節。服官三十年，吏議不及。

畢懋康，字孟侯，歙人。萬曆二十六年進士。以中書舍人授御史。言內閣不當專用詞臣，邊臣失律者宜重按，部郎田大年、賀盛瑞，中書舍人丁元薦以忤權要廢，當雪。疏留中。視鹽長蘆。

畿輔多河渠，湮廢不治。懋康言：「保定淸河，其源發於滿城。抵淸苑而南十里，則湯家口爲上閘，又十里則淸楊爲下閘。順流東下，直抵天津。旁近易、安諸州，新安、雄、完、唐、慶都諸縣，並通舟楫仰其利。二閘創自永樂初，日久頹圮，急宜修復，歲漕臨、德二倉二十萬石餉保定、易州、紫荆諸軍，足使士卒宿飽。往者，密雲、昌平故不通漕。萬曆初，總督劉應節、楊兆疏潮、白二河，陵泉諸水，漕粟以餉二鎮，二鎮之軍賴之。此可倣而行也。」詔從之。巡按陝西，疏陳邊政十事，劾罷副總兵王學書等七人。請建宗學如郡縣學制。報可。改按山東，擢順天府丞。以憂去。天啓四年起右僉都御史，撫治鄖陽。

懋康雅負器局，歇歷中外。與族兄懋良並有清譽，稱「二畢」。

懋良，字師皐。先懋康舉進士。由萬載知縣擢南京吏部主事。歷副使，至左布政使，俱在福建。振饑民，減加派，撫降海寇，以善績稱。懋康爲巡撫之歲，懋良亦自順天府尹擢戶部右侍郎，督倉場。魏忠賢以懋康爲趙南星所引，欲去之。御史王際逵劾其附麗邪黨，遂削籍。而懋良亦以不附忠賢，爲御史張訥所論，落職閒住。兄弟相繼去國，士論更以爲榮。

崇禎初，起懋康南京通政使。越二年，召拜兵部右侍郎，尋罷。而懋良亦起兵部左侍郎。會京師戒嚴，尙書張鳳翔以下皆獲罪。懋良得原，致仕去。懋康再起南京戶部右侍郎，督糧儲。旋引疾歸。兄弟皆卒於家。

蕭近高，字抑之，廬陵人。萬曆二十三年進士。授中書舍人。擢禮科給事中。甫拜官，卽上疏言罷礦稅、釋繫囚、起廢棄三事，明詔已頒，不可中止。帝怒，奪俸一年。頃之，論江西稅使潘相擅刑宗人罪，不報。旣而停礦分稅之詔下，相失利，擅移駐景德鎭，請專理窰務。帝卽可之，近高復力爭。後江西撫按並劾相，相以爲近高主之，疏詆甚力。近高疏辨，復劾相。疏雖不行，相不久自引去。

屢遷刑科都給事中。知縣滿朝薦、諸生王大義等皆忤中使繫獄三年。近高請釋之，不報。遼東稅使高淮激民變，近高劾其罪，請撤還，帝不納。又以淮誣奏逮同知王邦才、參將李獲陽，近高復論救。會廷臣多劾淮者，帝不得已徵還，而邦才等繫如故。無何，極陳言路不通，耳目壅蔽之患。未幾，又言王錫爵密揭行私，宜止勿召；朱賡被彈六十餘疏，不當更留。皆不報。故事，六科都給事中內外遞轉。人情輕外，率規避，近高自請外補。吏部侍郞楊時喬請亟許以成其美。乃用爲浙江右參政，進按察使。以病歸。起浙江左布政使。所至以淸操聞。

泰昌元年召爲太僕卿。廷議「紅丸」之案，近高言崔文昇、李可灼當斬，方從哲當勒還故里，張差謀逆有據，不可蔽以瘋癲。歷工部左、右侍郞。天啓二年冬，引疾去。御史黃尊素因言近高曁侍郞余懋衡、曹于汴、饒伸，太僕少卿劉弘謨、〔三〕劉宗周並辭榮養志，淸風襲人，亟宜褒崇，風勵有位。詔許召還。五年冬，起南京兵部，添注左侍郎。力辭，不允。時魏忠賢勢張，諸正人屛斥已盡。近高不欲出，遷延久之。給事中薛國觀劾其玩命，遂落職。崇禎初，乃復。卒於家。

白瑜，字紹明，永平人。萬曆二十三年進士。選庶吉士，授兵科給事中。帝旣册立東宮，上太后徽號，瑜請推廣孝慈，以敦儉、持廉、惜人才、省冤獄四事進，皆引祖訓及先朝事以規時政，辭甚切。三十年，京師旱，陝西河州黃河竭。〔四〕禮官請修省，瑜言：「修省宜行實政。今逐臣久錮，纍臣久羈，一蒙矜釋，卽可感格天心。」末言礦稅之害。皆不報。

累遷工科都給事中。帝於射場營乾德臺，瑜抗疏力諫，又再疏請斥中官王朝、陳永壽，帝不能無憾。會瑜論治河當專任，遂責其剿拾陳言，謫廣西布政使照磨。以疾歸。光宗立，起光祿少卿，三遷太常卿。給事中倪思輝、朱欽相，御史王心一以直言被謫，瑜抗疏論救。

天啓二年由通政使拜刑部右侍郎，署部事。鄭貴妃兄子養性奉詔還籍，逗遛不去，其家奴張應登訐其通塞外。永寧伯王天瑞者，顯皇后弟也，〔五〕以后故銜鄭氏，遂偕其弟錦衣天麟交章劾養性不軌。琮以鄭氏得罪先朝，而交通事實誣，乃會都御史趙南星、大理卿陳于廷等讞上其獄，請抵奴誣告罪，勒養性居遠方。制可。明年進左侍郎。卒官。贈尙書。

程紹，字公業，德州人。祖瑤，江西右布政使。紹舉萬曆十七年進士。除汝寧推官，徵授戶科給事中。巡視京營。副將佟養正等五人行賄求遷，皆劾置於理。帝遣使採礦河南，紹兩疏言宜罷，皆不報。

再遷吏科左給事中。會大計京官，御史許聞造訐戶部侍郎張養蒙等，語侵吏部侍郎裴應章。紹言聞造挾吏部以避計典，且附會閣臣張位，聞造乃貶邊方。主事趙世德考察貶官，廷議征楊應龍，兵部舉世德知兵，紹駁止之。又劾文選郎楊守峻，守峻自引去。饒州通判沈榜貶官，賁緣稅監潘相得留，紹極言非法。山西稅使張忠以夏縣知縣韓薰忤己，〔六〕奏調之僻地，紹又爭之。帝怒，斥爲民。以沈一貫救，詔鐫一秩，出之外。給事中李應策、御史李炳等爭之。帝益怒，幷薰斥爲民，而奪應策等俸。紹家居二十年。光宗卽位，起太常少卿。

天啓四年歷右副都御史，巡撫河南。宗室居儀封者，爲盜窟。紹列上其狀，廢徙高牆。

臨漳民耕地漳濱，得玉璽，龍紐龜形，方四寸，厚三寸，文曰「受命於天，既壽永昌」，以獻紹。紹聞之於朝，略言：「秦璽不足徵久矣。今璽出，適在臣疆，既不當復埋地下，又不合私祕人間。欲遣官恭進闕廷，跡涉貢媚。且至尊所寶，在德不在璽，故先馳奏聞，候命進止。昔王孫圉不寶玉珩，齊威王不寶照乘，前史美之。陛下尊賢愛士，野無留良。尚有一代名賢，如鄒元標、馮從吾、王紀、周嘉謨、盛以弘、孫愼行、鍾羽正、余懋衡、曹于汴等皆憂國奉公，白首魁艾。其他詞林臺諫一錮不起者，並皇國禎祥，盛朝珍寶。臣不能汲致明廷，徒獻符貢瑞，臣竊羞之。願陛下惟賢是寶。在朝之忠直，勿事虛拘；在野之老成，亟圖登進。彼區區秦璽之眞僞，又安足計哉。」魏忠賢方斥逐耆碩，見之不悅。後忠賢勢益張，紹遂引疾歸。崇禎六年薦起工部右侍郎。越二年，以年老，四疏乞休去。卒，贈本部尚書。

翟鳳翀，字凌元，益都人。萬曆三十二年進士。歷知吳橋、任丘，有治聲，徵授御史。疏薦鍾羽正、趙南星、鄒元標等，因言：「宋季邪諂之徒，終日請禁僞學，信口詆譏。近年號講學者，不幸類此。」

出按遼東。宰賽、煖兔二十四營環開原而居，歲爲邊患。宰賽尤桀驁，數敗官軍，殺守將，因挾邊吏增賞。慶雲參將陳洪範所統止羸卒二千，又恇怯不任戰。鳳翀奏請益兵，易置健將，開原始有備。又請所在建常平倉，括贖鍰，節公費，易粟備荒。帝善其議，命推行於諸邊。故遼陽參將吳希漢失律聽勘，以內援二十年不決，且謀復官。鳳翀一訊成獄，置之大辟。邊人快之。

帝因「梃擊」之變，召見廷臣於慈寧宮。大學士方從哲、吳道南無所言。御史劉光復方發口，遽得罪。鳳翀上言：「陛下召對廷臣，天威開霽，千載一時。輔臣宜舉朝端大政，如皇太子、皇長孫講學，福府莊田鹺引，大僚空虛，考選沉閣，以及中旨頻降，邊警時聞，水旱盜賊之相仍，流移饑殍之載道，一一縷奏於前。乃緘默不言，致光復以失儀獲罪。光復一日未釋，輔臣未可晏然也。」忤旨，切責。山東大饑。以鳳翀疏，遣御史過庭訓齎十六萬金振之。

中官呂貴假奸民奏，留督浙江織造。冉登提督九門，誣奏市民毆門卒，下兵馬指揮歐相之吏。邢洪辱御史淩漢翀於朝，給事中郭尚賓等劾之，帝釋洪不問。漢翀爲廢將淩應登所毆，洪復曲庇應登。鳳翀抗疏極論貴、登、洪三人罪。且曰：「大臣造膝無從，小臣叩閽無路。宦寺浸用，政令多違，實開羣小假借之端，成太阿倒持之勢。」帝大怒，謫山西按察使經歷。而是時，尚賓亦上疏極言：「比來擬旨不由內閣，託以親裁。言官稍涉同類，輒云黨附。將使大臣不肯盡言，小臣不敢抗論，天下事尙可爲哉？乞陛下明詔閣臣，封還內降，容納直諫，以保治安。」忤旨，謫江西布政使檢校。閣臣及言官論救，皆不納。帝於章疏多不省，故廷臣直諫者久不被譴。至是二人同日謫官，時稱「二諫」。

鳳翀旣謫，三遷。天啓初爲南京光祿少卿。四年以大理少卿進右僉都御史，巡撫延綏。魏忠賢黨御史卓邁、汪若極連章論之，遂削籍。崇禎二年起兵部右侍郎，尋出撫天津。以疾歸。卒，贈兵部尙書。

尙賓，字朝諤，南海人，鳳翀同年進士。自吉安推官授刑科給事中。遇事輒諫諍，尤憤中官之橫。嘗因事論稅使李鳳、高寀、潘相，頗稱敢言。已，竟謫官。光宗時乃復起，累官刑部右侍郎，亦以不附忠賢削籍。崇禎初，爲兵部右侍郎。卒，贈尙書。

洪文衡，字平仲，歙人。萬曆十七年進士。授戶部主事。帝將封皇長子爲王，偕同官賈巖合疏爭。尋改禮部。與郎中何喬遠善。喬遠坐詿誤被謫，文衡已遷考功主事，竟引病歸。起補南京工部，歷郎中。力按舊章，杜中貴橫索，節冗費爲多。官工部九年，進光祿少卿。改太常，督四夷館。中外競請起廢，帝率報寢。久之，乃特起顧憲成。憲成已辭疾，忌者猶憚其進用，御史徐兆魁首疏力攻之。文衡慮帝惑兆魁言，抗章申雪。因言：「今兩都九列，强半無人，仁賢空虛，識者浩歎。所堪選擇而使者，祇此起廢一途。今憲成尚在田間，已嬰羅罔，俾聖心愈疑。連茹無望，貽禍賢者，流毒國家，實兆魁一疏基之矣。」〔七〕尋進大理少卿。以憂去。

泰昌元年起太常卿。光宗既崩，議升祔。文衡請祧睿宗，曰：「此肅宗一時崇奉之情，〔八〕不合古誼。且睿宗嘗爲武宗臣矣，一旦加諸其上，禮既不合，情亦未安。當時臣子過於將順，因循至今。夫情隆於一時，禮垂於萬世。更定之舉正在今時。」疏格不行。未幾卒，贈工部右侍郎。

文衡天性孝友。居喪，斷酒肉不處內者三年。生平不妄取一介。

喬遠，字穉孝，晉江人。萬曆十四年進士。除刑部主事，歷禮部儀制郎中。神宗欲封皇長子爲王，喬遠力爭不可。同官陳泰來等言事被謫，抗疏救之。石星主封倭，而朝鮮使臣金晬泣言李如松、沈惟敬之誤，致國人束手受刃者六萬餘人。喬遠即以聞，因進累朝馭倭故事，帝頗心動。而星堅持己說，疏竟不行。坐累謫廣西布政使經歷，以事歸。里居二十餘年，中外交薦，不起。

光宗立，召爲光祿少卿，移太僕。王化貞駐兵廣寧，主戰。喬遠畫守禦策，力言不宜輕舉。無何，廣寧竟棄。天啓二年進左通政。鄒元標建首善書院，朱童蒙等劾之。喬遠言：「書院上梁文實出臣手，義當幷罷。」語侵童蒙。進光祿卿，通政使。五疏引疾，以戶部右侍郎致仕。崇禎二年起南京工部右侍郎。給事中盧兆龍劾其衰庸，自引去。

喬遠博覽，好著書。嘗輯明十三朝遺事爲名山藏，又纂閩書百五十卷，頗行於世，然援据多舛云。

陳伯友，字仲怡，〔九〕濟寧人。萬曆二十九年進士。授行人。擢刑科給事中。甫拜命，卽劾罷河南巡撫李思孝。俄論鄒之麟科場弊宜勘；奄豎辱駙馬冉興讓，宜置之法；楚宗英嬔、蘊鈁，良吏滿朝薦、王邦才等宜釋。已，又言：「陛下淸明之心，不幸中年爲利所惑，皇皇焉若不足。以致財匱民艱，家成徹骨之貧，人抱傷心之痛。今天下所以杌隉傾危而不可救藥者，此也。」又言：「李廷機去國，操縱不出上裁。至外而撫按，內而庶僚，去留無所斷決。士大夫意見分岐，議論各異，陛下漫無批答。曷若盡付外廷公議，於以平曲直、定國是乎？」

帝皆不省。熊廷弼爲荆養喬所訐，伯友與李成名等力主行勘。既又陳時政四事，言：「擬旨必由內閣。昨科臣曾六德之處分，閣臣葉向高之典試，悉由內降。而福王之國之旨，亦於他疏批行。非獨褻天言，抑且貽隱禍。〔一〇〕法者天下所共。黔國公沐昌祚請令其孫啓元代鎮，已非法矣。乃撫按據法請勘，而以內批免之，疑中有隱情。御史呂圖南改提學，此爭爲賢，彼爭爲不肖，盍息兩家戈矛，共圖軍國大計。福王久應之國，今春催請不下數百疏，何以忽易期？」疏亦留中。尋以艱去。及服除，廷議多排東林，遂不出。

至四十六年，以年例，卽家除河南副使。天啓四年屢遷太常寺卿，治少卿事。楊漣劾魏忠賢，伯友亦偕卿胡世賞等抗疏極論。明年十二月，御史張樞劾其倚附東林，遂削奪。莊烈帝卽位，詔復官，未及用而卒。

成名，字寰知，太原衞人。祖應時，南京戶部員外郎，以淸白著。成名舉萬曆三十二年進士，授中書舍人。擢吏科給事中。疏陳銓政失平，語侵尙書趙煥。俄請釋纍臣滿朝薦，言朝薦不釋，則諸璫日肆，國家患無已。吏部侍郎方從哲，中旨起官。成名抗疏劾之，幷及其子恣橫狀。從哲求去，帝不許。是時，黨人日攻東林，成名遂移疾歸。

家居五年，起山東副使。天啓初，遷湖廣參政，入爲太僕少卿。四年春，擢右僉都御史，巡撫南、贛。魏忠賢以成名爲趙南星所用，因所屬給由，犯御諱，除其名。爲巡撫止八月，士民祠祀焉。崇禎改元，召拜戶部右侍郎，以左侍郎專理邊餉。京師戒嚴，改兵部。帝召對平臺，區畫兵事甚悉。數月而罷，卒於家。

董應舉，字崇相，閩縣人。萬曆二十六年進士。除廣州教授。與稅監李鳳爭學傍壖地，鳳舍人馳騎文廟前，縶其馬，用是有名。遷南京國子博士。再遷南京吏部主事。召爲文選主事。歷考功郎中，告歸。起南京大理丞。四十六年閏四月，日中黑子相鬬。五月朔，有黑日掩日，日無光。時遼東撫順已失，應舉言：「日生黑眚，乃强敵侵凌之徵。亟宜勤政修備，以消禍變。」因條上方略。帝置不省。

天啓改元，再遷太常少卿，督四夷館。二年春，陳急務數事，極言天下兵耗民離，疆宇日蹙，由主威不立，國法不行所致。帝以爲應舉知兵，令專任較射演武。已，上言保衞神京在設險營屯。遂擢應舉太僕卿兼河南道御史，經理天津至山海屯務。應舉以責太重，陳十難十利，帝悉敕所司從之。乃分處遼人萬三千餘戶於順天、永平河間、保定，詔書褒美。遂用公帑六千買民田十二萬餘畝，合閒田凡十八萬畝，廣募耕者，畀工廩、田器、牛種，濬渠築防，教之藝稻，農舍、倉廨、場圃、舟車畢具，費二萬六千，而所收黍麥穀五萬五千餘石。廷臣多論其功，就進右副都御史。天津葛沽故有水陸兵二千，應舉奏令屯田，以所入充歲餉，屯利益興。

五年六月，朝議以屯務既成，當廣鼓鑄。乃改應舉工部右侍郎，專領錢務，開局荆州。尋議給兩淮鹽課爲鑄本，命兼戶部侍郎，幷理鹽政。應舉至揚州，疏請釐正鹽規，議商人補行積引，增輸銀視正引之半，爲部議所格。應舉方奏析，而巡鹽御史陸世科惡其侵官，劾之。魏忠賢傳旨詰讓，御史徐揚先遂希指再劾，落職閒住。崇禎初，復官。

應舉好學善文。其居官，慷慨任事；在家，好興利捍患。比沒，海濱人祠祀之。

林材，字謹任，閩縣人。萬曆十一年進士。授舒城知縣。擢工科給事中。吏部推鄭洛戎政尚書，起張九一貴州巡撫。材極言兩人不當用，九一遂罷。王錫爵赴召，材疏論，幷及趙志皐、張位。再請建儲豫教，又爭三王並封之謬。

屢遷吏科都給事中。劾罷南京尚書郝杰、徐元泰。經略宋應昌惑沈惟敬，力請封貢。

材乞斬應昌、惟敬，不報。志皐、位擬旨失當，材抗疏駁之。二十二年夏六月，西華門災，材偕同官上言，切指時政缺失。帝慍甚，以方修省不罪。吏部推顧養謙總理河道，材論止之。兵部將大敍平壤功，材力詆石星罔上，星乃不敢濫敍。其冬，復率同官言成憲不當爲祭酒，馮夢禎不當爲詹事，劉元震不當爲吏部侍郎。帝積前怒，言材屢借言事誣謗大臣，今復暗傷善類。乃貶三官，餘停俸一歲。會御史崔景榮等論救，再貶程鄉典史。材遂歸里不出。光宗卽位，始起尙寶丞，再遷太僕少卿。還朝未幾，卽乞歸。天啓中，起南京通政使，卒。崇禎初，贈右都御史。

朱吾弼，字諧卿，高安人。萬曆十七年進士。授寧國推官。徵授南京御史。大學士趙志皐弟學仕爲南京工部主事，〔一二〕以贓敗。南京刑部因志皐故，〔一三〕輕其罪，議調饒州通判。吾弼疏論，竟謫戍之。奏請建國本，簡閣臣，補言官，罷礦稅，不報。山西巡撫魏允貞爲稅使孫朝所訐，吾弼乞治朝欺罔罪。廣東稅使李鳳乾沒，奸人王遇桂請稅江南田契，吾弼皆疏論其罪。時無賴子蠭起言利，廷臣輒連章力爭。帝雖不盡從，亦未嘗不容其切直。雷震皇陵，吾弼請帝廷見大臣，講求祖宗典制，次第舉行，與天下更始。尋復言：「陛下孝敬疏於郊廟，惕厲弛於朝講；土木盛宮苑，榛蕪遍殿廷，羣小橫中外，正士困囹圄；閭閻以礦稅竭，郵傳以輸輓疲，流亡以水旱增，郡縣以徵求困；草澤生心，衣冠喪氣；公卿不能補牘，臺諫無從引裾。不可不深察而改圖也。」末言禮部侍郎郭正域疾惡嚴，居己峻，不可以楚事棄。

先是，楚假王議起，首輔沈一貫陰左右王，以正域請行勘，嗾其黨錢夢皐輩逐之去。舉朝無敢留正域及言楚事者，吾弼獨抗章申理。而御史林秉漢以楚宗人戕殺巡撫，亦請詳勘。且言：「王旣非假，何憚於勘？」吾弼、秉漢遂爲一貫等所惡。會夢皐京察將黜，遂訐秉漢爲正域鷹犬，語侵沈鯉、楊時喬、溫純。秉漢坐貶貴州按察司檢校，而夢皐得留。郎中劉元珍論之，反獲譴。吾弼復疏直元珍，請黜夢皐，因力詆一貫，亦忤旨，停俸一年，遂移疾去。居三年，起南京光祿少卿，召爲大理右丞。齊、楚、浙三黨用事，吾弼復辭疾歸。熹宗立，召還。屢遷南京太僕卿。天啓五年爲御史吳裕中劾罷。

秉漢，字伯昭，長泰人。按廣東，亦再疏劾李鳳。旣謫，尋移疾歸，卒於家。天啓中，贈太僕少卿。

張光前，字爾荷，澤州人。萬曆三十八年進士。授蒲圻知縣。補安肅。甫四月，〔一三〕擢吏部驗封主事。歷文選員外郎、稽勳郎中。乞假去。

天啓四年，趙南星爲尙書，起爲文選郎中。甫視事，魏忠賢欲逐南星，假廷推謝應祥事矯旨切責。南星時與推應祥者，員外郎夏嘉遇，非光前也。光前抗疏爭之，曰：「南星人品事業昭灼人耳目，忽奉嚴旨責以不公忠，臣竊惑之。選郎，諸曹領袖，尙書臂指。南星所甄別進退，臣實佐之。功罪與共，乞先賜罷斥。」亦被旨切責。未幾，以推喬允升等代南星，忤忠賢意，削侍郎陳于廷及楊漣、左光斗籍。光前又抗疏曰：「會推尙書，于廷主議，臣執筆，謹席藁待罪。」遂貶三秩，調外任。

光前操行淸嚴，峻却請謁。知縣石三畏贓私狼籍，得奥援，將授臺諫。光前出之爲王官，其黨咸側目。明年，光前兄右布政使光縉治兵遵化，爲奄黨門克新所劾，亦削籍。兄弟並以忤奄去，見稱於世。崇禎元年起光祿少卿，不赴。三年起太常。已，進大理少卿。累疏乞休，及家而卒。

贊曰：朝政弛，則士大夫騰空言而少實用。若陳邦瞻、畢懋康、翟鳳翀、董應舉，尙思有所建立，惜不逢明作之朝，故所表見止此耳。蕭近高、洪文衡諸人皆以淸素自矢，白瑜論鄭氏獄能持平，固卿貳之錚錚者歟。

校勘記

〔一〕以右副都御史巡撫廣西　廣西，原作「陝西」。國榷卷八四頁五一五九作「廣西」。按下文所記乃陳邦瞻請討廣西田州土官岑懋仁事，作「陝西」誤，今改正。

〔二〕上林土官黃德勳弟德隆及子祚胤叛德勳投田州土酋岑懋仁　黃德勳，原作「黃德勛」；岑懋仁，原作「岑茂仁」。勳、勛，懋、茂，都是一字異書，而在本書有關各篇中互爲歧異。今從本書卷三一八田州傳一律作「黃德勳」「岑懋仁」，不再一一出校勘記。

〔三〕太僕少卿劉弘謨　劉弘謨，明史稿傳一二四蕭近高傳作「劉洪謨」。

〔四〕陝西河州黃河竭　河州，原作「河南」。據本書卷二一神宗紀、明史稿傳一二四白瑜傳改。河州屬陝西臨洮府，在黃河上游。

〔五〕永寧伯王天瑞者顯皇后弟也　顯皇后弟，當作「孝靖王太后父」，見本書卷一〇八外戚恩澤侯表、卷一一四神宗孝靖王太后傳。按顯皇后，是神宗孝端王皇后，與王天瑞無關，見本書卷一一四神宗孝靖王皇后傳。

〔六〕山西稅使張忠以夏縣知縣韓薰忤己　按本書卷三〇五楊榮傳作「山西稅監孫朝」，本書卷二三二魏允貞傳作「張忠採礦山西」。此作「張忠」，當稱「礦監」不當稱「稅使」，如稱「稅使」，當作「孫朝」。

〔七〕實兆魁一疏基之矣　基，原「塞」，據明史稿傳一二四汪文衡傳改。

〔八〕此肅宗一時崇奉之情　按明無「肅宗」，當作「肅皇」，即世宗肅皇帝。

〔九〕字仲怡　仲怡，原作「仲恬」，據明史稿傳一二四陳伯友傳改。

〔一〇〕抑且貽隱禍　隱禍，原作「陰禍」，據明史稿傳一二四陳伯友傳改。

〔一一〕大學士趙志皐弟學仕爲南京工部主事　本書卷二二一趙參魯傳稱學仕「乃大學士志皐族父」。

〔一二〕南京刑部因志皐故　南京，明史稿傳一二四朱吾弼傳作「兩京」，疑是。

〔一三〕甫四月　四月，明史稿傳一一三張光前傳作「兩月」。

明史卷二百四十三

列傳第一百三十一

趙南星　鄒元標　孫愼行 盛以弘　高攀龍　馮從吾

趙南星，字夢白，高邑人。萬曆二年進士。除汝寧推官。治行廉平，稍遷戶部主事。張居正寢疾，朝士羣禱，南星與顧憲成、姜士昌戒弗往。居正歿，調吏部考功。引疾歸。

起歷文選員外郎。疏陳天下四大害，言：「楊巍乞休，左都御史吳時來謀代之，忌戶部尚書宋纁聲望，連疏排擠。副都御史詹仰庇力謀吏、兵二部侍郎。大臣如此，何以責小臣，是謂干進之害。禮部尚書沈鯉、侍郎張位、諭德吳中行、南京太僕卿沈思孝相繼自免，獨南京禮部侍郎趙用賢在，詞臣黃洪憲輩每陰譏之，言官唐堯欽、孫愈賢、蔡系周復顯爲詆誣。衆正不容，宵人得志，是謂傾危之害。州縣長吏選授太輕，部寺之官計日而取郡守，不問才行。而撫按論人贓私有據，不曰未甚，則曰任淺，槪止降調。其意以爲惜才，不知此乃惜不才也。吏治日汙，民生日瘁，是謂州縣之害。鄉官之權大於守令，橫行無忌，莫敢誰何。如渭南知縣張棟，治行無雙，裁抑鄉官，被讒不獲行取，是謂鄉官之害。四害不除，天下不可得治。」

疏出，朝論韙之。而中所抨擊悉時相所庇，於是給事中李春開起而駁之。其疏先下，南星幾獲譴。給事中王繼光、史孟麟、萬自約，部曹姜士昌、吳正志並助南星詆春開，且發時來、仰庇、洪憲讒諂狀。春開氣沮，然南星卒以病歸。再起，歷考功郎中。

二十一年大計京官，與尚書孫鑨秉公澄汰。首黜所親都給事中王三餘及鑨甥文選員外郎呂胤昌，他附麗政府及大學士趙志皐弟皆不免。政府大不堪。給事中劉道隆因劾吏部議留拾遺庶僚非法。得旨，南星等專權植黨，貶三官。俄因李世達等疏救，斥南星爲民。後論救者悉被譴，鑨亦去位，一時善類幾空。事具鑨傳。

南星里居，名益高。與鄒元標、顧憲成，海內擬之「三君」。中外論薦者百十疏，卒不起。光宗立，起太常少卿。俄改右通政，進太常卿。至則擢工部右侍郎。居數月，拜左都御史，慨然以整齊天下爲任。天啓三年大計京官，以故給事中亓詩敎、趙興邦、官應震、吳亮嗣先朝結黨亂政，議黜之。吏科都給事中魏應嘉力持不可。南星著四凶論，卒與考功郎程正己置四人不謹。他所澄汰，一如爲考功時。浙江巡按張素養薦部內人材，及姚宗文、邵輔忠、劉廷元。南星劾其謬，素養坐奪俸。先是，巡方者有提薦之例，南星已奏止之。而陝西高弘圖、山西徐揚先、宣大李思啓、河東劉大受，復踵行如故。南星並劾奏之，巡方者始知畏法。

尋代張問達爲吏部尚書。當是時，人務奔競，苞苴恣行，言路橫尤甚。每文選郎出，輒邀之半道，爲人求官，不得則加以惡聲，或逐之去。選郎即公正無如何，尚書亦太息而已。南星素疾其弊，鋭意澄清，獨行己志，政府及中貴亦不得有所干請，諸人憚其剛嚴不敢犯。有給事爲貲郎求鹽運司，卽注貲郎王府，而出給事於外。知縣石三畏素貪，夤緣將行取，南星亦置之王府。時進士無爲王官者，南星不恤也。

魏忠賢雅重之，嘗於帝前稱其任事。一日，遣娣子傅應星介一中書贄見，南星麾之去。嘗並坐弘政門，選通政司參議，正色語忠賢曰：「主上沖齡，我輩內外臣子宜各努力爲善。」忠賢默然，怒形於色。大學士魏廣微，南星友允貞子也，素以通家子畜之。廣微入內閣，嘗三至南星門，拒勿見。又嘗嘆曰：「見泉無子。」見泉，允貞別號也。廣微恨刺骨，與忠賢比而齕南星。

東林勢盛，衆正盈朝。南星益搜舉遺佚，布之庶位。高攀龍、楊漣、左光斗秉憲；李騰芳、陳于廷佐銓；魏大中、袁化中長科道；鄭三俊、李邦華、孫居相、饒伸、王之寀輩悉置卿貳。而四司之屬，鄒維璉、夏嘉遇、張光前、程國祥、劉廷諫亦皆民譽。中外忻忻望治，而小人側目，滋欲去南星。給事中傅櫆以維璉改吏部己不與聞，首假汪文言發難，劾南星紊舊制，植私人。維璉引去，南星奏留之，小人愈恨。會漣劾忠賢疏上，宮府益水火。南星遂杜門乞休，不許。

攀龍之劾崔呈秀也，南星議戍之。呈秀窘，夜走忠賢邸，叩頭乞哀，言：「不去南星及攀龍、漣等，我兩人未知死所。」忠賢大以爲然，遂與定謀。會山西缺巡撫，河南布政使郭尚友求之。南星以太常卿謝應祥有清望，首列以請。既得旨，而御史陳九疇受廣微指，言應祥嘗知嘉善，大中出其門，大中以師故，謀於文選郎嘉遇而用之，徇私當斥。大中、嘉遇疏辯，語侵九疇。九疇再疏力詆，並下部議。南星、攀龍極言應祥以人望推舉，大中、嘉遇無私，九疇妄言不可聽。忠賢大怒，矯旨黜大中、嘉遇，幷黜九疇，而責南星等朋謀結黨。南星遽引罪求去，忠賢復矯旨切責，放歸。明日，攀龍亦引去。給事中沈惟炳論救，亦出之外。俄以會推忤忠賢意，幷斥于廷、漣、光斗、化中，引南星所擯徐兆魁、喬應甲、王紹徽等置要地。小人競進，天下大柄盡歸忠賢矣。

忠賢及其黨惡南星甚，每矯敕諭，必目爲元凶。於是御史張訥劾南星十大罪，幷劾維璉、國祥、嘉遇及王允成。得旨，並削籍。令再奏南星私黨，訥復列上邦華及孫鼎相等十四人，〔一〕並貶黜。自是爲南星擯棄者，無不拔擢。其素所推奬者，率遭奇禍。諸干進速化之徒，一擊南星，輒遂所欲。而石三畏亦起爲御史，疏攻南星及李三才、顧憲成、孫丕揚、王圖等十五人。死者皆削奪，縉紳禍益烈。尋以汪文言獄詞連及南星，下撫按提問。適郭尚友巡撫保定，而巡按馬逢皋亦憾南星，乃相與庭辱之。笞其子淸衡及外孫王鍾龐，〔二〕繫之獄，坐南星贓萬五千。南星家素貧，親故捐助，始獲竣。卒戍南星代州，淸衡莊浪，鍾龐永昌。嫡母馮氏、生母李氏，並哀慟而卒。子生七齡，驚怖死。南星抵戍所，處之怡然。

莊烈帝登極，有詔赦還。巡撫牟志夔，忠賢黨也，故遲遣之，竟卒於戍所。崇禎初，贈太子太保，〔三〕謚忠毅。櫆、呈秀、廣微、九疇、兆魁、應甲、紹徽、訥、三畏、尚友、志夔，俱名麗逆案，爲世大僇焉。

鄒元標，字爾瞻，吉水人。九歲通五經。泰和胡直，嘉靖中進士，官至福建按察使，師歐陽德、羅洪先，得王守仁之傳。元標弱冠從直遊，卽有志爲學。舉萬曆五年進士。觀政刑部。

張居正奪情，元標抗疏切諫。且曰：「陛下以居正有利社稷耶？居正才雖可爲，學術則

偏 志雖欲爲，自用太甚。其設施乖張者，如州縣入學，限以十五六人。有司希指，更損其數。是進賢未廣也。諸道決囚，亦有定額。所司懼罰，數必取盈。是斷刑太濫也。大臣持祿苟容，小臣畏罪緘默，有今日陳言而明日獲譴者。是言路未通也。黃河泛濫爲灾，民有駕蒿爲巢、啜水爲餐者，而有司不以聞。是民隱未周也。其他用刻深之吏，沮豪傑之材，又不可枚數矣。伏讀敕諭，『朕學尚未成，志尚未定，先生旣去，前功盡隳』。陛下言及此，宗社無疆之福也。雖然，弼成聖學，輔翼聖志者，未可謂在廷無人也。且幸而居正丁艱，猶可挽留；脫不幸遂捐館舍，陛下之學將終不成，志將終不定耶？臣觀居正疏言『世有非常之人，然後辦非常之事』，若以奔喪爲常事而不屑爲者。不知人惟盡此五常之道，然後謂之人。今有人於此，親生而不顧，親死而不奔，猶自號於世曰我非常人也，世不以爲喪心，則以爲禽彘，可謂之非常人哉？」

疏就，懷之入朝。適廷杖吳中行等。元標俟杖畢，取疏授中官，紿曰：「此乞假疏也。」及入，居正大怒，亦廷杖八十，謫戍都勻衞。衞在萬山中，夷僚與居，元標處之怡然。益究心理學，學以大進。巡按御史承居正指，將害元標。行次鎭遠，一夕，御史暴死。

元標謫居六年，居正歿，召拜吏科給事中，首陳培聖德、親臣工、肅憲紀、崇儒行、飭撫臣五事。尋劾罷禮部尚書徐學謨、南京戶部尚書張士佩。

徐學謨者，嘉定縣人。嘉靖中，爲荆州知府。景恭王之藩德安，欲奪荆州城北沙市地。學謨力抗不予，爲王所劾。下撫按逮問，改官。荆州人德之，稱沙市爲「徐市」。居正素與厚。萬曆中，累遷右副都御史，撫治鄖陽。居正歸葬父，學謨事之謹，召爲刑部侍郎。越二年，擢禮部尚書。自弘治後，禮部長非翰林不授。惟席書以言「大禮」故，由他曹遷；萬士和不由翰林，然先歷其部侍郎。學謨徑拜尚書，廷臣以居正故，莫敢言。居正卒，學謨急締姻於大學士申時行以自固。及奉命擇壽宮，通政參議梁子琦劾其始結居正，繼附時行，詔爲奪子琦俸。元標復劾之，遂令致仕歸。

慈寧宮災，元標復上時政六事。中言：「臣曩進無欲之訓，陛下試自省，果無欲耶，寡欲耶？語云：『欲人勿聞，莫若勿爲。』陛下誠宜翻然自省，加意培養。」當是時，帝方壯齡，留意聲色游宴，謂元標刺己，怒甚，降旨譙責。首輔時行以元標己門生，而劾罷其姻學謨，亦心慽，遂謫南京刑部照磨。就遷兵部主事。召改吏部，進員外郎，以病免。起補驗封。陳吏治十事，民瘼八事，疏幾萬言。文選缺員外郎，尚書宋纁請用元標，〔四〕久不獲命，纁連疏趣之。給事中楊文煥、御史何選亦以爲言。帝怒，詰責纁，謫文煥、選於外，而調元標南京。刑部尚書石星論救，亦被譙讓。元標居南京三年，移疾歸。久之，起本部郎中，不赴。旋遭母憂，里居講學，從游者日衆，名高天下。中外疏薦遺佚，凡數十百上，莫不以元標爲首。卒不用。家食垂三十年。

光宗立，召拜大理卿。未至，進刑部右侍郎。天啓元年四月還朝，首進和衷之說，言：「今日國事，皆二十年諸臣醞釀所成。往者不以進賢讓能爲事，日錮賢逐能。而言事者又不降心平氣，專務分門立戶。臣謂今日急務，惟朝臣和衷而已。朝臣和，天地之和自應。向之論人論事者，各懷偏見。偏生迷，迷生執，執而爲我，不復知有人，禍且移於國。今與諸臣約，論一人當惟公惟平，毋輕搖筆端；論一事當懲前慮後，毋輕試耳食。以天下萬世之心，衡天下萬世之人與事，則議論公，而國家自享安靜和平之福。」因薦涂宗濬、李邦華等十八人。帝優詔褒納。居二日，復陳拔茅闡幽、理財振武數事，及保泰四規。且請召用葉茂才、趙南星、高攀龍、劉宗周、丁元薦，而恤錄羅大紘、雒于仁等十五人。帝亦褒納。

初，元標立朝，以方嚴見憚，晚節務爲和易。或議其逐初仕時。元標笑曰：「大臣與言官異。風裁踔絕，言官事也。大臣非大利害，卽當護持國體，可如少年悻動耶？」時朋黨方盛，元標心惡之，思矯其弊，故其所薦引不專一途。嘗欲舉用李三才，因言路不與，元標卽中止。王德完譏其首鼠，元標亦不較。南京御史王允成等以兩人不和，請帝諭解。元標言：「臣與德完初無纖芥，此必有人交搆其間。臣嘗語朝士曰：『方今上在沖歲，敵在門庭，祇有同心共濟。倘復黨同伐異，在國則不忠，在家則不孝。世自有無偏無黨之路，奈何從室內起戈矛耶?』」帝嗣位已久,而先朝廢死諸臣猶未贈卹,元標再陳闡幽之典,言益懇切。

其年十二月改吏部左侍郎。未到官,拜左都御史。明年典外察,去留惟公。御史潘汝楨、過庭訓雅有物議。及庭訓秩滿,汝楨注考溢美。元標疏論之,兩人並引疾去。已,言丁巳京察不公,專禁錮異己,請收錄章家禎、丁元薦、史記事、沈正宗等二十二人。由是諸臣多獲昭雪。又言:「明詔收召遺佚,而諸老臣所處猶是三十年前應得之官,宜添注三品崇秩,昭陛下褒尊耆舊至意。」帝納其言。於是兩京太常、太僕、光祿三卿各增二員。

孫慎行之論「紅丸」也,元標亦上疏曰:「乾坤所以不毁者,惟此綱常。綱常所以植立者,恃此信史。臣去年舟過南中,南中士大夫爭言先帝猝然而崩,大事未明,難以傳信。臣初不謂然。及既入都,爲人言先帝盛德,宜速登信史。諸臣曰:『言及先帝彌留大事,令人閣筆,誰敢領此?』臣始有疑於前日之言。元輔方從哲不伸討賊之義,反行賞奸之典,即謂無其心,何以自解於世。且從哲秉政七年,未聞建樹何事,但聞馬上一日三趣戰,喪我十萬師徒。試問誰秉國成,〔五〕而使先帝震驚,奸人闖宮,豺狼當路,憸邪亂政?從哲何詞以對?從來懲戒亂賊,全在信史。失今不成,安所底止。」時刑部尚書黃克纘希內廷意,羣小和之,而從哲世居京師,黨附者衆,崔文昇黨復彌縫於內,格慎行與衆議,皆不得伸。未幾,慎行及王紀偕逐,元標疏救,不聽。

元標自還朝以來，不爲危言激論，與物無猜。然小人以其東林也，猶忌之。給事中朱童蒙、郭允厚、郭興治慮明年京察不利己，潛謀驅逐。會元標與馮從吾建首善書院，集同志講學，童蒙首請禁之。元標疏辨求去，帝已慰留，允厚復疏劾，語尤妄誕。而魏忠賢方竊柄，傳旨謂宋室之亡由於講學，將加嚴譴。葉向高力辨，且乞同去，乃得溫旨。興治及允厚復交章力攻，興治至比之山東妖賊。元標連疏請益力，詔加太子太保，〔六〕乘傳歸。陛辭，上老臣去國情深疏。歷陳軍國大計，而以寡欲進規，人爲傳誦。四年卒於家。明年，御史張訥請毀天下講壇，力詆元標，忠賢遂矯旨削奪。崇禎初，贈太子太保、吏部尚書，謚忠介。

童蒙等既劾元標，遂得罪清議，尋以年例外遷。及忠賢得志，三人並召還。歲餘，允厚至戶部尚書、太子太保。童蒙至右副都御史，巡撫延綏，母死不持服，爲忠賢建生祠。興治亦加至太僕卿。忠賢敗，三人並麗逆案云。

孫愼行，字聞斯，武進人。幼習聞外祖唐順之緒論，卽嗜學。萬曆二十三年舉進士第三人，授編修，累官左庶子。數請假里居，鍵戶息交，覃精理學。當事請見，率不納。有以政事詢者，不答。

四十一年五月由少詹事擢禮部右侍郎，署部事。當是時，郊廟大享諸禮，帝二十餘年不躬親，東宮輟講至八年，皇長孫九齡未就外傅，瑞王二十三未婚，楚宗人久錮未釋，代王廢長立幼，久不更正，臣僚章奏一切留中，福府莊田取盈四萬頃，愼行並切諫。已，念東宮開講，皇孫出閣，係宗社安危，疏至七八上。代王廢長子鼎渭，立愛子鼎莎，李廷機爲侍郎時主之，其後，羣臣爭者百餘疏，帝皆不省。愼行屢疏爭，乃獲更置。楚宗人擊殺巡撫趙可懷，爲首六人論死，復錮英𤠜等二十三人於高牆，禁蘊鈁等二十三人於遠地。愼行力白其非叛，諸人由此獲釋。皇太子儲位雖定，福王尙留京師，須莊田四萬頃乃行，宵小多窺伺。廷臣請之國者愈衆，帝愈遲之。愼行疏十餘上，不見省。最後，貴妃復請帝留王慶太后七旬壽節，羣議益籍籍。愼行乃合文武諸臣伏闕力請，大學士葉向高亦爭之强。帝不得已，許明年季春之國，羣情始安。

韓敬科場之議，愼行擬黜敬。而家居時素講學東林，敬黨尤忌之。會吏部缺侍郎，廷議改右侍郎李鋕於左，而以愼行爲右，命俱未下。御史過廷訓因言鋕未履任，何復推愼行，給事中亓詩教和之。愼行遂四疏乞歸，〔七〕出城候命，帝乃許之。已而京察，御史韓浚等以趨福王之國，謂愼行邀功，列之拾遺疏中。帝察其無罪，獲免。

熹宗立，召拜禮部尚書。初，光宗大漸，鴻臚寺丞李可灼以紅鉛丸藥進，俄帝崩，廷臣交章劾之。大學士方從哲擬旨令引疾歸，賚以金幣。天啓二年四月，〔八〕愼行還朝，上疏曰：

先帝驟崩，雖云夙疾，實緣醫人用藥不審。閱邸報，知李可灼紅丸乃首輔方從哲所進。夫可灼官非太醫，紅丸不知何藥，乃敢突然以進。昔許悼公飲世子藥而卒，世子卽自殺，春秋猶書之爲弒。然則從哲宜何居？速引劍自裁以謝先帝，義之上也，合門席稾以待司寇，義之次也，乃悍然不顧。至舉朝共攻可灼，僅令回籍調理，豈不以己實薦之，恐與同罪歟？臣以爲從哲縱無弒之心，却有弒之事；欲辭弒之名，難免弒之實。實錄中卽欲爲君父諱，不敢不直書方從哲連進藥二丸，須臾帝崩，恐百口無能爲天下後世解也。

然從哲之罪實不止此。先是則有皇貴妃欲爲皇后事。古未有天子旣崩而立后者。倘非禮官執奏，言路力持，幾何不遺禍宗社哉！繼此則有謚皇祖爲恭皇帝事。歷考晉、隋、周、宋，其末世亡國之君率謚曰「恭」，而以加之我皇祖，豈眞不學無術，實乃呪詛君國，等於亡王，其設心謂何？後此則有選侍垂簾聽政事。劉遜、李進忠幺麼小豎，何遂膽大揚言。說者謂二豎早以金寶輸從哲家，若非九卿、臺諫力請移宮，選侍一日得志，陛下幾無駐足所。聞爾時從哲濡遲不進，科臣趣之，則云遲數日無害。任婦寺之縱橫，忍君父之杌隉，爲大臣者宜爾乎？

臣在禮言禮，其罪惡逆天，萬無可生之路。若其他督戰悞國，罔上行私，縱情蔑法，干犯天下之名義，釀成國家之禍患者，臣不能悉數也。陛下宜急討此賊，雪不共之仇。毋詢近習，近習皆從哲所攀援也。毋拘忌諱，忌諱卽從哲所布置也。幷急誅李可灼，以洩神人之憤。

時朝野方惡從哲，愼行論雖過刻，然爭韙其言。顧近習多爲從哲地，帝乃報曰：「舊輔素忠愼，可灼進藥本先帝意。卿言雖忠愛，事屬傳聞。幷進封移宮事，當日九卿、臺諫官親見者，當據實會奏，用釋羣疑。」於是從哲疏辨。刑部尚書黃克纘右從哲，亦曲爲辨。愼行復疏折之，曰：「由前則過信可灼，有輕進藥之罪，由後則曲庇可灼，有不討賊之罪，兩者均無辭乎弑也。從哲謂移宮有揭。但諸臣之請在初二，從哲之請在初五。爾時章疏入乾清不入慈慶者已三日，國政幾於中斷，非他輔臣訪知，與羣臣力請，其害可勝言哉！伏讀聖諭『輔臣義在體國，爲朕分憂。今似此景象，何不代朕傳諭一言，屛息紛擾，君臣大義安在？』又云『朕凌虐不堪，晝夜涕泣六七日』。夫從哲爲顧命元臣，使少肯義形於色，何至令至尊憂危如此！惟阿婦寺之意多，戴聖明之意少，故敢於凌皇祖，悖皇考，而欺陛下也。」未復力言克纘之謬。章並下廷議。旣而議上，惟可灼下吏戍邊，從哲置不問。

山東巡撫奏，五月中，日中月星並見。愼行以爲大異，疏請修省，語極危切。秦王誼漶由旁枝進封，其四子法不當封郡王，厚賄近倖，遂得溫旨。愼行堅不奉詔，三疏力爭，不得。七月謝病去。

其冬，廷推閣臣，以愼行爲首，吏部侍郎盛以弘次之。魏忠賢抑不用，用顧秉謙、朱國禎、朱延禧、魏廣微，朝論大駭。葉向高連疏請用兩人，竟不得命。已，忠賢大熾，議修三朝要典，「紅丸」之案以愼行爲罪魁。其黨張訥遂上疏力詆，有詔削奪。未幾，劉志選復兩疏追劾，詔撫按提問，遣戍寧夏。未行，莊烈帝嗣位，以赦免。

崇禎元年命以故官協理詹事府，力辭不就。愼行操行峻潔，爲一時搢紳冠。朝士數推轂入閣，吏部尙書王永光力排之，迄不獲用。八年廷推閣臣，屢不稱旨。最後以愼行及劉宗周、林釬名上，帝卽召之。愼行已得疾，甫入都，卒。贈太子太保，謚文介。

盛以弘，字子寬，潼關衞人。父訥，字敏叔。訥父德，世職指揮也，討洛南盜戰死。訥號泣請於當事，水漿不入口者數日，爲發兵討斬之。久之，舉隆慶五年進士。由庶吉士累官吏部右侍郎。與尙書陳有年、左侍郎趙參魯共釐銓政。母憂歸，以篤孝聞。卒，贈禮部尙書。天啓初，謚文定。

以弘，萬曆二十六年進士。由庶吉士累官禮部尙書。天啓三年謝病歸。魏忠賢亂政，落其職。崇禎初，起故官，協理詹事府，卒官。明世，衞所世職用儒業顯者，訥父子而已。

高攀龍，字存之，無錫人。少讀書，輒有志程、朱之學。舉萬曆十七年進士，授行人。四川僉事張世則進所著大學初義，詆程、朱章句，請頒天下。攀龍抗疏力駁其謬，其書遂不行。

侍郞趙用賢、都御史李世達被訐去位，朝論多咎大學士王錫爵。攀龍上疏曰：

近見朝宁之上，善類擯斥一空。大臣則孫鑨、李世達、趙用賢去矣，小臣則趙南星、陳泰來、顧允成、薛敷敎、張納陛、于孔兼、賈巖斥矣。邇者李禎、曾乾亨復不安其位而乞去矣，選郞孟化鯉又以推用言官張棟，空署而逐矣。

夫天地生才甚難，國家需才甚亟，廢斥如此，後將焉繼。致使正人扼腕，曲士彈冠，世道人心何可勝慨！且今陛下朝講久輟，廷臣不獲望見顏色。天言傳布，雖曰聖裁，隱伏之中，莫測所以。故中外羣言，不曰「輔臣欲除不附己」，則曰「近侍不利用正人」。陛下深居九重，亦曾有以諸臣賢否陳於左右；而陛下於諸臣，亦嘗一思其得罪之故乎？果以爲皆由聖怒，則諸臣自孟化鯉而外，未聞忤旨，何以皆罷斥？卽使批鱗逆耳，如董基等，陛下已嘗收錄，何獨於諸臣不然？臣恐陛下有袪邪之果斷，而左右反借以行媢嫉之私；陛下有容言之盛心，而臣工反遺以拒諫諍之誚。傳之四海，垂諸史册，爲聖德累不小。

輔臣王錫爵等，跡其自待，若愈於張居正、申時行，察其用心，何以異於五十步笑百步。卽如諸臣罷斥，果以爲當然，則是非邪正，恒人能辨，何忍坐視至尊之過舉，得毋內洩其私憤，而利於斥逐之盡乎？

末力詆鄭材、楊應宿讒諂宜黜。應宿亦疏訐攀龍，語極妄誕。疏並下部院，議請薄罰兩臣，稍示懲創。帝不許，鐫應宿二秩，謫攀龍揭陽添注典史。御史吳弘濟等論救，幷獲譴。攀龍之官七月，以事歸。尋遭親喪，遂不出，家居垂三十年。言者屢薦，帝悉不省。

熹宗立，起光祿丞。天啓元年進少卿。明年四月疏劾戚畹鄭養性，言：「張差梃擊實養性父國泰主謀。今人言籍籍，咸疑養性交關奸宄，別懷異謀，積疑不解，當思善全之術。至劉保謀逆，中官盧受主之，劉于簡獄詞具在。受本鄭氏私人，而李如楨一家交關鄭氏，計陷名將，失地喪師。于簡原供，明言李永芳約如楨內應。若崔文昇素爲鄭氏腹心，知先帝症虛，故用泄藥，罪在不赦。陛下僅行斥逐，而文昇猶潛住都城。宜勒養性還故里，急正如楨、文昇典刑，用章國法。」疏入，責攀龍多言，然卒遣養性還籍。

孫愼行以「紅丸」事攻舊輔方從哲，下廷議。攀龍引春秋首惡之誅，歸獄從哲。給事中王志道爲從哲解，攀龍遺書切責之。尋改太常少卿，疏陳務學之要，因言：「從哲之罪非止紅丸，其最大者在交結鄭國泰。國泰父子所以謀危先帝者不一，始以張差之梃，繼以美姝之進，終以文昇之藥，而從哲實左右之。力扶其爲鄭氏者，力鋤其不爲鄭氏者；一時人心若狂，但知鄭氏，不知東宮。此賊臣也，討賊，則爲陛下之孝。而說者乃曰『爲先帝隱諱則爲孝』，此大亂之道也。陛下念聖母則宣選侍之罪，念皇考則隆選侍之恩，仁之至義之盡也。而說者乃曰『爲聖母隱諱則爲孝』。明如聖諭，目爲假託；忠如楊漣，謗爲居功。人臣避居功，甘居罪，君父有急，袖手旁觀，此大亂之道也。惑於其說，孝也不知其爲孝，不孝也以爲大孝；忠也不知其爲忠，不忠也以爲大忠。忠孝皆可變亂，何事不可妄爲。故從哲、養性不容不討，奈何猶令居輦轂下！」時從哲輩奧援甚固，摘疏中「不孝」語激帝怒，將加嚴譴。葉向高力救，乃奪祿一年。旋改大理少卿。鄒元標建書院，攀龍與焉。元標被攻，攀龍請與同罷，詔留之。進太僕卿，擢刑部右侍郎。

四年八月拜左都御史。楊漣等羣擊魏忠賢，勢已不兩立。及向高去國，魏廣微日導忠賢爲惡，而攀龍爲趙南星門生，並居要地。御史崔呈秀按淮、揚還，攀龍發其穢狀，南星議戍之。呈秀窘，急走忠賢所，乞爲義兒，遂摭謝應祥事，謂攀龍黨南星。嚴旨詰責，攀龍遽引罪去。頃之，南京御史游鳳翔出爲知府，訐攀龍挾私排擠。詔復鳳翔故官，削攀龍籍。呈秀憾不已，必欲殺之，竄名李實劾周起元疏中，遣緹騎往逮。攀龍晨謁宋儒楊龜山祠，以文告之。歸與二門生一弟飲後園池上，聞周順昌已就逮，笑曰：「吾視死如歸，今果然矣。」入與夫人語，如平時。出，書二紙告二孫曰：「明日以付官校。」因遣之出，扃戶。移時諸子排戶入，一燈熒然，則已衣冠自沈於池矣。發所封紙，乃遺表也，云：「臣雖削奪，舊爲大臣，大臣受辱則辱國。謹北向叩頭，從屈平之遺則。」復別門人華允誠書云：「一生學問，至此亦少得力。」時年六十五。遠近聞其死，莫不傷之。

呈秀憾猶未釋，矯詔下其子世儒吏。刑部坐世儒不能防閑其父，謫爲徒。崇禎初，贈太子少保，兵部尚書，謚忠憲，授世儒官。

初，海內學者率宗王守仁，攀龍心非之。與顧憲成同講學東林書院，以靜爲主。操履篤實，粹然一出於正，爲一時儒者之宗。海內士大夫，識與不識，稱高、顧無異詞。攀龍削官之秋，詔毀東林書院。莊烈帝嗣位，學者更修復之。

馮從吾，字仲好，長安人。萬曆十七年進士。改庶吉士，授御史。巡視中城，閹人修刺謁，拒却之。禮科都給事中胡汝寧傾邪狡猾，累劾不去。從吾發其奸，遂調外。時當大計，從吾嚴邏偵，苞苴絕跡。

二十年正月抗章言：「陛下郊廟不親，朝講不御，章奏留中不發。試觀戊子以前，四裔效順，海不揚波；己丑以後，南倭告警，北寇渝盟，天變人妖，疊出累告。勵精之效如彼，怠斁之患如此。近頌敕諭，謂聖體違和，欲借此自掩，不知鼓鐘於宮，聲聞於外。陛下每夕必飲，每飲必醉，每醉必怒。左右一言稍違，輒斃杖下，外庭無不知者。天下後世，其可欺乎！願陛下勿以天變爲不足畏，勿以人言爲不足恤，勿以目前晏安爲可恃，勿以將來危亂爲可忽，宗社幸甚。」帝大怒，欲廷杖之。會仁聖太后壽辰，閣臣力解得免。尋告歸，起巡長蘆鹽政。潔己惠商，奸宄斂迹。旣還朝，適帝以軍政大黜兩京言官。從吾亦削籍，猶以前疏故也。

從吾生而純慤，長志濂、洛之學，受業許孚遠。罷官歸，杜門謝客，取先正格言，體驗身心，造詣益邃。家居二十五年，光宗踐阼，起尚寶卿，進太僕少卿，並以兄喪未赴。俄改大理。

天啓二年擢左僉都御史。甫兩月，進左副都御史。廷議「三案」，從吾言：「李可灼以至尊嘗試，而許其引疾，當國何心！至梃擊之獄，與發奸諸臣爲難者，即奸人也。」由是羣小惡之。

已，與鄒元標共建首善書院，集同志講學其中，給事中朱童蒙遂疏詆之。從吾言：「宋之不競，以禁講學故，非以講學故也。我二祖表章六經，天子經筵，皇太子出閣，皆講學也。臣子以此望君，而已則不爲，可乎？先臣守仁，當兵事倥傯，不廢講學，卒成大功。此臣等所以不恤毁譽，而爲此也。」因再稱疾求罷，帝溫詔慰留。而給事中郭允厚、郭興治復相繼詆元標甚力。從吾又上言：「臣壯歲登朝，卽與楊起元、孟化鯉、陶望齡輩立講學會，自臣告歸乃廢。京師講學，昔已有之，何至今日遂爲訴厲。」因再疏引歸。

四年春，起南京右都御史，累辭未上，召拜工部尚書。會趙南星、高攀龍相繼去國，連疏力辭，予致仕。明年秋，魏忠賢黨張訥疏詆從吾，削籍。鄉人王紹徽素銜從吾，及爲吏部，使喬應甲撫陝，捃摭百方，無所得。乃毁書院，曳先聖像，擲之城隅。從吾不勝憤悒，得疾卒。崇禎初，復官，贈太子太保，謚恭定。

贊曰：趙南星諸人，持名檢，勵風節，嚴氣正性，侃侃立朝，天下望之如泰山喬嶽。詩有之，「邦之司直」，其斯人謂歟。權枉盈廷，譴謫相繼，「人之云亡，邦國殄瘁」，悲夫！

校勘記

〔一〕訥復列上邦華及孫鼎相等十四人　十四人，本書卷三〇六曹欽程傳作「十七人」。

〔二〕笞其子清衡及外孫王鍾龐　王鍾龐，熹宗實錄天啓七年十月庚戌條、國榷卷八八頁五三九三都作「王中龐」。

〔三〕贈太子太保　熹宗實錄天啓七年十月庚戌條、國榷卷八八頁五三九三都作「太子少保」。

〔四〕尙書宋纁請用元標　宋纁，原作「宗縕」。本書卷一一二七卿年表、明史稿傳一一二鄒元標傳都作「宋纁」。按本書卷二四二有宋纁傳，事跡與此合，據改。

〔五〕試問誰秉國成　試問，原作「訊問」，據明史稿傳一一二鄒元標傳改。

〔六〕詔加太子太保　太子太保，原作「太子少保」，據本書卷一一二七卿年表、熹宗實錄卷二二天啓二年十月乙酉條改。

〔七〕愼行遂四疏乞歸　遂，原作「隨」，據明史稿傳一一二孫愼行傳改。

〔八〕天啓二年四月　原作「天啓元年四月」。本書卷二四〇韓爌傳、熹宗實錄卷一六天啓二年四月辛巳條、國榷卷八五頁五二〇四、明史紀事本末卷六八都繫孫愼行論「紅丸」疏於天啓二年四月。本傳下文「五月中，日中星並見」，天文志也載於天啓二年五月。傳文作「元年」誤，今改正。下文「二年七月謝病去」，「二年」重出，今删。

明史卷二百四十四

列傳第一百三十二

楊漣 左光斗 弟光先 魏大中 子學洢 學濂 周朝瑞

袁化中 顧大章 弟大韶 王之寀

楊漣，字文孺，應山人。爲人磊落負奇節。萬曆三十五年成進士，除常熟知縣。舉廉吏第一，擢戶科給事中，轉兵科右給事中。

四十八年，神宗疾，不食且半月，皇太子未得見。漣偕諸給事、御史走謁大學士方從哲，御史左光斗趣從哲問安。從哲曰：「帝諱疾。卽問，左右不敢傳。」漣曰：「昔文潞公問宋仁宗疾，內侍不肯言。潞公曰：『天子起居，汝曹不令宰相知，將毋有他志，速下中書行法。』公誠日三問，不必見，亦不必上知，第令宮中知廷臣在，事自濟。公更當宿閣中。」曰：「無故事。」漣曰：「潞公不訶史志聰，此何時，尙問故事耶？」越二日，從哲始率廷臣入問。及帝疾亟，太子尙躊躇宮門外。漣、光斗遣人語東宮伴讀王安：「帝疾甚，不召太子，非帝意。當力請入侍，嘗藥視膳，薄暮始還。」太子深納之。

無何，神宗崩。八月丙午朔，光宗嗣位。越四日，不豫。都人喧言鄭貴妃進美姬八人，又使中官崔文昇投以利劑，帝一晝夜三四十起。而是時，貴妃據乾淸宮，與帝所寵李選侍相結。貴妃爲選侍請皇后封，選侍亦請封貴妃爲皇太后。帝外家王、郭二戚畹，徧謁朝士，泣愬宮禁危狀，謂「帝疾必不起，文昇藥故也，非誤也。鄭、李交甚固，包藏禍心」。廷臣聞其語，憂甚。而帝果趣禮部封貴妃爲皇太后。漣、光斗乃倡言於朝，共詰責鄭養性，令貴妃移宮，貴妃卽移慈寧。漣遂劾崔文昇用藥無狀，請推問之。且曰：「外廷流言，謂陛下興居無節，侍御蠱惑。必文昇藉口以掩其用藥之奸，文昇之黨煽布以預杜外廷之口。旣損聖躬，又虧聖德，罪不容死。至貴妃封號，尤乖典常。尊以嫡母，若大行皇后何？尊以生母，若本生太后何？請亟寢前命。」疏上，越三日丁卯，帝召見大臣，幷及漣，且宣錦衣官校。衆謂漣疏忤旨，必廷杖，囑從哲爲解。從哲勸漣引罪，漣抗聲曰：「死卽死耳，漣何罪？」及入，帝溫言久之，數目漣，語外廷毋信流言。遂逐文昇，停封太后命。再召大臣皆及漣。

漣自以小臣預顧命，感激，誓以死報。九月乙亥朔，昧爽，帝崩。廷臣趨入，諸大臣周嘉謨、張問達、李汝華等慮皇長子無嫡母、生母，勢孤甚，欲共託之李選侍。漣曰：「天子寧可託婦人？且選侍昨於先帝召對羣臣時，强上入，復推之出，是豈可託幼主者？請亟見儲皇，卽呼萬歲，擁出乾清，暫居慈慶。」語未畢，大學士方從哲、劉一燝、韓爌至，漣趣諸大臣共趨乾清宮。閽人持梃不容入，漣大罵：「奴才！皇帝召我等。今已晏駕，若曹不聽入，欲何爲！」閽人却，乃入臨。羣臣呼萬歲，請於初六日登極，而奉駕至文華殿，受羣臣嵩呼。駕甫至中宮，內豎從寢閣出，大呼：「拉少主何往？主年少畏人！」有攬衣欲奪還者。漣格而訶之曰：「殿下羣臣之主。四海九州莫非臣子，復畏何人！」乃擁至文華殿。禮畢，奉駕入慈慶宮。

當是時，李選侍居乾清。一燝奏曰：「殿下暫居此，俟選侍出宮訖，乃歸乾清宮。」羣臣遂退議登極期，語紛紛未定，有請改初三者，有請於卽日午時者。漣曰：「今海宇清晏，內無嫡庶之嫌。父死之謂何？含斂未畢，袞冕臨朝，非禮也。」或言登極則人心安，漣曰：「安與不安，不在登極早暮。處之得宜，卽朝委裘何害？」議定，出過文華殿。太僕少卿徐養量、御史左光斗至，責漣悞大事，唾其面曰：「事脫不濟，汝死，肉足食乎！」漣爲竦然。乃與光斗從周嘉謨於朝房，言選侍無恩德，必不可同居。

明日，嘉謨、光斗各上疏請選侍移宮。初四日得兪旨。而選侍聽李進忠計，必欲皇長子同居。惡光斗疏中「武氏」語，議召皇長子，加光斗重譴。漣遇內豎於麟趾門，內豎備言決。

狀。漣正色曰："殿下在東宮爲太子，今則爲皇帝，選侍安得召？且上已十六歲，他日即不奈選侍何，若曹置身何地？"怒目視之，其人退。給事中惠世揚、御史張潑入東宮門，駭相告口："選侍欲垂簾處光斗，汝等何得晏然？"漣曰："無之。"出皇極門，九卿科道議上公疏，未

初五日傳聞欲緩移宮期。漣及諸大臣畢集慈慶宮門外，漣語從哲趣之。從哲曰："遲亦無害。"漣曰："昨以皇長子就太子宮猶可，明日爲天子，乃反居太子宮以避宮人乎？即兩宮聖母如在，夫死亦當從子。選侍何人，敢欺藐如此！"時中官往來如織，或言選侍亦顧命中人。漣斥之曰："諸臣受顧命於先帝，先帝自欲先顧其子，何嘗先顧其嬖媵？請選侍於九廟前質之，若曹豈食李家祿者？能殺我則已，否則，今日不移，死不去。"一燝、嘉謨助之，詞色俱厲，聲徹御前。皇長子使使宣諭，乃退。復抗疏言："選侍陽託保護之名，陰圖專擅之實，宮必不可不移。臣言之在今日，殿下行之在今日，諸大臣贊決之，亦惟今日。"其日，選侍遂移宮，居仁壽殿。

明日庚辰，熹宗即位。自光宗崩，至是凡六日。漣與一燝、嘉謨定宮府危疑，言官惟光斗助之，餘悉聽漣指。漣鬚髮盡白，帝亦數稱忠臣。未幾，遷兵科都給事中。御史馮三元等極詆熊廷弼。漣疏論其事，獨持平。旋劾兵部尚書黃嘉善八大罪，嘉善罷去。

當選侍之移宮也，漣卽言於諸大臣曰：「選侍不移宮，非所以尊天子。既移宮，又當有以安選侍。是在諸公調護，無使中官取快私讐。」既而諸奄果爲流言。御史賈繼春遂上書內閣，謂不當於新君御極之初，首勸主上以違忤先帝，逼逐庶母，表裏交搆，羅織不休，俾先帝玉體未寒，遂不能保一姬女。蓋是時，選侍宮奴劉遜、劉朝、田詔等以盜寶繫獄，詞連選侍父。諸奄計無所出，則妄言選侍投繯，皇八妹入井，以熒惑朝士。繼春藉其言，首發難。於是光斗上疏述移宮事。而帝降諭言選侍氣毆聖母，及要挾傳封皇后，與卽日欲垂簾聽政語。又言：「今奉養李氏於噦鸞宮，尊敬不敢怠。」大學士從哲封還上諭。帝復降諭言選侍過惡，而自白贍養優厚，俾廷臣知。未幾，噦鸞宮災。帝諭內閣，言選侍暨皇八妹無恙。而是時，給事中周朝瑞謂繼春生事。繼春與相詆諆，乃復上書內閣，有：「伶仃之皇八妹，入井誰憐，孀寡之未亡人，雉經莫訴」語。朝瑞與辨駁者再。漣恐繼春說遂滋，亦上敬述移宮始末疏，且言：「選侍自裁，皇八妹入井，蜚語何自，臣安敢無言。臣寧使今日忤選侍，無寧使移宮不速，不幸而成女后獨覽文書、稱制垂簾之事。」帝優詔褒漣志安社稷，復降諭備述宮掖情事。繼春及其黨益忌漣，詆漣結王安，圖封拜。漣不勝憤，冬十二月抗章乞去，卽出城候命。帝復褒其忠直，而許之歸。天啓元年春，繼春按江西還，抵家，見帝諸諭，乃具疏陳上書之實。帝切責，罷其官。漣、繼春先後去，移宮論始息。

天啓二年起漣禮科都給事中，旋擢太常少卿。明年冬，拜左僉都御史。又明年春，進左副都御史。而是時魏忠賢已用事，羣小附之，憚衆正盈朝，不敢大肆。漣益與趙南星、左光斗、魏大中輩激揚諷議，務植善類，抑憸邪。忠賢及其黨銜次骨，遂興汪文言獄，將羅織諸人。事雖獲解，然正人勢日危。其年六月，漣遂抗疏劾忠賢，列其二十四大罪，言：

高皇帝定令，內官不許干預外事，祇供掖廷洒掃，違者法無赦。聖明在御，乃有肆無忌憚，濁亂朝常，如東廠太監魏忠賢者。敢列其罪狀，爲陛下言之。

忠賢本市井無賴。中年淨身，夤入內地。初猶謬爲小忠、小信以倖恩，繼乃敢爲大奸、大惡以亂政。祖制，以擬旨專責閣臣。自忠賢擅權，多出傳奉，或徑自內批。壞祖宗二百餘年之政體，大罪一。

劉一燝、周嘉謨，顧命大臣也，忠賢令孫杰論去。急於翦己之忌，不容陛下不改父之臣，大罪二。

先帝賓天，實有隱恨。孫愼行、鄒元標以公義發憤，忠賢悉排去之。顧於黨護選侍之沈潅，曲意綢繆，終加蟒玉。親亂賊而讐忠義，大罪三。

王紀、鍾羽正先年功在國本。及紀爲司寇，執法如山；羽正爲司空，淸修如鶴。忠賢搆黨斥逐，必不容盛時有正色立朝之直臣，大罪四。

國家最重無如枚卜。忠賢一手握定，力阻首推之孫愼行、盛以弘，更爲他辭以錮其出。豈眞欲門生宰相乎？大罪五。

爵人於朝，莫重廷推。去歲南太宰、北少宰皆用陪推，致一時名賢不安其位。顚倒銓政，掉弄機權，大罪六。

聖政初新，正資忠直。乃滿朝薦、文震孟、熊德陽、江秉謙、徐大相、毛士龍、侯震暘等，抗論稍忤，立行貶黜，屢經恩典，竟阻賜環。長安謂天子之怒易解，忠賢之怒難調，大罪七。

然猶曰外廷臣子也。去歲南郊之日，傳聞宮中有一貴人，以德性貞靜，荷上寵注。忠賢恐其露己驕橫，託言急病，置之死地。是陛下不能保其貴幸矣，大罪八。

猶曰無名封也。裕妃以有娠傳封，中外方爲慶幸。忠賢惡其不附己，矯旨勒令自盡。是陛下不能保其妃嬪矣，大罪九。

猶曰在妃嬪也。中宮有慶，已經成男，乃忽焉告殞，傳聞忠賢與奉聖夫人實有謀焉。是陛下且不能保其子矣，大罪十。

先帝青宮四十年，所與護持孤危者惟王安耳。卽陛下倉卒受命，擁衞防維，安亦不可謂無勞。忠賢以私忿，矯旨殺於南苑。是不但仇王安，而實敢仇先帝之老奴，況其他內臣無罪而擅殺擅逐者，又不知幾千百也，大罪十一。

今日獎賞，明日祠額，要挾無窮，王言屢褻。近又於河間毀人居屋，起建牌坊，鏤鳳雕龍，干雲插漢，又不止塋地僭擬陵寢而已，大罪十二。

今日廕中書，明日廕錦衣。金吾之堂口皆乳臭，誥敕之館目不識丁。如魏良弼、魏良材、魏良卿、魏希孔及其甥傅應星等，濫襲恩廕，褻越朝常，大罪十三。

用立枷之法，戚畹家人駢首畢命，意欲誣陷國戚，動搖中宮。若非閣臣力持，言官糾正，椒房之戚，又興大獄矣，大罪十四。

良鄉生員章士魁，坐爭煤窰，託言開礦而致之死。假令盜長陵一抔土，何以處之？趙高鹿可爲馬，忠賢煤可爲礦，大罪十五。

王思敬等牧地細事，責在有司。忠賢乃幽置檻阱，恣意搒掠，視士命如草菅，大罪十六。

給事中周士樸執糾織監，忠賢竟停其陞遷，使吏部不得專銓除，言官不敢司封駁，大罪十七。

北鎮撫劉僑不肯殺人媚人，忠賢以不善鍛鍊，遂致削籍。示大明之律令可以不守，而忠賢之律令不敢不遵，大罪十八。

給事中魏大中遵旨莅任，忽傳旨詰責。及大中回奏，臺省交章，又再褻王言。毋論玩言官於股掌，而煌煌天語，朝夕紛更，大罪十九。

東廠之設，原以緝奸。自忠賢受事，日以快私讐、行傾陷爲事。縱野子傅應星、陳居恭、傅繼教輩，投匭設阱。片語稍違，駕帖立下，勢必興同文館獄而後已，大罪二十。

邊警未息，內外戒嚴，東廠訪緝何事？前奸細韓宗功潛入長安，實主忠賢司房之邸，事露始去。假令天不悔禍，宗功事成，未知九廟生靈安頓何地，大罪二十一。

祖制，不蓄內兵，原有深意。忠賢與奸相沈漼創立內操，藪匿奸宄，安知無大盜、刺客爲敵國窺伺者潛入其中。一旦變生肘腋，可爲深慮，大罪二十二。

忠賢進香涿州，警蹕傳呼，清塵墊道，人以爲大駕出幸。及其歸也，改駕四馬，羽幢青蓋，夾護環遮，儼然乘輿矣。其間入幕効謀，叩馬獻策者，實繁有徒。忠賢此時自視爲何如人哉？大罪二十三。

夫寵極則驕，恩多成怨。聞今春忠賢走馬御前，陛下射殺其馬，貸以不死。忠賢不自伏罪，進有傲色，退有怨言，朝夕隄防，介介不釋。從來亂臣賊子，只爭一念，放肆遂至不可收拾，奈何養虎兕於肘腋間乎！此又寸臠忠賢，不足盡其辜者，大罪二十四。

凡此逆跡，昭然在人耳目。乃內廷畏禍而不敢言，外廷結舌而莫敢奏。間或奸狀敗露，則又有奉聖夫人爲之彌縫。甚至無恥之徒，攀附枝葉，依託門牆，更相表裏，迭爲呼應。積威所劫，致掖廷之中，但知有忠賢，不知有陛下；都城之內，亦但知有忠賢，不知有陛下。卽如前日，忠賢已往涿州，一切政務必星夜馳請，待其旣旋，詔旨始下。天顏咫尺，忽慢至此，陛下之威靈尚尊於忠賢否耶？陛下春秋鼎盛，生殺予奪，豈不可以自主？何爲受制幺麼小醜，令中外大小惴惴莫必其命？伏乞大奮雷霆，集文武勳戚，敕刑部嚴訊，以正國法，并出奉聖夫人於外，用消隱憂，臣死且不朽。

忠賢初聞疏，懼甚。其黨王體乾及客氏力爲保持，遂令魏廣微調旨切責漣。先是，漣疏就，欲早朝面奏。値次日免朝，恐再宿機洩，遂於會極門上之，忠賢乃得爲計。漣愈憤，擬對仗復劾之。忠賢詗知，遏帝不御朝者三日。及帝出，羣閹數百人衷甲夾陛立，敕左班官不得奏事，漣乃止。

自是，忠賢日謀殺漣。至十月，吏部尚書趙南星旣逐，廷推代者，漣注籍不與。忠賢矯旨責漣大不敬，無人臣禮，偕吏部侍郎陳于廷、僉都御史左光斗並削籍。忠賢恨不已，再興汪文言獄，將羅織殺漣。五年，其黨大理丞徐大化劾漣、光斗黨同伐異，招權納賄，命逮文言下獄鞫之。許顯純嚴鞫文言，使引漣納熊廷弼賄。文言仰天大呼曰：「世豈有貪贓楊大洪哉！」至死不承。大洪者，漣別字也。顯純乃自爲獄詞，坐漣贓二萬，遂逮漣。士民數萬人擁道攀號。所歷村市，悉焚香建醮，祈祐漣生還。比下詔獄，顯純酷法拷訊，體無完膚。其年七月遂於夜中斃之，年五十四。

漣素貧，產入官不及千金。母妻止宿譙樓，二子至乞食以養。徵贓令急，鄉人競出貲助之，下至賣菜傭亦爲輸助。其節義感人如此。崇禎初，贈太子太保、兵部尙書，謚忠烈，官其一子。

左光斗，字遺直，桐城人。萬曆三十五年進士。除中書舍人。選授御史，巡視中城。捕治吏部豪惡吏，獲假印七十餘，假官一百餘人，輦下震悚。

出理屯田，言：「北人不知水利，一年而地荒，二年而民徙，三年而地與民盡矣。今欲使旱不爲災，澇不爲害，惟有興水利一法。」因條上三因十四議：曰因天之時，因地之利，因人之情；曰議濬川，議疏渠，議引流，議設壩，議建閘，議設陂，議相地，議築塘，議招徠，議擇人，議擇將，議兵屯，議力田設科，議富民拜爵。其法犁然具備，詔悉允行。水利大興，北人始知藝稻。鄒元標嘗曰：「三十年前，都人不知稻草何物，今所在皆稻，種水田利也。」閹人劉朝稱東宮令旨，索戚畹廢莊。光斗不啓封還之，曰：「尺土皆殿下有，今日安敢私受。」閹人憤而去。

光宗崩，李選侍據乾清宮，迫皇長子封皇后。光斗上言：「內廷有乾清宮，猶外廷有皇極殿，惟天子御天得居之，惟皇后配天得共居之。其他妃嬪雖以次進御，不得恒居，非但避嫌，亦以別尊卑也。選侍既非嫡母，又非生母，儼然尊居正宮，而殿下乃退處慈慶，不得守几筵，行大禮，名分謂何？選侍事先皇無脫簪戒旦之德，於殿下無拊摩養育之恩，此其人，豈可以託聖躬者？且殿下春秋十六齡矣，內輔以忠直老成，外輔以公孤卿貳，何慮乏人，尚須乳哺而襁負之哉？況睿哲初開，正宜不見可欲，何必託於婦人女子之手？及今不早斷決，將借撫養之名，行專制之實。武氏之禍再見於今，將來有不忍言者。」時選侍欲專大權，廷臣牋奏，令先進乾清，然後進慈慶。得光斗牋，大怒，將加嚴譴。數遣使宣召光斗。光斗曰：「我天子法官也，非天子召不赴。若輩何爲者？」選侍益怒，邀熹宗至乾清議之。熹宗不肯往，使使取其牋視之，心以爲善，趣擇日移宮，光斗乃免。當是時，宮府危疑，人情危懼，光斗與楊漣協心建議，排閹奴，扶沖主，宸極獲正，兩人力爲多。由是朝野並稱爲「楊、左」。

未幾，御史賈繼春上書內閣，言帝不當薄待庶母。光斗聞之，即上言：「先帝宴駕，大臣從乾清宮奉皇上出居慈慶宮，臣等以爲不宜避選侍。故臣於初二日具慎守典禮肅清宮禁一疏。宮中震怒，禍幾不測。賴皇上保全，發臣疏於內閣。初五日，閣臣具揭再催，奉旨移宮。至初六日，皇上登極，駕還乾清。宮禁肅然，內外寧謐。夫皇上旣當還宮，則選侍之當移，其理明白易曉。惟是移宮以後，自宜存大體，捐小過。若復株連蔓引，使宮闈不安，卽於國體有損。乞立誅盜寶宮奴劉遜等，而盡寬其餘。」帝乃宣諭百官，備述選侍凌虐聖母諸狀。及召見又言：「朕與選侍有仇。」繼春用是得罪去。

時廷臣議改元。或議削泰昌弗紀；或議去萬曆四十八年，卽以今年爲泰昌；或議以明年爲泰昌，後年爲天啓。光斗力排其說，請從今年八月以前爲萬曆，以後爲泰昌，議遂定。孫如游由中旨入閣，抗疏請斥之。出督畿輔學政，力杜請寄，識鑑如神。

天啓初，廷議起用熊廷弼，罪言官魏應嘉等。光斗獨抗疏爭之，言廷弼才優而量不宏，昔以守遼則有餘，今以復遼則不足。已而廷弼竟敗。三年秋，疏請召還文震孟、滿朝薦、毛士龍、徐大相等，幷乞召繼春及范濟世。濟世亦論「移宮」事與光斗異者，疏上不納。其年擢大理丞，進少卿。

明年二月拜左僉都御史。是時，韓爌、趙南星、高攀龍、楊漣、鄭三俊、李邦華、魏大中諸人咸居要地。光斗與相得，務爲危言覈論，甄別流品，正人咸賴之，而忌者浸不能容。光斗與給事中阮大鋮同里，招之入京。會吏科都給事中缺，當遷者，首周士樸，次大鋮，次大中。大鋮邀中旨，勒士樸不遷，以爲己地。趙南星惡之，欲例轉大鋮。大鋮疑光斗發其謀，恨甚。熊明遇、徐良彥皆欲得僉都御史，而南星引光斗爲之，兩人亦恨光斗。江西人又以他故銜大中，遂共嗾給事中傅櫆劾光斗、大中與汪文言比而爲奸。光斗疏辨，且詆櫆結東廠理刑傅繼教爲昆弟。櫆恚，再疏訐光斗。光斗乞罷，事得解。

楊漣劾魏忠賢，光斗與其謀，又與攀龍共發崔呈秀贓私，忠賢曁其黨咸怒。及忠賢逐南星、攀龍、大中，次將及漣、光斗。光斗憤甚，草奏劾忠賢及魏廣微三十二斬罪，擬十一月二日上之，先遣妻子南還。忠賢詗知，先二日假會推事與漣俱削籍。羣小恨不已，復搆文言獄，入光斗名，遣使往逮。父老子弟擁馬首號哭，聲震原野，緹騎亦爲雪涕。至則下詔獄酷訊。許顯純誣以受楊鎬、熊廷弼賄，漣等初不承，已而恐以不承爲酷刑所斃，冀下法司，得少緩死爲後圖，諸人俱自誣服。光斗坐贓二萬。忠賢乃矯旨，仍令顯純五日一追比，不下法司，諸人始悔失計。容城孫奇逢者，節俠士也，與定興鹿正以光斗有德於畿輔，倡議醵金，諸生爭應之。得金數千，謀代輸，緩其獄，而光斗與漣已同日爲獄卒所斃，時五年七月二十有六日也，年五十一。

光斗既死，贓猶未竟。忠賢令撫按嚴追，繫其羣從十四人。長兄光霽坐累死，母以哭子死。都御史周應秋猶以所司承追不力，疏趣之，由是諸人家族盡破。及忠賢定三朝要典，「移宮」一案以漣、光斗爲罪魁，議開棺僇屍。有解之者，乃免。忠賢既誅，贈光斗右都御史，錄其一子。已，再贈太子少保。福王時，追謚忠毅。

弟光先，由鄉舉官御史，巡按浙江。任滿，既出境，許都反東陽。光先聞變疾返，討平之。福王既立，馬士英薦阮大鋮，光先爭不可。後大鋮得志，逮光先。亂亟道阻，光先間行走徽嶺。緹騎索不得，乃止。

魏大中，字孔時，嘉善人。自爲諸生，讀書砥行，從高攀龍受業。家酷貧，意豁如也。舉於鄉，家人易新衣冠，怒而毀之。第萬曆四十四年進士，官行人。數奉使，秋毫無所擾。天啓元年擢工科給事中。楊鎬、李如楨既論大辟，以僉都御史王德完言，大學士韓爌遽擬旨減死。大中憤，抗疏力爭。詆德完晚節不振，盡喪典型，語并侵爌。帝爲詰責大中，而德完恚甚，言爌不舉李三才，爲大中所怒。兩人互詆訐，疏屢上，爌亦引咎辭位。御史周宗建、徐揚先、張捷、徐景濂、溫皐謨，給事中朱欽相右德完，交章論大中，久而後定。

明年偕同官周朝瑞等兩疏劾大學士沈潅，語侵魏進忠、客氏。及議「紅丸」事，力請誅方從哲、崔文昇、李可灼，且追論鄭國泰傾害東宮罪。持議峻切，大爲邪黨所仄目。太常少卿王紹徽素與東林爲難，營求巡撫。大中惡其人，特疏請斥紹徽，紹徽卒自引去。再遷禮科左給事中。是時恤典冒濫，每大臣卒，其子弟夤緣要路以請，無不如志。大中素疾之，一切裁以典制。

四年遷吏科都給事中。大中居官不以家自隨，二蒼頭給爨而已。入朝則鍵其戶，寂無一人。有外吏以苞苴至，舉發之，自是無敢及大中門者。吏部尙書趙南星知其賢，事多咨訪。朝士不能得南星意，率怨大中。而是時觝排東林者多屛廢，方恨南星輩次骨。東林中，又各以地分左右。大中嘗駁蘇松巡撫王象恒恤典，山東人居言路者咸怒。及駁浙江巡撫劉一焜，江西人亦大怒。給事中章允儒，江西人也，性尤忮，嗾其同官傅櫆假汪文言發難。文言者，歙人。初爲縣吏，智巧任術，負俠氣。于玉立遣入京刺事，輸貲爲監生，用計破齊、楚、浙三黨。察東宮伴讀王安賢而知書，傾心結納，與談當世流品。光、熹之際，外廷倚劉一燝，而安居中以次行諸善政，文言交關力爲多。魏忠賢既殺安，府丞邵輔忠遂劾文言，褫其監生。旣出都，復逮下吏，得末減。益游公卿間，輿馬嘗塡溢戶外。大學士葉向高用爲內閣中書。大中及韓爌、趙南星、楊漣、左光斗與往來，頗有迹。

會給事中阮大鋮與光斗、大中有隙，遂與允儒定計，囑櫆劾文言，幷劾大中貌陋心險，色取行違，與光斗等交通文言，肆爲奸利。疏入，忠賢大喜，立下文言詔獄。大中時方遷吏科，上疏力辨，詔許履任。御史袁化中、給事中甄淑等相繼爲大中、光斗辨。大學士葉向高以舉用文言，亦引罪求罷。獄方急，御史黃尊素語鎮撫劉僑曰：「文言無足惜，不可使搢紳禍由此起。」僑頷之，獄辭無所連。文言廷杖褫職，牽及者獲免。大中乃遵旨履任。明日，鴻臚報名面恩，忠賢忽矯旨責大中互訐未竣，不得赴新任。故事，鴻臚報名狀無批諭旨者，舉朝駭愕。樾亦言中旨不宜旁出，大中乃復視事。

未幾，楊漣疏劾忠賢，大中亦率同官上言：「從古君側之奸，非遂能禍人國也。有忠臣不惜其身以告之君，而其君不悟，乃至於不可救。今忠賢擅威福，結黨與，首殺王安以樹威於內；繼逐劉一燝、周嘉謨、王紀以樹威於外；近且斃三戚畹家人以樹威於三宮。深結保姆客氏，伺陛下起居；廣布傅應星、陳居恭、傅繼教輩，通朝中聲息。人怨於下，天怒於上，故漣不惜粉身碎首爲陛下力陳。今忠賢種種罪狀，陛下悉引爲親裁，代之任咎。恐忠賢所以得溫旨，卽出忠賢手，而漣之疏，陛下且未及省覽也。陛下貴爲天子，致三宮列嬪盡寄性命於忠賢、客氏，能不寒心。陛下謂宮禁嚴密，外廷安知。枚乘有言，『欲人弗知，莫若弗爲』，未有爲其事而他人不知者。又謂左右屏而聖躬將孤立。夫陛下一身，大小臣工所擁衞，何藉於忠賢？若忠賢、客氏一日不去，恐禁廷左右悉忠賢、客氏之人，非陛下之人，陛下眞孤立於上耳。」

忠賢得疏大怒，矯旨切讓，尙未有以罪也。大學士魏廣微結納忠賢，表裏爲奸，大中每欲糾之。會孟冬時享，廣微偃蹇後至，大中遂抗疏劾之。廣微慍，益與忠賢合。忠賢勢益張，以廷臣交攻，陽示斂戢，且曲從諸所奏請，而陰伺其隙。迨吏部推謝應祥巡撫山西，廣微遂嗾所親陳九疇劾大中出應祥門，推舉不公，貶三秩，出之外。盡逐諸正人吏部尙書趙南星等，天下大權一歸於忠賢。

明年，逆黨梁夢環復劾文言，再下詔獄。鎭撫許顯純自削牘以上，南星、漣、光斗、大中及李若星、毛士龍、袁化中、繆昌期、鄒維璉、鄧渼、盧化鰲、錢士晉、夏之令、王之寀、徐良彥、熊明遇、周朝瑞、黃龍光、顧大章、李三才、惠世揚、施天德、黃正賓輩，無所不牽引，而以漣、光斗、大中、化中、朝瑞、大章爲受楊鎬、熊廷弼賄，大中坐三千，矯旨俱逮下詔獄。鄉人聞大中逮去，號泣送者數千人。比入鎭撫司，顯純酷刑拷訊，血肉狼籍。其年七月，獄卒受指，與漣、光斗同夕斃之，故遲數日始報。大中屍潰敗，至不可識。莊烈帝嗣位，忠賢被誅，廣微、樾、九疇、夢環並麗逆案。大中贈太常卿，謚忠節，錄其一子。

長子學洢，字子敬。爲諸生，好學工文，有至性。大中被逮，學洢號慟欲隨行。大中曰：「父子俱碎，無爲也。」乃微服間行，刺探起居。旣抵都，邏卒四布，變姓名匿旅舍，晝伏夜出，稱貸以完父贓。贓未竟，而大中斃，學洢慟幾絕。扶櫬歸，晨夕號泣，遂病。家人以漿進，輒麾去，曰：「詔獄中，誰半夜進一漿者。」竟號泣死。崇禎初，有司以狀聞，詔旌爲孝子。

次子學濂，有盛名。舉崇禎十六年進士，擢庶吉士。明年，李自成逼京師，與同官吳爾壎慷慨有所論建，大學士范景文以聞。莊烈帝特召見兩人，將任用之。無何，京師陷，不能死，受賊戶部司務職，隤其家聲。既而自慚，賦絕命詞二章，縊死。去帝殉社稷時四十日矣。

文言之再下詔獄也，顯純迫令引漣等。文言備受五毒，不承，顯純乃手作文言供狀。文言垂死，張目大呼曰：「爾莫妄書，異時吾當與面質。」顯純遂即日斃之。漣、大中等逮至，無可質者，贓懸坐而已。諸所誣趙南星、繆昌期輩，亦並令撫按追贓。衣冠之禍，由此徧天下。始熊廷弼論死久，帝以孫承宗請，有詔待以不死。刑部尚書喬允升等遂欲因朝審寬其罪，大中力持不可。及忠賢殺大中，乃坐以納廷弼賄云。

周朝瑞，字思永，臨清人。萬曆三十五年進士。授中書舍人。

光宗嗣位，擢吏科給事中，疏請收錄先朝遺直。俄陳愼初三要，曰信仁賢，廣德澤，遠邪佞。因請留上供金花銀，以佐軍興。詞多斥中貴。中貴皆惡之，激帝怒，貶秩調外，時列諫垣甫四日也。未出都而熹宗立，詔復故官。疏請容納直言，又陳考選諸弊。日講將舉，進君臣交警之規。帝並褒納。賈繼春之請安李選侍也，朝瑞力駁之，與繼春往復者數四。

天啓元年再遷禮科左給事中。時遼事方棘。朝瑞請於閣臣中推通曉兵事者二人專司其事，而以職方郎一人專理機宜，給事中二人專主封駁，帝可之。雄縣知縣王納諫爲閹人所誣，中旨鐫秩。給事中毛士龍以糾駁閹人，爲府丞邵輔忠所陷，中旨除名。朝瑞並抗疏論列。十二月辛巳，日上有一物覆壓，忽大風揚沙，天盡赤。都人駭愕，所司不以聞。朝瑞請帝修省，而嚴敕內外臣工，毋鬬爭悞國，更詰責所司不奏報之罪，帝納之。時帝踐阼歲餘，未嘗親政，權多旁落，朝瑞請帝躬覽萬機。帝降旨，言政委閣臣，祖宗舊制不可紊，然其時政權故不在閣也。

明年二月，廣寧失，詔停經筵日講。朝瑞等上言：「此果出聖意，輔臣當引義爭。如輔臣阿中涓意，則其過滋大。且主上沖齡，志意未定，獨賴朝講不輟，諸臣得一覲天顏，共白指鹿之奸。今當朝已漸傳免，倘併講筵廢之，九閽旣隔，無謁見時，司馬門之報格不入，呂大防之貶不及知，國家大事去矣。」會禮部亦以爲言，乃命日講如故。

已，偕諸給事御史惠世揚、左光斗等極論大學士沈㴶結中官練兵，爲肘腋之賊。㴶疏辨。朝瑞等盡發其賄交魏進忠、盧受、劉朝、客氏，而末復侵其私人邵輔忠、徐大化。語過激，奪疏首世揚俸。大化嘗承要人指，力攻熊廷弼，朝瑞惡之。無何，王化貞棄廣寧逃，大化又請立誅廷弼。朝瑞以廷弼才可用，請令帶罪守山海。疏四上，並抑不行。大化遂力詆朝瑞，朝瑞憤，亦醜詆大化。所司爲兩解之。朝瑞方擢太僕少卿，而大化爲魏忠賢腹心，必欲殺朝瑞，竄其名汪文言獄中，與楊漣等五人並逮下鎭撫獄，坐妄議「移宮」及受廷弼賄萬金。五日再訊，搒掠備至，竟斃之獄。崇禎初，贈大理卿，予一子官。福王時，謚忠毅。

袁化中，字民諧，武定人。萬曆三十五年進士。歷知內黃、涇陽，有善政。泰昌元年擢御史。時熹宗沖齡踐阼，上無母后，宮府危疑。化中上疏劾輔臣方從哲，報聞。天啓元年二月疏陳時事可憂者八：曰宮禁漸弛，曰言路漸輕，曰法紀漸替，曰賄賂漸章，曰邊疆漸壞，曰職掌漸失，曰宦官漸盛，曰人心漸離。語皆剴切。出按宣、大，以憂歸。服除，起掌河南道。

楊漣劾魏忠賢，化中亦率同官上疏曰：「忠賢障日蔽月，逞威作福，視大臣如奴隸，斥言官若孤雛，殺內廷外廷如草菅。朝野共危，神人胥憤，特陛下未之知，故忠賢猶有畏心。今漣已侃詞入告矣，陛下念潛邸微勞，或貸忠賢以不死。而忠賢實自懼一死，懼死之念深，將鋌而走險，騎虎難下，臣恐其横逞之毒不在搢紳，而即在陛下。陛下試思，深宮之內，可使多疑多懼之人日侍左右，而不爲防制哉？」疏入，忠賢大恨。

錦衣陳居恭者，忠賢爪牙也，爲漣所論及，亦攻忠賢自解。化中特疏劾之，落其職。毛文龍獻俘十二人，而稚兒童女居其八。化中力請釋之，因言文龍敍功之濫。忠賢素庇文龍，益不悅。崔呈秀按淮、揚，贓私狼籍。回道考覈，化中據實上之，崔呈秀大恨。會謝應祥廷推被訐，化中與其事。呈秀遂嗾忠賢貶化中秩，調之外。已，竄入汪文言獄詞中，逮下詔獄。呈秀令許顯純坐以楊鎬、熊廷弼賄六千，酷刑拷掠，於獄中斃之。崇禎初，贈太僕卿，官其一子。福王時，追謚忠愍。

顧大章，字伯欽，常熟人。父雲程，南京太常卿。大章與弟大韶，孿生子也。大章舉萬曆三十五年進士，授泉州推官，乞改常州教授。父喪除，值朝中朋黨角立，正士日摧。大章慨然曰：「昔賈彪不入『顧』『廚』之目，卒西行以解其難。余向與東林疏，可以彪自況也。」乃入都，補國子博士。與朝士通往來，陰察其交關肯綮，淸流賴之。

稍遷刑部主事。以奉使歸。還朝，天啓已改元，進員外郎。尙書王紀令署山東司事。司轄輦轂，最難任。自遼陽失，五城及京營巡捕日以邏奸細爲事。稍有蹤迹，率論死。絕無左驗者二百餘人，所司莫敢讞，多徙官去，囚未死者僅四之一。大章言於紀曰：「以一身易五十人命且甘之，矧一官乎！」卽日會讞，繫三人，餘悉移大理釋放。紀大嗟服。佟卜年之獄，紀用大章言擬流卜年，未上而紀斥。侍郞楊東明署事，欲置之大辟。大章力爭，卒擬流。忤旨，詰責，竟論卜年辟，瘐死獄中。

魏忠賢欲借劉一燝株累劉一燝，大章力辨其非，忠賢大恨。卜年、一燝事具紀、一燝傳中。熊廷弼、王化貞之下吏也，法司諸屬二十八人共讞，多有議寬廷弼者。大章因援「議能」、「議勞」例，言化貞宜誅，廷弼宜論戍。然二人卒坐死。大章亦遷兵部去，無異議也。會王紀劾罷徐大化，又疏刺客氏。其黨疑紀疏出大章手，恨之。大化令所親御史楊維垣訐大章妄倡「八議」，鬻大獄，大章疏辨。維垣四疏力攻，言納廷弼賄四萬，且列其鬻獄數事，反覆詆訐不休。大章危甚，賴座主葉向高保持之，下所司驗問，都御史孫瑋等白其誣。帝以大章瀆辨，稍奪其俸，大章遂引歸。

五年起官。歷禮部郎中，陝西副使。大化已起大理丞，與維垣爲忠賢鷹犬，因假汪文言獄逮及大章，逮下鎮撫拷掠，坐贓四萬。及楊漣等五人既死，羣小聚謀，謂諸人潛斃於獄，無以厭人心，宜付法司定罪，明詔天下。乃移大章刑部獄，由是漣等慘死狀外人始聞。比對簿，大章詞氣不撓。刑部尚書李養正等一如鎮撫原詞，以「移宮」事牽合封疆，坐六人大辟。爰書既上，忠賢大喜，矯詔布告四方，仍移大章鎮撫。大章慨然曰：「吾安可再入此獄！」呼酒與大韶訣，趣和藥飲之，不死，投繯而卒。崇禎初，贈太僕卿，官其一子。福王時，追謚裕愍。

初，大章等被逮，祕獄中忽生黃芝，光彩遠映。及六人畢入，適成六瓣，或以爲祥。大章嘆曰：「芝，瑞物也，而辱於此，吾輩其有幸乎？」已而果然。

大韶，字仲恭，老於諸生。通經史百家及內典，於詩、禮、儀禮、周官多所發明，他辨駁者復數萬言。嘗以爲宋、元以來述者之事備，學者但當誦而不述。將死，始繕所箋詩、禮、莊子，曰炳燭齋隨筆云。

王之宷，字心一，朝邑人。萬曆二十九年進士。除淸苑知縣，遷刑部主事。

四十三年五月初四日酉刻，有不知姓名男子，持棗木梃入慈慶宮門，擊傷守門內侍李鑑。至前殿檐下，爲內侍韓本用等所執，付東華門守衞指揮朱雄等收之。慈慶宮者，皇太子所居宮也。明日，皇太子奏聞，帝命法司按問。巡皇城御史劉廷元鞫奏：「犯名張差，薊州人。止稱吃齋討封，語無倫次。按其迹，若涉瘋癲。稽其貌，實係黠猾。請下法司嚴訊。」時東宮雖久定，帝待之薄。中外疑鄭貴妃與其弟國泰謀危太子，顧未得事端，而方從哲輩亦頗關通戚畹以自固。差被執，舉朝驚駭。廷元以瘋癲奏。刑部山東司郎中胡士相偕員外郎趙會楨、勞永嘉共訊，一如廷元指。言：「差積柴草，爲人所燒，氣憤發癲。於四月內訴冤入京，遇不知名男子二人，紿令執梃作冤狀。乃由東華門入，直至慈慶宮門。按律當斬，加等立決。」稾定未上。山東司主治京師事，署印侍郎張問達以屬之。而士相、永嘉與廷元皆浙人，士相又廷元姻也，瘋癲具獄，之宷心疑其非。

是月十一日，之宷值提牢散飯獄中，末至差，私詰其實。初言「告狀」，復言「掠死罷，已無用」。之宷令置飯差前：「吐實與飯，否則餓死。」麾左右出，留二吏扶問之。始言：「小名張五兒。有馬三舅、李外父令隨不知姓名一老公，說事成與汝地幾畝。比至京，入不知街道大宅子。一老公飯我云：『汝先衝一遭，遇人輒打死，死了我們救汝。』畀我棗木棍，導我由後宰門直至宮門上，擊門者墮地。老公多，遂被執。」之寀備揭其語，因問達以聞。且言差不癲不狂，有心有膽。乞縛兇犯於文華殿前朝審，或敕九卿科道三法司會問。疏入未下，大理丞王士昌、行人司正陸大受、戶部主事張庭、給事中姚永濟等連上疏趣之。而大受疏有「奸戚」二字，帝惡之，與之寀疏俱不報。廷元復請速檢諸疏，下法司訊斷。御史過庭訓言禍生肘腋，宜亟翦，亦俱不報。庭訓遂移文薊州蹤跡之。知州戚延齡具言其致癲始末，言：「貴妃遣璫建佛寺，璫置陶造甓，居民多鬻薪獲利者。差賣田貿薪往市於璫，土人忌之，焚其薪。差訟於璫，爲所責，不勝憤，持梃欲告御狀。」於是原問諸臣據爲口實矣。

二十一日，刑部會十三司司官胡士相、陸夢龍、鄒紹光、曾曰唯、趙會禎、勞永嘉、王之寀、吳養源、曾之可、柯文、羅光鼎、曾道唯、劉繼禮、吳孟登、岳駿聲、唐嗣美、馬德灃、朱瑞鳳等再審。差供：「馬三舅名三道，李外父名守才，不知姓名老公乃修鐵瓦殿之龐保，不知街道宅子乃住朝外大宅之劉成。二人令我打上宮門，打得小爺，喫有，著有。」小爺者，內監所稱皇太子者也。又言：「有姊夫孔道同謀，凡五人。」於是刑部行薊州道，提馬三道等，疏請法司提龐保、劉成對鞫。而給事中何士晉與從哲等亦俱以爲言。帝乃諭究主使，會法司擬罪。是日，刑部據薊州回文以上。已，復諭嚴刑鞫審，速正典刑。時中外籍籍，語多侵國泰，國泰出揭自白。士晉復疏攻國泰，語具士晉傳。

先是，百戶王曰乾上變，言奸人孔學等為巫蠱，將不利於皇太子，詞已連劉成。成與保皆貴妃宮中內侍也。至是，復涉成。帝心動，諭貴妃善為計。貴妃窘，乞哀皇太子，自明無它。帝亦數慰諭，俾太子白之廷臣。太子亦以事連貴妃，大懼。乃緣帝及貴妃意，期速結。二十八日，帝親御慈寧宮，皇太子侍御座右，三皇孫雁行立左階下。召大學士方從哲、吳道南暨文武諸臣入，責以離間父子，諭令磔張差、龐保、劉成，無他及。因執太子手曰：「此兒極孝，我極愛惜。」既又手約太子體，諭曰：「自襁褓養成丈夫，使我有別意，何不早更置。且福王已之國，去此數千里，自非宣召，能翼而至乎？」因命內侍引三皇孫至石級上，令諸臣熟視，曰：「朕諸孫俱長成，更何說？」顧問皇太子有何語，與諸臣悉言無隱。皇太子具言：「瘋癲之人宜速決，毋株連。」又責諸臣云：「我父子何等親愛，而外廷議論紛如，爾等為無君之臣，使我為不孝之子。」帝又謂諸臣曰：「爾等聽皇太子語否？」復連聲重申之。諸臣跪聽，叩頭出，遂命法司決差。明日磔於市。又明日，司禮監會廷臣鞫保、成於文華門。時已無左證，保、成展轉不承。會太子傳諭輕擬，廷臣乃散去。越十餘日，刑部議流馬三道、李守才、孔道。帝從之，而斃保、成於內廷。其事遂止。

當是時，帝不見羣臣二十有五年矣，以之寀發保、成事，特一出以釋羣臣疑，且調劑貴妃、太子。念其事似有跡，故不遽罪之寀也。四十五年京察，給事中徐紹吉、御史韓浚用拾遺劾之宋貪，遂削其籍。天啓初，廷臣多爲之訟冤，召復故官。二年二月上復讎疏，曰：

禮，君父之讎，不共戴天。齊襄公復九世之讎，春秋大之。曩李選侍氣毆聖母，陛下再三播告中外，停其貴妃之封，聖母在天之靈必有心安而目瞑者。此復讎一大義也。

乃先帝一生遭逢多難，彌留之際，飲恨以崩。試問：李可灼之誤用藥，引進者誰？崔文昇之故用藥，主使者誰？恐方從哲之罪不在可灼、文昇下。此先帝大讎未復者，一也。

張差持梃犯宮，安危止在呼吸。此乾坤何等時，乃劉廷元曲蓋奸謀，以瘋癲具獄矣。胡士相等改注口語，以賣薪成招矣。其後復讞，差供同謀舉事，內外設伏多人。守才、三道亦供結黨連謀，而士相輩悉抹去之。當時有內應，有外援。一夫作難，九廟震驚，何物兇徒，敢肆行不道乃爾！緣外戚鄭國泰私結劉廷元、劉光復、姚宗文輩，珠玉金錢充滿其室。言官結舌，莫敢誰何，遂無復顧憚，睥睨神器耳。國泰雖死，罪不容誅。法當開棺戮屍，夷其族，赭其宮，而至今猶未議及。此先帝大讎未復者，二也。總之，用藥之術，即梃擊之謀。擊不中而促之藥，是文昇之藥慘於張差之梃也。張差之前，從無張差；劉成之後，豈乏劉成？臣見陛下之孤立於上矣。

又言：

郎中胡士相等，主瘋癲者也。堂官張問達，調停瘋癲者也。寺臣王士昌疏忠而心佞，評無隻字，訟多溢詞。堂官張問達語轉而意圓，先允瘋癲，後寬奸宄。勞永嘉、岳駿聲等同惡相濟。張差招有「三十六頭兒」，則胡士相閣筆。招有「東邊一起幹事」，則岳駿聲言波及無辜。招有「紅封票，高眞人」，則勞永嘉言不及究紅封敎。今高一奎見監薊州，係鎭朔衞人。蓋高一奎，主持紅封敎者也。馬三道，管給紅票者也。龐保、劉成，供給紅封敎多人撒棍者也。諸奸增減會審公單，大逆不道。

疏入，帝不問，而先主瘋癲者恨次骨。

未幾，之寀遷尙寶少卿。踰年，遷太僕少卿，尋轉本寺卿。廷元及岳駿聲、曾道唯以之寀侵己，先後疏辨。之寀亦連疏力折，幷發諸人前議差獄時，分金紅廟中，及居間主名甚悉。事雖不行，諸人益疾之。

四年秋，拜刑部右侍郎。明年二月，魏忠賢勢大張，其黨楊維垣首翻「梃擊」之案，力詆之寀，坐除名。俄入之汪文言獄中，下撫按提問。岳駿聲復訐之，且言其逼取鄭國泰二萬金，有詔追治。及修三朝要典，其「梃擊」事以之寀爲罪首。府尹劉志選復重劾之，遂逮下詔獄，坐贓八千，之寀竟瘐死。崇禎初，復官，賜卹。

自「梃擊」之議起，而「紅丸」、「移宮」二事繼之。兩黨是非爭勝，禍患相尋，迄明亡而後已。

贊曰：國之將亡也，先自戕其善類，而水旱盜賊乘之。故禍亂之端，士君子恒先被其毒。異哉，明之所稱「三案」者！舉朝士大夫喋喋不去口，而元惡大憝因用以剪除善類，卒致楊、左諸人身塡牢戶，與東漢季年若蹈一轍。國安得不亡乎！

明史卷二百四十五

列傳第一百三十三

周起元　繆昌期　周順昌子茂蘭　朱祖文　顏佩韋等

周宗建蔣英　黄尊素　李應昇　萬燝丁乾學等

周起元，字仲先，海澄人。萬曆二十八年鄉試第一，明年成進士。歷知浮梁、南昌，以廉惠稱。

行取入都，注湖廣道御史。方候命，值京察。御史劉國縉疑鄭繼芳假書出起元及李邦華、李炳恭、徐縉芳、徐良彥手，遂目爲「五鬼」，繼芳且入之疏中。起元憤，上章自明。居二年，御史命始下。

會太僕少卿徐兆魁以攻東林爲御史錢春所劾，起元亦疏劾之。奸人劉世學者，誠意伯劉藎臣從祖也，疏詆顧憲成。起元憤，力斥其謬。藎臣遂訐起元，益詆憲成。起元再疏極論，其同官翟鳳翀、余懋衡、徐良彥、魏雲中、李邦華、王時熙、潘之祥亦交章論列。且下令捕世學，世學遂遁去。吏部侍郎方從哲由中旨起官，起元力言不可，并刺給事中亓詩教、周永春，吏部侍郎李養正、郭士望等。吏部尚書趙煥出雲中、時熙於外。起元劾其背旨擅權，坐停俸。煥去，鄭繼之代，又出之祥及張鍵。起元亦抗疏糾駁，因言張光房等五人不當擯之部曹。與黨人牴牾，忌者益衆。

尋巡按陝西，風采甚著。卒以東林故，出爲廣西參議，分守右江道。柳州大饑，羣盜蠭起，起元單騎招劇賊，而振恤饑民甚至。移四川副使，未上。會遼陽破，廷議通州重地，宜設監司，乃命起元以參政涖之。

天啓三年入爲太僕少卿。旋擢右僉都御史，巡撫蘇、松十府。公廉愛民，絲粟無所取。遇大水，百方拯卹，民忘其困。織造中官李實素貪橫，妄增定額，恣誅求。蘇州同知楊姜署府事，實惡其不屈，摭他事劾之。起元至，即爲姜辨冤，且上去蠹七事，語多侵實。實欲姜行屬吏禮，再疏誣逮之。起元再疏雪姜，更切直。魏忠賢庇實，取嚴旨責起元，令速上姜貪劣狀。起元益頌姜廉謹，詆實誣毁，因引罪乞罷。忠賢大怒，矯旨斥姜爲民。起元復劾實貪恣不法數事，而爲姜求寬。實以此斂威，而忠賢遂銜起元不置。分守參政朱童蒙者，先爲兵科都給事中，以攻鄒元標講學外遷，失志狂暴，每行道輒鞭撲數十人，血肉狼籍。起元欲糾之，童蒙遂稱病去，起元乃列其貪虐狀以聞。忠賢遂矯旨削起元籍，擢童蒙京卿。

六年二月，忠賢欲殺高攀龍、周順昌、繆昌期、黃尊素、李應昇、周宗建六人，取實空印疏，令其黨李永貞、李朝欽誣起元爲巡撫時乾沒帑金十餘萬，日與攀龍輩往來講學，因行居間。矯旨逮起元，至則順昌等已斃獄中。許顯純酷搒掠，竟如實疏，懸贓十萬。罄貲不足，親故多破其家。九月斃之獄中，吳士民及其鄉人無不垂涕者。

莊烈帝嗣位，贈兵部右侍郎，官一子。福王時，追謚忠惠。

繆昌期，字當時，江陰人。爲諸生有盛名，舉萬曆四十一年進士，改庶吉士，年五十有二矣。有同年生忌之，揚言爲于玉立所薦，自是有東林之目。

張差梃擊事，劉廷元倡言瘋癲，劉光復和之，疏詆發訐者，謂不當詫之爲奇貨，居之爲元功。昌期憤，語朝士曰：「奸徒狙擊青宮，此何等事，乃以『瘋癲』二字庇天下亂臣賊子，以『奇貨元功』四字沒天下忠臣義士哉！」廷元輩聞其語，深疾之。給事中劉文炳劾大學士吳道南，遂陰詆昌期。時方授檢討，文炳再疏顯攻，昌期即移疾去。旣而京察，廷元輩復思中之，學士劉一燝力持乃免。

天啓元年還朝。一燝以次輔當國。其冬，首輔葉向高至。小人間一燝於向高，謂欲沮其來，向高不悅。會給事中孫杰承魏忠賢指，劾一燝及周嘉謨，忠賢遽傳旨允放。昌期急詣向高，力言二人顧命重臣，不可輕逐，內傳不可奉。向高怫然曰：「上所傳，何敢不奉。」昌期曰：「公，三朝老臣。始至之日，以去就力爭，必可得也。若一傳而放兩大臣，異日天子手滑，不復可止矣。」向高默然。昌期因備言一燝質直無他腸，向高意少解。會顧大章亦爲向高言之，一燝乃得善去。兩人故向高門下士也。

昌期尋遷左贊善，進諭德。楊漣劾忠賢疏上，昌期適過向高。向高曰：「楊君此疏太率易。其人於上前時有匡正。鳥飛入宮，上乘梯手攫之，其人挽衣不得上。有小璫賜緋者，叱曰：『此非汝分，雖賜不得衣也。』其強直如此。是疏行，安得此小心謹慎之人在上左右？」昌期愕然曰：「誰爲此言以誤公？可斬也。」向高色變，昌期徐起去。語聞於漣，漣怒。向高亦內慙，密具揭，請帝允忠賢辭，忠賢大慍。會有言漣疏乃昌期代草者，忠賢遂深怒不可解。及向高去，韓爌秉政。忠賢逐趙南星、高攀龍、魏大中及漣、光斗，爌皆具揭懇留。忠賢及其黨謂昌期實左右之。而昌期於諸人去國，率送之郊外，執手太息，由是忠賢益恨。昌期知勢不可留，具疏乞假，遂落職閒住。

五年春，以汪文言獄詞連及，削職提問。忠賢恨不置。明年二月復於他疏責昌期已削籍猶冠蓋延賓，令緹騎逮問。踰月，復入之李實疏中，下詔獄。昌期慷慨對簿，詞氣不撓。竟坐贓三千，五毒備至。四月晦，斃於獄。

莊烈帝卽位，贈詹事兼侍讀學士，錄其一子，詔幷予謚。而是時，姚希孟以詞臣持物論，雅不善左光斗、周宗建，力尼之。遂幷昌期及周起元、李應昇、黃尊素、周朝瑞、袁化中、顧大章，皆不獲謚。福王時，始謚文貞。

周順昌，字景文，吳縣人。萬曆四十一年進士。授福州推官。捕治稅監高寀爪牙，不少貸。寀激民變，劫辱巡撫袁一驥，質其二子，幷質副使呂純如。或議以順昌代，順昌不可，純如以此銜順昌。擢吏部稽勳主事。天啓中，歷文選員外郎，署選事。力杜請寄，抑僥倖，清操皭然。乞假歸。

順昌爲人剛方貞介，疾惡如讎。巡撫周起元忤魏忠賢削籍，順昌爲文送之，指斥無所諱。魏大中被逮，道吳門。順昌出餞，與同臥起者三日，許以女聘大中孫。旂尉屢趣行，順昌瞋目曰：「若不知世間有不畏死男子耶？歸語忠賢，我故吏部郎周順昌也。」因戟手呼忠賢名，罵不絕口。旂尉歸，以告忠賢。御史倪文煥者，忠賢義子也，誣劾同官夏之令，致之死。順昌嘗語人，他日倪御史當償夏御史命。文煥大恚，遂承忠賢指，劾順昌與罪人婚，且誣以贓賄，忠賢卽矯旨削奪。先所忤副使呂純如，順昌同郡人，以京卿家居，挾前恨，數譖於織造中官李實及巡撫毛一鷺。已，實追論周起元，遂誣順昌請囑，有所乾沒，與起元等並逮。

順昌好爲德於鄉。有冤抑及郡中大利害，輒爲所司陳說，以故士民德順昌甚。及聞逮者至，衆咸憤怒，號冤者塞道。至開讀日，不期而集者數萬人，咸執香爲周吏部乞命。諸生文震亨、楊廷樞、王節、劉羽翰等前謁一鷺及巡按御史徐吉，請以民情上聞。旂尉厲聲罵曰：「東廠逮人，鼠輩敢爾！」大呼：「囚安在？」手擲鋃鐺於地，聲琅然。衆益憤，曰：「始吾以爲天子命，乃東廠耶！」蠭擁大呼，勢如山崩。旂尉東西竄，衆縱橫毆擊，斃一人，餘負重傷，踰垣走。一鷺、吉不能語。知府寇愼、知縣陳文瑞素得民，曲爲解諭，衆始散。順昌乃自詣吏。又三日北行，一鷺飛章告變。東廠刺事者言吳人盡反，謀斷水道，劫漕舟，忠賢大懼。已而一鷺言縛得倡亂者顏佩韋、馬傑、沈揚、楊念如、周文元等，亂已定，忠賢乃安。然自是緹騎不出國門矣。

順昌至京師，下詔獄。許顯純鍛錬，坐贓三千，五日一酷掠。每掠治，必大罵忠賢。顯純椎落其齒，自起問曰：「復能罵魏上公否？」順昌噀血唾其面，罵益厲。遂於夜中潛斃之。時六年六月十有七日也。

明年，莊烈帝即位，文煥伏誅，實下吏，一鷺、吉坐建忠賢祠，純如坐頌璫，並麗逆案。順昌贈太常卿，官其一子。給事中瞿式耜訟諸臣冤，稱順昌及楊漣、魏大中清忠尤著，詔諡忠介。

長子茂蘭，字子佩，刺血書疏，詣闕愬冤，詔以所贈官推及其祖父。茂蘭更上疏，請給三世誥命，建祠賜額。帝悉報可，且命先後慘死諸臣，咸視此例。茂蘭好學砥行，不就廕敍。國變後，隱居不出，以壽終。

諸生朱祖文者，都督先之孫。當順昌被逮，間行詣都，爲納饘粥、湯藥。及徵贓令急，奔走稱貸諸公間。順昌櫬歸，祖文哀慟發病死。

佩韋等皆市人，文元則順昌輿隸也，論大辟。臨刑，五人延頸就刃，語寇愼曰：「公好官，知我等好義，非亂也。」監司張孝流涕而斬之。吳人感其義，合葬之虎丘傍，題曰「五人之墓」。其地即一鷺所建忠賢普惠祠址也。

周宗建，字季侯，吳江人，尚書用曾孫也。萬曆四十一年進士。除武康知縣，調繁仁和，有異政，入爲御史。

天啓元年爲顧存仁、王世貞、陶望齡、顧憲成請謚，追論萬曆朝小人，歷數錢夢皐、康丕揚、亓詩教、趙興邦亂政罪，幷詆李三才、王圖。時遼事方棘，上疏責備輔臣。無何，瀋陽破，宗建責當事大臣益急，因請破格用人，召還熊廷弼。已，論兵部尚書崔景榮不當信奸人劉保，輔臣劉一燝不當抑言路，因刺右通政林材、光祿卿李本固。材、本固移疾去。魏大中劾王德完庇楊鎬、李如楨。宗建爲德完力攻大中，其持論數與東林左。會是歲冬，奉聖夫人客氏既出宮復入，宗建首抗疏極諫，中言：「天子成言，有同兒戲。法宮禁地，僅類民家。聖朝舉動有乖，內外防閑盡廢。此輩一叨隆恩，便思踰分，狎溺無紀，漸成驕恣，釁孽日萌，後患難杜。王聖、宋娥、〔一〕陸令萱之覆轍，可爲殷鑒。」忤旨，詰責。清議由此重之。

明年，廣寧失。廷臣多庇王化貞，欲甚熊廷弼罪。宗建不平，爲剖兩人罪案，頗右廷弼，諸庇化貞者乃深疾宗建。京師久旱，五月雨雹。〔二〕宗建謂陰盛陽衰之徵，歷陳四事。一專譏大學士沈㴶。一請寬建言廢黜諸臣。一言廷弼已有定案，不當因此羅織朝士，陰刺兵部尚書張鶴鳴、給事中郭鞏。一則專攻魏進忠，略言：「近日政事，外廷嘖嘖，咸謂奧窔之中，莫可測識，諭旨之下，有物憑焉。如魏進忠者，目不識一丁，而陛下假之嚬笑，日與相親。一切用人行政，墮於其說，東西易向而不知，邪正顛倒而不覺。況內廷之借端，與外廷之投合，互相扶同。離間之漸將起於蠅營，讒搆之釁必生於長舌。其爲隱禍，可勝言哉！」

進忠者，魏忠賢故名也。時方結客氏爲對食，廷臣多陰附之，其勢漸熾。見宗建疏，銜次骨，未發也。鄒元標建首善書院，宗建實司其事。元標罷，宗建乞與俱罷，不從。巡視光祿，與給事中羅尚忠力剔奸弊，節省爲多。尋請核上供器物，中官怒，取旨詰責。宗建等再疏力持，中人滋不悅。

給事中郭鞏者，〔三〕先以劾廷弼被謫。廷弼敗，復官，遂深結進忠。知進忠最惡宗建，乃疏詆廷弼，因詆朝廷之薦廷弼者，而宗建與焉。其鋒銳甚，南京御史涂世業和之，詆宗建誤廷弼，且誤封疆。宗建憤，疏駁世業，語侵鞏，抉其結納忠賢事。鞏亦憤，上疏數千言，詆宗建益力，并及劉一燝、鄒元標、周嘉謨、楊漣、周朝瑞、毛士龍、方震孺、江秉謙、熊德陽輩數十人，悉指爲廷弼逆黨。宗建益憤，抗疏力駁其謬，且曰：「李維翰、楊鎬、袁應泰、王化貞，皆壞封疆之人也。亓詩教力主催戰，趙興邦賄賣邊臣，皆誤封疆之人也。其他薦維翰，薦鎬，薦應泰、化貞者，亦誤封疆之人也。鞏胡不一擊之，而獨苛求廷弼，且詆薦廷弼者爲逆黨哉？」

當是時，忠賢勢益盛。宗建慮內外合謀，其禍將大，三年二月遂抗疏直攻忠賢，略言：

臣於去歲指名劾奏，進忠無一日忘臣。於是乘私人郭鞏入都，嗾以傾臣，幷傾諸異己者。鞏乃創爲「新幽大幽」之說，把持察典，編廷臣數十人姓名爲一册，思一網中之。又爲匿名書，羅織五十餘人，投之道左。給事中則劉弘化爲首，次及周朝瑞、熊德陽輩若而人；御史則方震孺爲首，次及江秉謙輩若而人，而臣亦其中一人也。旣欲羅諸臣，以快報復之私，更欲獨中臣，以釋進忠之恨。是察典不出於朝廷，乃鞏及進忠之察典也。幸直道在人，鞏說不行，始別借廷弼，欲一穽陷之。

鞏又因臣論及王安，笑臣有何瓜葛。陛下亦知安之所以死乎？身首異處，肉飽烏鳶，骨投黃犬，古今未有之慘也。鞏卽心暱進忠，何至背公滅理，且牽連劉一燝、周嘉謨、楊漣、毛士龍輩，謂盡安黨。請陛下窮究安死果出何人傾害，則此事卽進忠一大罪案。鞏之媚進忠，卽此可爲證據矣。

先朝汪直、劉瑾，雖皆梟獍，幸言路淸明，臣僚隔絕，故非久卽敗。今權璫報復，反借言官以伸；言官聲勢，反借權璫以重。數月以來，熊德陽、江秉謙、侯震暘、王紀、滿朝薦斥矣，鄒元標、馮從吾罷矣，文震孟、鄭鄤逐矣。近且扼孫愼行、盛以弘，而絕其揆路。摘瓜抱蔓，正人重足。舉朝各愛一死，無敢明犯其鋒者。臣若尙顧微軀，不爲入告，將內有進忠爲之指揮，旁有客氏爲之羽翼，外有劉朝輩爲典兵示威，而又有𥕢輩蟻附蠅集，內外交通，驅除善類，天下事尚忍言哉！疏入，進忠益怒。率劉朝等環泣帝前，乞自髡以激帝怒。乃令宗建陳交通實狀，將加重譴，宗建回奏益侃直。進忠議廷杖之，閣臣力爭，乃止奪俸。

會給事中劉弘化、御史方大任等交章助宗建攻進忠、𥕢，𥕢復力詆諸人。詔下諸疏平議，廷臣爲兩解之。乃嚴旨切責，奪𥕢、宗建俸三月。是時，劉朝典內操，遂謀行邊。廷臣微聞之，莫敢言。宗建曰：「𥕢自謂未嘗通內，今誠能出片紙遏朝，吾請爲洗交結之名。」𥕢噤不敢發。宗建乃抗疏極諫，歷陳三不可、九害。會朝與進忠有隙，事亦中寢。其冬出按湖廣，以憂歸。

五年三月，大學士馮銓銜御史張愼言嘗論己，屬其門生曹欽程誣劾，而以宗建爲首，幷及李應昇、黃尊素。忠賢遂矯詔削籍，下撫按追贓。明年以所司具獄緩，遣緹騎逮治。俄入之李實疏中，下詔獄毒訊。許顯純厲聲罵曰：「復能詈魏上公一丁不識乎！」竟坐納廷弼賄萬三千，斃之獄。

宗建既死，徵贓益急。其所親副使蔣英代之輸，亦坐削籍。忠賢敗，詔贈宗建太僕寺卿，官其一子。福王時，追謚忠毅。

蔣英，嘉善人。舉進士，歷知松溪、漳浦、宜興。天啓時，由南京驗封郎中，出爲福建副使，遂遭璫禍。忠賢敗，以故官分巡蘇、松，坐事貶秩。未行而宜興民變，上官以英先治宜興，得民心，檄之撫治。宜興非英所轄，辭不得，則單騎往諭，懲豪家僮客數人，令亂民自獻其首惡，亂遂定。宜興故多豪家，修撰陳於泰、編修陳於鼎兄弟尤橫，遂激民變。羣執兵鼓譟，勢洶洶。賴英，事旋定。而周延儒方枋國，與陳氏有連，銜英，再貶兩秩，遂歸。

羣，遷安人。以附忠賢，驟遷至兵部侍郎。莊烈帝定逆案，削籍論配。我大清拔遷安，羣遁去。後詣闕自言拒聘，上所撰却聘書。兵部尚書梁廷棟論之，下獄坐死。巡撫楊嗣昌爲訟冤，得遣戍。

黃尊素，字眞長，餘姚人。萬曆四十四年進士。除寧國推官，精敏彊執。天啓二年擢御史，謁假歸。明年冬還朝，疏請召還余懋衡、曹於汴、劉宗周、周洪謨、王紀、鄒元標、馮從吾，而劾尚書趙秉忠、侍郎牛應元、通政丁啓睿頑鈍。秉忠、應元俱引去。山東妖賊既平，餘黨復煽。巡撫王惟儉不能撫馭，尊素疏論之。因言：「巡撫本內外兼用，今盡用京卿，不若斅歷外服者之練習。」又數陳邊事，力詆大將馬世龍，忤樞輔孫承宗意。時帝在位數年，未嘗一召見大臣。尊素請復便殿召對故事，面決大政，否則講筵之暇，令大臣面商可否　帝不能用。

四年二月，大風揚沙，晝晦，天鼓鳴，如是者十日。三月朔，京師地震三，乾清宮尤甚。適帝體違和，人情惶懼。尊素力陳時政十失。末言：「陛下厭薄言官，人懷忌諱，遂有剽竊皮毛，莫犯中扃者。今阿保重於趙嬈，禁旅近於唐末，蕭牆之憂慘於敵國。廷無謀幄，邊無折衝。當國者昧安危之機，誤國者護恥敗之局。不於此進賢退不肖，而疾剛方正直之士如仇讐，陛下獨不爲社稷計乎？」疏入，魏忠賢大怒，謀廷杖之。韓爌力救，乃奪俸一年。

既而楊漣劾忠賢，被旨譙讓。尊素憤，抗疏繼之，略言：「天下有政歸近倖，威福旁移，而世界清明者乎？天下有中外洶洶，無不欲食其肉，而可置之左右者乎？陛下必以爲曲謹可用，不知不小曲謹，不大無忌。必以爲惟吾駕馭，不知不可駕馭，則不可收拾矣。陛下登極以來，公卿臺諫纍纍罷歸，致在位者無固志。不於此稱孤立，乃以去一近侍爲孤立耶？今忠賢不法狀，廷臣已發露無餘。陛下若不早斷，彼形見勢窮，復何顧忌。忠賢必不肯收其已縱之韁，而淨滌其腸胃。忠賢之私人，必不肯回其已往之棹，而默消其冰山。始猶與士大夫爲讐，繼將以至尊爲注。柴柵既固，毒螫誰何。不惟臺諫折之不足，卽干戈取之亦難矣。」忠賢得疏愈恨。

萬燝既廷杖，又欲杖御史林汝翥，諸言官詣閣爭之。小璫數百人擁入閣中，攘臂肆罵，諸閣臣俯首不敢語。尊素厲聲曰：「內閣絲綸地，卽司禮非奉詔不敢至，若輩無禮至此！」乃稍稍散去。無何，燝以創重卒。尊素上言：「律例，非叛逆十惡無死法。今以披肝瀝膽之忠臣，竟殞於磨牙礪齒之兇豎。此輩必欣欣相告，吾儕借天子威柄，可鞭笞百僚。後世有秉董狐筆，繼朱子綱目者，書曰『某月某日，郎中萬燝以言事廷杖死』，豈不上累聖德哉！進廷杖之說者，必曰祖制，不知二正之世，王振、劉瑾爲之；世祖、神宗之朝，張璁、嚴嵩、張居正爲之。奸人欲有所逞，憚忠臣義士掣其肘，必借廷杖以快其私，使人主蒙拒諫之名，己受乘權之實，而仁賢且有抱蔓之形。於是乎爲所欲爲，莫有顧忌，而禍卽移之國家。燝今已矣。辱士殺士，漸不可開。乞復故官，破格賜卹，俾遺孤得扶櫬還鄉，燝死且不朽。」疏入，益忤忠賢意。

八月，河南進玉璽。忠賢欲侈其事，命由大明門進，行受璽禮，百僚表賀。尊素上言：「昔宋哲宗得璽，蔡確等競言祥瑞，改年元符，宋祚卒不競。本朝弘治時，陝西獻玉璽，止令取進，給賞五金。此祖宗故事，宜從。」事獲中止。五年春，遣視陝西茶馬。甫出都，逆黨曹欽程劾其專擊善類，助高攀龍、魏大中虐焰，遂削籍。

尊素謇諤敢言，尤有深識遠慮。初入臺，鄒元標實援之，卽進規曰：「都門非講學地，徐文貞已叢議於前矣。」元標不能用。楊漣將擊忠賢，魏大中以告，尊素曰：「除君側者，必有內援。楊公有之乎？一不中，吾儕無噍類矣。」萬燝死，尊素諷漣去，漣不從，卒及於禍。大中將劾魏廣微，尊素曰：「廣微，小人之包羞者也，攻之急，則鋌而走險矣。」大中不從，廣微益合於忠賢，以興大難。

是時，東林盈朝，自以鄉里分朋黨。江西章允儒、陳良訓與大中有隙，而大中欲駁尚書南師仲恤典，秦人亦多不悅。尊素急言於大中，止之。最後，山西尹同皐、潘雲翼欲用其座主郭尚友爲山西巡撫，大中以尚友數問遺朝貴，執不可。尊素引杜征南數遺洛中貴要爲言，大中卒不可，議用謝應祥，難端遂作。

汪文言初下獄，忠賢卽欲羅織諸人。已，知爲尊素所解，恨甚。其黨亦以尊素多智慮，欲殺之。會吳中訛言尊素欲效楊一淸誅劉瑾，用李實爲張永，授以秘計。忠賢大懼，遣刺事者至吳中凡四輩。侍郎烏程沈演家居，奏記忠賢曰：「事有迹矣。」於是日遣使譙訶實，取其空印白疏，入尊素等七人姓名，遂被逮。使者至蘇州，適城中擊殺逮周順昌旂尉，其城外人并擊逮尊素者。逮者失駕帖，不敢至。尊素聞，卽囚服詣吏自投詔獄。許顯純、崔應元搒掠備至，勒贓二千八百，五日一追比。已，知獄卒將害己，叩首謝君父，賦詩一章，遂死，時六年閏六月朔日也，年四十三。崇禎初，贈太僕卿，任一子。福王時，追謚忠端。

李應昇，字仲達，江陰人。萬曆四十四年進士。授南康推官。出無辜十九人於死，置大猾數人重辟。士民服其公廉，爲之謠曰：「前林後李，清和無比。」林謂晉江林學曾，卒官南京戶部侍郎，以清慎著稱者也。九江、南康間有柯、陳二大族，相傳陳友諒苗裔，負固强梗，嘗拒捕，有司議兵之。應昇單騎往諭，皆叩頭聽命，出所匿罪人，一方以定。

天啓二年徵授御史，謁假歸。明年秋還朝。時天子闇弱，庶政怠弛。應昇上疏曰：「方今遼土淪沒，黔、蜀用兵，紅夷之焰未息，西部之賞日增；逃兵肆掠於畿輔，窮民待盡於催科。逗遛習慣，大將畏敵而不敢前；法紀陵夷，驕兵鼓譟而弗能問。在在增官，日日會議；覆疏衍爲故套，嚴旨等若空言。陛下不先振竦精神，發皇志氣，羣臣孰肯任怨以破情面之世界者？祖宗有早午晚三朝，猶時御便殿咨訪時政。願俯納臣言，奮然力行，天下事尚可爲也。」報聞。

頃之，復陳時政，略曰：「今天下敝壞極矣，在君臣奮興而力圖之。陛下振紀綱，則片紙若霆；大臣捐私曲，則千里運掌；臺諫任糾彈，則百司飲冰。今動議增官，爲人營窟，紛紜遷徙，名實乖張。自登、萊增巡撫，而侵冒百餘萬；增招練監軍，而侵冒又十餘萬。邊關內地，將領如蟻，剝軍侵餉，又不知幾十萬。增置總督，何補塞垣；增置京堂，何裨政事。樞貳添注矣，孰慷慨以行邊；司空添注矣，孰拮据以儲備；大將添注矣，祇工媒孽而縱遁逃；禮、兵司屬添注二三十人矣，誰儲邊才而精典禮。濫開邊俸，捷徑燃灰，則吏治日壞；白衣攘臂，邪人入幕，則奸弁充斥。臣請斷自聖心，一切報罷。」又言：「今事下部曹，十九寢閣，宜重申國典，明正將領之罪。錦衣旂尉，半歸權要，宜遣官巡視，如京營之制。衞官襲職，比試不嚴，宜申明舊章，無使倖進將校蠶食。逃軍不招，私募乞兒，半分其餉，宜力爲創懲。窮民敲扑，號哭滿庭，奸吏侵漁，福堂安坐，宜嚴其法制。」時不能用。俄劾南京都御史王永光庇部郎范得志，顚倒公論，永光尋自引去。

四年正月疏陳外番、內盜及小人三患，譏切近習，魏忠賢惡之。已，復疏陳民隱，言有十害宜急除，五反宜急去，帝爲戒飭所司。京師一日地三震，疏請保護聖躬，速停內操。忠賢領東廠，好用立枷，有重三百斤者，不數日卽死，先後死者六七十人。應昇極言宜罷，忠賢大恨。應昇知忠賢必禍國，密草疏列其十六罪。將上，爲兄所知，攘其疏毁之，怏怏而止。

楊漣劾忠賢，得嚴旨。應昇憤，卽抗疏繼之。中言：「從來奄人之禍，其始莫不有小忠小信以固結主心。根株既深，毒手乃肆。今陛下明知其罪，曲賜包容。彼緩則圖自全之計，急則作走險之謀。蕭牆之間，能無隱禍？故忠賢一日不去，則陛下一日不安。臣爲陛下計，莫如聽忠賢引退，以全其命；爲忠賢計，亦莫若早自引決，以乞帷蓋之恩。不然惡稔貫盈，他日欲保首領，不可得矣。」又曰：「君側不淸，安用彼相。一時寵利有盡，千秋靑史難欺。不欲爲劉健、謝遷者，幷不能爲東陽。倘晝策投歡，不幾與焦芳同傳耶？」

時魏廣微方深結忠賢，爲之謀主，知應昇譏己，大恨。萬燝之死也，應昇極言廷杖不可再，士氣不可折，譏切忠賢輩甚至。已，代高攀龍草疏劾崔呈秀。呈秀窘，昏夜款門，長跪乞哀。應昇正色固拒，含怒而去。十月朔，帝廟享頒曆，廣微後至，爲魏大中等所糾。廣微恚，辨疏詆言者。應昇復抗疏論之，且曰：「廣微父允貞爲言官，得罪輔臣以去，聲施至今。廣微奈何比言官路馬，斥爲此輩？夫不與此輩爲伍者，必別與一輩爲緣。乞陛下戒諭廣微，退讀父書，保其家聲，毋倚三窟，與言官爲難，他日庶可見乃父地下。」廣微益怒，謀之忠賢，將鐫秩。首輔韓爌力救，乃奪祿一年。其月，趙南星等悉被逐，朝事大變。

明年三月，工部主事曹欽程劾應昇護法東林，遂削籍。忠賢恨未已。六年三月假李實劾周起元疏，入應昇名。遂逮下詔獄，酷掠，坐贓三千。尋於閏六月二日斃之，年甫三十四。崇禎初，贈太僕卿，錄一子。福王時，追謚忠毅。

萬燝，字闇夫，南昌人，兵部侍郎恭孫也。少好學，砥礪名行。舉萬曆四十四年進士，授刑部主事。嘗疏論刑獄干和。

天啓初元，兵事棘，工部需才，調燝工部營繕主事。督治九門垣墉，市銅江南，皆勤於其職。遷虞衡員外郎，司鼓鑄。時慶陵大工未竣，費不貲。燝知內府廢銅山積，可發以助鑄，移牒內官監言之。魏忠賢怒，不發，燝遂具疏以請。忠賢益怒，假中旨詰責。燝旋進屯田郎中，督陵務。

其時，忠賢益肆，廷臣楊漣等交擊，率被嚴旨。燝憤，抗章極論，略言：「人主有政權，有利權，不可委臣下，況刑餘寺人哉。忠賢性狡而貪，膽麤而大。口銜天憲，手握王爵，所好生羽毛，所惡成瘡痏。廕子弟，則一世再世；賚廝養，則千金萬金。毒痡士庶，斃百餘人；威加搢紳，空十數署。一切生殺予奪之權盡爲忠賢所竊，陛下猶不覺悟乎？且忠賢固供事先帝者也，陛下之寵忠賢，亦以忠賢曾供事先帝也。乃於先帝陵工，略不厝念。臣嘗屢請銅，靳不肯予。間過香山碧雲寺，見忠賢自營墳墓，其規制弘敞，擬於陵寢。前列生祠，又前建佛宇，璇題耀日，珠網懸星，費金錢幾百萬。爲己墳墓則如此，爲先帝陵寢則如彼，可勝誅哉！今忠賢已盡竊陛下權，致內廷外朝止知有忠賢，不知有陛下，尚可一日留左右耶？」疏入，忠賢大怒，矯旨廷杖一百，斥爲民。執政言官論救，皆不聽。

當是時，忠賢惡廷臣交章劾己，無所發忿，思借㷆立威。乃命羣奄至㷆邸，捽而毆之。〔四〕比至闕下，氣息纔屬。杖已，絕而復甦。羣奄更肆蹴踏，越四日卽卒，時四年七月七日也。〔五〕

忠賢恨猶不置，羅織其罪，誣以贓賄三百。㷆廉吏，破產乃竣。崇禎初，贈光祿卿，官其一子。福王時，謚忠貞。

㷆杖死未幾，巡城御史福清林汝翥嘗笞內侍曹進、傅國興，忠賢矯旨杖汝翥如㷆。汝翥懼，逃之遵化，自歸於巡撫鄧渼。〔六〕渼以聞，卒杖之。汝翥起家鄉舉，知沛縣。徐鴻儒攻沛甚急，堅守不下，由此擢御史。崇禎時，仕至浙江副使。汝翥雖受杖，幸不死。而是時，丁乾學、夏之令、吳裕中、劉鐸、吳懷賢、蘇繼歐、張汶諸人，皆忤忠賢致死。

乾學，浙江山陰人，寄籍京師，官檢討。天啓四年偕給事中郝士膏典試江西，發策刺忠賢。忠賢怒，矯旨鐫三秩，復除其名。已，使人詐爲校尉往逮，挫辱之，竟憤鬱而卒。崇禎初，贈侍讀學士。

之令，光山人。知攸、歙二縣，徵授御史。嘗疏論邊事，力詆毛文龍不足恃。忠賢庇文龍，傳旨削之令籍，閣臣救免。及巡皇城，內使馮忠等犯法，劾治之，益爲忠賢所銜，崔呈秀亦以事銜之。遂屬御史卓邁劾之令黨比熊廷弼，有詔削奪。頃之，御史倪文煥復劾之令計陷文龍，幾悞疆事。遂逮下詔獄，坐贓拷死。

裕中，江夏人。爲順德知縣，徵授御史。大學士丁紹軾陷熊廷弼死，裕中有疏詆紹軾。忠賢傳旨詰裕中爲廷弼姻戚，代之報讐。廷杖一百，創重卒。崇禎初，賜贈廕。

鐸，廬陵人。由刑部郎中爲揚州知府。憤忠賢亂政，作詩書僧扇，有「陰霾國事非」句。偵者得之，聞於忠賢。倪文煥者，揚州人也，素銜鐸，遂嗾忠賢逮治之。鐸雅善忠賢子良卿，事獲解，許還故官。良卿從容問鐸：「曩錦衣往逮，索金幾何？」曰：「三千金耳。」良卿令錦衣還之。其人怒，日夜伺鐸隙，言鐸繫獄時，與囚方震孺同謀居間，遂再下獄。會鐸家人有夜醮者，參將張體乾誣鐸呪詛忠賢，刑部尚書薛貞坐以大辟。忠賢誅，貞、體乾並抵罪，鐸贈太僕少卿。

懷賢，休寧人。由國子監生授內閣中書舍人。同官傅應星者，〔七〕忠賢甥也，懷賢遇之無加禮，應星恨之。楊漣劾忠賢疏出，懷賢書其上曰：「宜如韓魏公治任守忠故事，即時遣戍。」又與工部主事吳昌期書，有「事極必反，反正不遠」語。忠賢偵知之，大怒曰：「何物小吏，亦敢謗我！」遂矯旨下詔獄，坐以結納汪文言，爲左光斗、魏大中鷹犬，拷掠死。崇禎初，贈工部主事。

繼歐，許州人。歷知元氏、眞定、柏鄉，入爲吏部稽勳主事，累遷考功郎中。將調文選，中旨謂爲楊漣私黨，削籍歸。時緹騎四出，同里副使孫織錦素附忠賢，遣人怵繼歐曰：「逮者至矣。」繼歐自經死。崇禎初，贈太常寺卿。

汶，邯鄲人。尙書國彥曾孫也。由廕敍爲後軍都督府經歷。嘗被酒詆忠賢，下獄拷掠死。亦獲贈恤。

贊曰：自古閹宦之甘心善類者，莫甚於漢、唐之季，然皆倉卒一時，爲自救計耳。魏忠賢之殺諸人也，揚毒焰以快其私，肆無忌憚。蓋主荒政粃之餘，公道淪亡，人心敗壞，凶氣參會，羣邪翕謀，故搢紳之禍烈於前古。諸人之受禍也，酷矣哉！

校勘記

〔一〕宋娥　原誤作「朱娥」，據明史稿傳一二七周宗建傳改。按宋娥是後漢順帝的乳母，見後漢書卷六〇上楊厚傳。

〔二〕五月雨雹　五月，本書卷二八五行志作「四月」。

〔三〕給事中郭鞏者　給事中郭鞏，本書卷三〇五魏忠賢傳作「御史郭鞏」。

〔四〕捽而毆之　原作「摔而毆之」，據明史稿傳一二七萬燝傳改。

〔五〕時四年七月七日也　本書卷二二熹宗紀作四年六月丙申，熹宗實錄卷四三作四年六月戊戌。

〔六〕自歸於巡撫鄧渼　鄧渼，熹宗實錄卷四三天啓四年六月壬寅條、國榷卷八六頁五二八九都作「鄧漢」。

〔七〕同官傅應星者　傅應星，原作「傅應昇」，據本書卷三〇五魏忠賢傳、明史稿傳一二七萬燝傳改。下同。

明史卷二百四十六

列傳第一百三十四

滿朝薦　江秉謙　侯震暘 倪思輝　朱欽相　王心一

王允成 李希孔　毛士龍

滿朝薦，字震東，麻陽人。萬曆三十二年進士。授咸寧知縣，有廉能聲。稅監梁永縱其下劫諸生橐，朝薦捕治之。永怒，劾其擅刑稅役，詔鐫一官。大學士沈鯉等論救，不聽。會巡撫顧其志極論永貪殘狀，乃復朝薦官，奪俸一歲。無何，永遣人蠱巡按御史余懋衡。事覺，朝薦捕獲其人。永懼，率衆擐甲入縣庭。吏卒早爲備，無所掠而去。城中數夜驚，言永反。或謂永宜自明，永遂下教，自白不反狀，然蓄甲者數百。而朝薦助懋衡操之急，諸惡黨多亡去。朝薦追之渭南，頗有所格傷。永懼，使使繫書髮中，入都訟朝薦劫上供物，殺數人，投屍河中。帝震怒，立遣使逮治，時三十五年七月也。既至，下詔獄搒掠，遂長繫。中外論救，自大學士朱賡以下，百十疏。最後，四十一年秋，萬壽節將屆，用大學士葉向高請，乃與王邦才、卞孔時並釋歸。

光宗立，起南京刑部郎中，再遷尙寶卿。天啓二年，遼東地盡失，海內多故，而廷臣方植黨逞浮議。朝薦深慮之，疏陳時事十可憂、七可怪，語極危切。尋進太僕少卿，復上疏曰：

比者，風霾曀晦，星月晝見，太白經天，四月雹，六月冰，山東地震，畿內霪潦，天地之變極矣。四川則奢崇明叛，貴州則安邦彥叛，山東則徐鴻儒亂，民人之變極矣。而朝廷政令乃顚倒日甚。

一乞骸耳，周嘉謨、劉一燝，顧命之元老，以中讒去，孫愼行，守禮之宗伯，以封典去，王紀，執法如山之司寇，以平反去，皆漠不顧惜；獨惓惓於三十疏劾之沈漼，卽去而猶加異數焉。祖宗朝有是顚倒乎？一建言耳，倪思輝、朱欽相等之削籍，已重箝口之嗟；周朝瑞、惠世揚等之拂衣，又中一網之計。祖宗朝有是顚倒乎？一邊筴耳，西部索百萬之貲，邊臣猶慮其未飽；健兒乞錙銖之餉，度支尙謂其過奢。祖宗朝有是顚倒乎？一棄城耳，多年議確之犯或以庇厚而緩求；旬日矜疑之輩反以妬深而苛督。祖宗朝有是顚倒乎？一緝奸耳，正罪自有常律，平反原無濫條。遼陽之禍，起於袁應泰之大納降人。降人盡占居民婦女，故遼民發憤，招敵攻城。事發倉卒，未聞有何人獻送之說也。廣寧之變，起於王化貞之誤信西部，取餉金以啖插而不給卒伍，以故人心離散。敵兵過河，又不聞西部策應，遂至手足無措，抱頭鼠竄。亦事發倉卒，未聞有何人獻送之說也。深求奸細，不過爲化貞卸罪地耳。王紀不欲殺人媚人，反致削籍。祖宗朝有是顚倒乎？

若夫閣臣之職，在主持清議。今章疏有妬才壞政者，非惟不斥也，輕則兩可，重則竟行其言矣。有殛奸報國者，非惟不納也，輕則見讓，重則遞加黜罰矣。尤有恨者，沈漼賄盧受得進，及受敗，又交通跋扈之奄以樹威。振、瑾僨裂之禍，皆漼作俑，而放流不加。他若戚畹，豈不當檢，何至以閹寺之讒，斃其三僕。三宮分有常尊，何至以傾國之昵，僭逼母儀。此皆顚倒之甚者也。顧成於陛下者什之一二，成於當事大臣者十之八九。臣誠不忍見神州陸沈，祈陛下終覽臣疏，與閣部大臣更絃易轍，悉軌祖宗舊章，臣卽從逢、干於地下，猶生之年。

旣奏，魏忠賢激帝怒，降旨切責，褫職爲民。大學士向高申救甚力，帝不納。已，忠賢黨撰東林同志錄，朝薦與焉，竟不復用。崇禎二年薦起故官，未上卒。

江秉謙，字兆豫，歙人。萬曆三十八年進士。除鄞縣知縣。用廉能徵，擬授御史。久不得命，以葬親歸。光宗立，命始下。入臺，侃侃言事。

天啓元年首陳君臣虛己奉公之道，規切甚至。戶部尚書李汝華建議興屯，請專遣御史，三年課績，所墾足抵年例餉銀，卽擢京卿。秉謙力駁其謬，因言汝華尸素，宜亟罷。汝華疏辨，秉謙再劾之。

瀋陽旣失，朝士多思熊廷弼，而給事中郭鞏獨論廷弼喪師悞國，請并罪閣臣劉一燝。秉謙憤，力頌廷弼保守危疆功，且曰：「今廷弼勘覆已明，議者猶以一人私情沒天下公論，寧壞朝廷封疆，不忘胸中畛域。」章下廷議。會遼陽復失，廷弼旋起經略。鞏坐妄議奪官，遂與秉謙爲讐。廷弼旣鎭山海，議遣使宣諭朝鮮發兵牽制。副使梁之垣請行，廷弼喜，請付二十萬金爲軍貲。兵部尚書張鶴鳴不予，秉謙抗疏爭。鶴鳴怒，力詆秉謙朋黨。秉謙疏辨，帝不罪。

鶴鳴旣抑廷弼，專庇巡撫王化貞，朝士多附會之。帝以經、撫不和，詔廷臣議。秉謙言：「陛下再起廷弼，委以重寄，曰『疆埸事不從中制』。乃數月以來，廷弼不得措手足，呼號日聞，辨駁踵至。執爲詞者曰『經、撫不和，化貞主戰，廷弼主守耳』。夫廷弼非專言守，謂守定而後可戰也。化貞銳意戰，卽戰勝，可無事守乎？萬一不勝，又將何以守？此中利害，夫人知之。乃一則無言不從，一則無策不棄。豈眞不明於戰守之說，但從化貞、廷弼起見耳。陛下既命廷弼節制三方，則三方之進戰退守當一一聽其指揮。乃化貞欲進，則使廷弼從之進；欲退，則使廷弼隨之退。化貞倏進倏退，則使廷弼進不知所以戰，退不知所以守。是化貞有節制廷弼之權，而廷弼未嘗有節制三方之權也。故今日之事，非經、撫不和，乃好惡經、撫者不和；非戰守之議論不合，乃左右經、撫者之議論不合。請專責廷弼，實圖戰守。」末議首輔葉向高兩可含糊，勢必兩可掣肘，安能責成功。語極切至。

後朝議方撤廷弼，而化貞已棄廣寧遁。秉謙益憤，以職方郞耿如杞附和鶴鳴，力助化貞排廷弼，致封疆喪失，連疏攻之。幷援世宗戮丁汝夔故事，乞亟置鶴鳴於法。帝以鶴鳴方行邊，不當輕詆，奪秉謙俸半歲，如杞不問。秉謙復上疏言：「鶴鳴一入中樞，初不過鹵莽而無遠識，既乃至兇狠而動殺機。明知西部間諜俱虛，戰守參差難合，乃顧自欺以欺朝廷。何處有機會？而曰機會可乘。何日渡河？而曰渡河必勝。既欲驅經略以出關，而不肯付經略以節制；既欲置廷弼於廣寧，而未嘗移化貞於何地。破壞封疆之罪，可置弗問哉？且化貞先棄地先逃，猶曰功罪相半。卽此一言，縱寸斬鶴鳴，不足贖其欺君悞國罪，乃猶敢哆口定他人罪案耶！」

當是時，大學士沈㴶潛結中官劉朝、乳媼客氏，募兵入禁中，與內操。給事中惠世揚、周朝瑞等十二人再疏力攻，秉謙與焉，幷詆朝及客氏。內外胥怨，遂假劾鶴鳴疏，出秉謙於外。無何，郭鞏召還，交通魏忠賢，力沮秉謙。是冬，皇子生，言官被謫者悉召還，獨秉謙不與。家居四年，聞忠賢益亂政，憂憤卒。

居數月，忠賢黨御史卓邁追劾秉謙保護廷弼，遂削籍。崇禎初，復官。

侯震暘，字得一，嘉定人。祖堯封，監察御史。忤大學士張居正，外轉。累官至福建右參政，有廉直聲。震暘舉萬曆三十八年進士，授行人。天啓初，擢吏科給事中。是時，保姆奉聖夫人客氏方擅寵，與魏忠賢及大學士沈㴶相表裏，勢焰張甚。旣遣出宮，熹宗思念流涕，至日旰不御食，遂宣諭復入。震暘疏言：「宮闈禁地，姦璫羣小睥睨其側，內外鈎連，借叢煬竈，有不忍言者。王聖寵而煽江京、李閏之奸，趙嬈寵而搆曹節、王甫之變。〔一〕幺麼里婦，何堪數昵至尊哉。」不省。

會遼事棘，經略熊廷弼、巡撫王化貞相牴牾。兵部尚書張鶴鳴右化貞，議者遂欲移廷弼，與化貞晝地任事。震暘逆知其必敗，疏言：「事勢至此，陛下宜遣問經臣。果能加意訓練，則進止遲速不從中制，雖撤撫臣，一以付之，無不可者。如不然，則督其條晰陳奏，以聽吏議，摭拾殘局，專任化貞。此一說也。不則移廷弼密雲，而出本兵爲經略。鶴鳴素慷慨自命，與其事敗同罪，不若挺身報國。此又一說也。不則遂以經略授化貞，擇沈深有謀者代任巡撫，以資後勁。此又一說也。不則直移廷弼於登、萊，終其三方布置之策，與化貞相掎角。此又一說也。若復遷延猶豫，必僨國事。」疏上，方有旨集議，而大清兵已破廣寧矣。化貞、廷弼相率入關門，猶數奉溫旨，責以戴罪立功。

震暘大憤懣，再疏言：「臣言不幸驗矣，爲今日計，論法不論情。河西未壞以前，舉朝所惜者，什七在化貞，今不能爲化貞惜也。河西既壞以後，舉朝所寬者什九在廷弼，今亦不能爲廷弼寬也。策撫臣者，謂宜責令還赴廣寧，聯屬西部。然而府庫已竭，其能赤手效包胥乎？策經臣者，謂宜仍責守關。然所謂守者，將如廷弼前議三十萬兵數十萬餉，以圖後效乎？抑止令率殘卒出關外，姑示不殺乎？凡此無一可者。及今不定逃臣之律，殘疆其奚賴焉。」其後治失事罪，蓋略如震暘疏云。

已，遂劾大學士沈漼結納奉聖夫人及諸中官爲朋黨，具發其搆殺故監王安狀。忠賢卽日傳旨謫震暘。震暘陛辭，復上田賦、河渠二議。以逐臣不當建議，再鐫二級以歸。

震暘在垣八月，章奏凡數十上。崇禎初，召復故官，震暘已前卒。因其子主事峒曾請，特贈太常少卿。

方震暘之論客氏也，給事中祁門倪思輝、臨川朱欽相疏繼之。帝大恚，並貶三官。大學士劉一燝、尙書周嘉謨等交章論救，皆不納。御史吳縣王心一言之尤切，帝怒，貶官如之。心一同官龍谿馬鳴起復抗疏諫，且言客氏六不可留。帝議加重譴，用一燝等言，奪俸一年。

先是，元年正月，客氏未出宮，詔給土田二十頃，爲護墳香火貲。又詔魏進忠侍衞有功，待陵工告竣，並行敍錄。心一抗疏言：「陛下眷念二人，加給土田，明示優錄，恐東征將士聞而解體。況梓宮未殯，先念保姆之香火，陵工未成，强入奄侍之勤勞，於理爲不順，於情爲失宜。」不報。至是，與思輝、欽相並貶，廷臣請召還者十餘疏。皇子生，詔思輝、欽相、心一、鳴起並復故官。

欽相尋擢太僕少卿。楊漣旣劾魏忠賢，欽相亦抗疏極論。五年以右僉都御史巡撫福建，討賊楊六、蔡三、鍾六等有功。旋以忤忠賢，除名。思輝，崇禎時終南京督儲尙書。心一終刑部侍郎。鳴起終南京右都御史。

王允成，字述文，澤州人。萬曆中舉於鄉，除獲鹿知縣。以治行異等，徵授南京御史。時甲科勢重，乙科多卑下之。允成體貌魁梧，才氣飈發，欲凌甲科出其上，首疏論遼左失事諸臣，請正刑辟。

熹宗即位，廷臣方爭論「梃擊」、「移宮」事，而帝降兩諭罪選侍，因言移宮後相安狀。大學士方從哲封還上諭。允成陳保治十事，中言：「張差闖宮，說者謂瘋癲。靑宮豈發瘋之地？龐保、劉成豈並瘋之人？言念及此，可爲寒心。今鄭氏四十年之恩威猶在，卵翼心腹寔繁有徒，陛下當思所以防之。比者，聖諭多從中出。當，則開煬竈之端；不當，而臣下爭執，必成反汗之勢。孰若事無大小，盡歸內閣。至元輔方從哲，屢劾不去。陛下於選侍移宮後，發一敕諭，不過如常人表明心跡耳，從哲輒封還。夫封后之命，都督之命，貶謫周朝瑞之命，何皆不封還？司馬昭之心，路人知之矣。」姚宗文閱視遼左，與熊廷弼相失，歸而鼓同列攻之。允成惡其奸，再疏論列。

天啓元年疏請䘏先朝直臣，列楊天民等三十六人以上，帝納之。俄陳任輔弼、擇經略、愼中樞、專大帥、更戎政、嚴賞罰數事。末言：「方今最可慮者，陛下孤立禁中。先朝怙權恃寵諸奄，與今日左右近習，互相忌嫉，恐乘機肆毒，彼此相戕。夫防護禁庭，責在內閣及司禮。務令潛消默化，俾聖躬與皇弟，並得高枕無憂，斯爲根本至計。」時韙其言。已，劾刑部尚書黃克纘倡言保護選侍，貽悞賈繼春，又曲庇盜寶內侍，至辨御史焦源溥綱常一疏，剌謬特甚。已，極論內降及留中之害，末復規切閣部大臣。忤旨，停俸。給事中毛士龍劾府丞邵輔忠，允成亦偕同官李希孔斥輔忠。已，極言綱紀廢弛，請戒姑息，破因循，指斥時事甚悉。

當是時，中貴劉朝、魏進忠與乳媼客氏相倚爲奸。允成抗疏歷數其罪，略言：「內廷顧命之璫，犬食其餘，不蒙帷蓋之澤；外廷顧命之老，中旨趣出，立見田里之收。以小馬爲馳騁之貲，誰啓盤於遊田之漸；以大臣爲釋忿之地，誰啓咈其耇長之心。劉朝輩初亦不預外事，自沈㴶、邵輔忠導之，遂恣肆無忌。浸假而王心一、倪思輝、朱欽相斥矣，浸假而司空用陪推矣，浸假而中旨用考官矣。是易置大臣之權在二豎也。近者弄權愈甚，逐大臣如振落，王紀、滿朝薦並削職爲編氓。是驅除大臣之權在二豎也。科臣遷改，自有定敍，給假推陞，往例皆然。乃惡周朝瑞之正直，忽有不許推用之旨。是轉遷百官之權在二豎也。秦藩以小宗繼大宗，諸子不得封郡王，祖制昭然。乃部科爭之不獲，相繼而去。是進退諸藩之權在二豎也。招權納賄，作福作威。二豎弄權於外，客氏主謀於中。王振、劉瑾之禍將復見今日。」疏入，進忠輩切齒。允成復特疏論秦府濫恩之謬，帝終不省。

三年六月，允成又劾進忠，進忠益恨。明年，趙南星爲吏部，知允成賢，調之於北。未幾，南星被逐，御史張訥劾南星調允成非法，遂除名。後給事中陳維新復劾允成貪險，詔撫按提問，坐以贓私。莊烈帝嗣位，以允成嘗請保護皇弟，識其名，召復故官。未幾卒。

當天啓初，東林方盛。其主張聯絡者，率在言路。允成居南，與北相應和，時貴多畏其鋒。然諤諤敢言，屢犯近倖，其風采足重云。

李希孔，字子鑄，三水人。萬曆三十八年進士。授中書舍人，擢南京御史。給事中姚宗文閱遼東軍，排經略熊廷弼，希孔連疏劾之。已，又糾宗文阻抑考選，以「令旨」二字抗言繳還，過先帝非常之德。泰昌元年冬，陳時政七事。天啓改元，與允成劾邵輔忠。已，請宥言官倪思輝、朱欽相、王心一。三年上折邪議，以定兩朝實錄，疏言：

昔鄭氏謀危國本，而左袒之者，莫彰著於三王並封之事。今秉筆者不謂非也，且推其功，至與陳平、狄仁傑並。此其說不可解也。當時並封未有旨，輔臣王錫爵蓋先有密疏請也。迨旨下禮部，而王如堅、朱維京、涂一臻、王學曾、岳元聲、顧允成、于孔兼等苦口力爭，又共責讓錫爵於朝房。於是錫爵始知大義之不可違，而天下之不我予。隨上疏檢舉，而封事停也。假令如堅等不死爭，不責讓，將並封之事遂以定，而子以母貴之說，且徐邀定策國老之勛。而乃飾之曰：「旋命旋引咎，事遂以止。」嗟乎，此可爲錫爵諱乎哉！且聞錫爵語人曰：「王給事中遺悔否？」以故事關國本，諸臣槁項黃馘，終錫爵世不復起。不知前代之安劉、復唐者，誰阨王陵，使之不見天日乎？曾剪除張柬之、桓彥範等五人，而令齎志以沒乎？臣所以折邪議者，一也。

其次，莫彰於張差闖宮之事。而秉筆者猶謂無罪也，且輕其事，而列王大臣、貫高事爲辭。此其說又不可解也。王大臣之徒手而闖至乾清宮門也，馮保怨舊輔高拱，置刃其袖，挾使供之，非實事也。張差之梃，誰授之而誰使之乎？貫高身無完膚，而詞不及張敖，故漢高得釋敖不問。可與張差之事，造謀主使口招歷歷者比乎？昔寬處之以全倫，今直筆之以存實，以戒後，自兩不相妨，而奈之何欲諱之？且諱之以爲君父隱，可也；爲亂賊輩隱，則何爲？臣所以折邪議者，二也。

至封后遺詔，自古未有帝崩立后者。此不過貴妃私人謀假母后之尊，以弭罪狀。故稱遺詔，以要必行。奈何猶稱先志，重誣神祖，而陰爲阿附傳封者開一面也？臣所以折邪議者，三也。

先帝之令德考終，自不宜謂因藥致崩，被不美之名。而當時在內視病者，烏可於積勞積虛之後，投攻剋之劑。羣議洶洶，方蓄疑慮變之深，而遽值先帝升遐，又適有下藥之事，安得不痛之恨之，疾首頓足而深望之。乃討奸者憤激而甚其詞，庇奸者借題以逸其罰。君父何人，臣子可以僥倖而嘗試乎？臣所以折邪議者，四也。

先帝之繼神廟棄羣臣也，兩月之內，鼎湖再號。陛下孑然一身，怙恃無託，宮禁深閟，狐鼠實繁，其於杜漸防微，自不得不倍加嚴慎。卽不然，而以新天子儼然避正殿，讓一先朝宮嬪，萬世而下謂如何國體。此楊漣等諸臣所以權衡輕重，亟以移宮請也。宮已移矣，漣等之心事畢矣，本未嘗居以爲功，何至反以爲罪而禁錮之，擯逐之，是誠何心？卽選侍久侍先帝，生育公主，諸臣未必不力請於陛下，加之恩禮。今陛下旣安，選侍又未嘗不安，有何冤抑，而汲汲皇皇爲無病之沈吟。臣所以折邪議者，五也。

抑猶有未盡者。神祖與先帝所以處父子骨肉之際，仁義孝慈，本無可以置喙。卽當年母愛子抱，外議諠譁，然雖有城社媒孽之奸，卒不以易祖訓立長之序，則愈足見神祖之明聖，與先帝之大孝。何足諱，何必諱，又何可諱。若謂言及鄭氏之過，便傷神祖之明，則我朝仁廟監國危疑，何嘗爲成祖之累。而當時史臣直勒之汗靑，並未聞有嫌疑之避也。何獨至今而立此一說，巧爲奸人脫卸，使昔日不能置之罪，今日不容著之書，何可訓也。今史局開，公道明，而坐視奸輩陰謀，辨言亂義，將令三綱紊，九法滅，天下止知有私交，而不知有君父。乞特敕纂修諸臣，據事直書，無疑無隱，則繼述大孝過於武、周，而世道人心攸賴之矣。詔付史館參酌，然其後卒不能改也。已，又請出客氏於外，請誅崔文昇。忌者甚衆，指爲東林黨。未幾，卒官，故不與璫禍。

毛士龍，字伯高，宜興人。萬曆四十一年進士。授杭州推官。熹宗卽位，擢刑科給事中，首劾姚宗文閱視乖張。楊漣去國，抗疏請留。天啓改元正月疏論「三案」，力言孫愼行、陸夢龍、陸大受、何士晉、馬德灃、王之寀、楊漣等有功社稷，而魏浚輩醜正害直之罪。帝是之。

李選侍之移宮也，其內豎劉朝、田詔、劉進忠等五人，以盜費下刑部獄。尙書黃克纘庇之，數稱其冤。帝不從，論死。是年五月，王安罷，魏進忠用事。詔等進重賂，令其下李文盛等上疏鳴冤，進忠卽傳旨貸死。大學士劉一燝等執奏者再。旨下刑科，士龍抄參者三，旨幾中寢。克纘乃陳其冤狀，而請付之熱審。進忠不從，傳旨立釋。士龍憤，劾克纘阿旨骫法，不可爲大臣，且數朝等罪甚悉。由是，進忠及諸奄銜士龍次骨。進忠廣開告密，誣天津廢將陳天爵交通李永芳，〔三〕逮其一家五十餘人，下詔獄。士龍卽劾錦衣駱思恭及誣告者罪。進忠憾張后抑己，誣爲死囚孫二所出，布散流言。士龍請究治妖言奸黨幷主使逆徒，進忠益憾。

至九月，士龍劾順天府丞邵輔忠奸貪，希孔、允成亦劾之，輔忠大懼。朝等因誘以超擢，令攻士龍。輔忠遂訐士龍官杭州時盜庫納妓，進忠從中下其疏。尙書周嘉謨等言兩人所訐，風聞，請寬貸。進忠不從，削士龍籍，輔忠落職閒住。進忠後易名忠賢，顯盜國柄，恨士龍未已。四年冬，令其私人張訥劾之，再命削籍。明年三月入之汪文言獄詞，謂納李三才賄三千，謀起南京吏部，下撫按提訊追贓，遣戍平陽衞。已而輔忠起用，驟遷兵部侍郎。六年十二月，御史劉徽復摭輔忠前奏，劾士龍納訪犯萬金，下法司逮治。士龍知忠賢必殺己，夜中踰牆遁。其妾不知也，謂有司殺之，被髮號泣於道，有司無如之何。士龍乃潛至家，載妻子浮太湖以免。

莊烈帝嗣位，忠賢伏誅。朝士爲士龍稱冤，詔盡赦其罪。士龍始詣闕謝恩，且陳被陷之故。帝憐之，命復官致仕，竟不召用。至崇禎十四年，里人周延儒再相，始起漕儲副使，督蘇、松諸郡糧。明年冬，入爲太僕少卿。又明年春，擢左僉都御史。時左都御史李邦華、副都御史惠世揚皆未至，士龍獨掌院事。帝嘗語輔臣：「往例御史巡方，類微服訪民間。近高牙大纛，氣凌巡撫，且公署前後皆通竇納賄，每奉使富可敵國，宜重懲。」士龍聞，劾逮福建巡按李嗣京。十月謝病歸。國變後卒。

贊曰：滿朝薦，傅令也，出死力以抗兇鋒，幽深牢而弗悔。及躋言路，益發憤時事，庶幾强立不反者歟。江秉謙、侯震暘之論經撫，李希孔之論「三案」，皆切中事理。王允成直攻劉朝、魏進忠，而不與楊、左、周、黃諸人同難。毛士龍顧以譎免。蓋忠賢殺人皆成於附閹邪黨，彼其甘心善類，授之刃而假手焉且加功者，罪直浮於忠賢已。

校勘記

〔一〕趙嬈寵而搆曹節王甫之變　王甫，原作「皇甫」，據明史稿傳一二五侯震暘傳改。按王甫是後漢的一個宦官，見後漢書卷一〇八曹節傳。

〔二〕誣天津廢將陳天爵交通李永芳　李永芳，原作「李承芳」，據明史稿傳一二五王允成傳附毛士龍傳改。

明史卷二百四十七

列傳第一百三十五

劉綎 喬一琦 李應祥 童元鎮 陳璘 吳廣 鄧子龍 馬孔英

劉綎，字省吾，都督顯子。勇敢有父風。用廕爲指揮使。萬曆初，從顯討九絲蠻。先登，擒其酋阿大。以功，遷雲南迤東守備，改南京小教場坐營。

十年冬，〔一〕緬甸犯永昌、騰越，巡撫劉世曾請濟師。明年春，擢綎遊擊將軍，署騰衝守備事。緬甸去雲南遠，自其酋莽瑞體以兵服諸番，勢遂强，數擾邊境。江西人岳鳳者，商隴川，驍桀多智，爲宣撫多士寧記室。士寧妻以妹。鳳誘士寧往見瑞體，潛與子曩烏猷殺之，幷殺其妻子，奪金牌印符，受瑞體僞命，代士寧爲宣撫。瑞體死，子應裏嗣。鳳結耿馬賊罕虔、南甸土舍刀落參、芒市土舍放正堂，與應裏從父猛別、弟阿瓦等，各率象兵數十萬攻雷弄、盞達、干崖、南甸、木邦、老姚、思甸諸處，殺掠無算。窺騰越、永昌、大理、蒙化、景東、鎭沅、元江。已，陷順寧，破盞達，又令曩烏引緬兵突猛淋。指揮吳繼勳等戰死。鄧川土官知州何鈺，鳳僚壻也，使使招之，鳳縶獻應裏。

當是時，車里、八百、孟養、木邦、孟艮、孟密、蠻莫皆以兵助賊，賊勢益盛。黔國公沐昌祚聞警，移駐洱海，巡撫劉世曾亦移楚雄。大徵漢土軍數萬，令參政趙睿壁蒙化，副使胡心得壁騰衝，陸通霄壁趙州，僉事楊際熙壁永昌，與監軍副使傅寵、姜忻督參將胡大賓等分道進擊。〔三〕大小十餘戰，積級千六百有奇，猛別、落參皆殪。參將鄧子龍擊斬罕虔於姚關。應裏趣鳳東寇姚關，北據灣甸、芒市。會綎至軍，軍大振。鳳懼，乃令妻子及部曲來降。綎責令獻金牌印符及蠻莫、孟密地。乃以送鳳妻子還隴川爲名，分兵趨沙木籠山，據其險，而已馳入隴川境。鳳度四面皆兵，遂詣軍門降。綎復率兵進緬，緬將先遁，留少兵隴川。綎攻之，鳳子曩烏亦降。綎乃攜鳳父子往攻蠻莫，乘勝掩擊。賊窘，縛緬人及象馬來獻，蠻莫平。遂招撫孟養賊，賊將乘象走，追獲之。復移師圍孟璉，生擒其魁。

雲南平，獻俘於朝。帝爲告謝郊廟，受百官賀。大學士申時行以下，悉進官廕子。綎亦進副總兵，予世廕。乃改孟密安撫司爲宣撫，增設安撫二，曰蠻莫，曰耿馬；長官司二，曰孟璉，曰孟養；千戶所二，一居姚關，一居猛淋。皆名之曰「鎭安」。命綎以副總兵署臨元參將，移鎭鑾莫。初，鳳降本以計誘，而巡撫世曾稱陣擒，遂行獻俘禮，敍功及閣部。

未幾，緬人復大舉寇孟密。孟密兵戰敗，賊遂圍五章。把總高國春率五百人援，破賊數萬，連摧六營，爲西南戰功第一。進官，世廕副千戶。綎亦優敍。鑾莫設安撫，以土官思順有功，特授之。綎納其重賄，又縱部將謝世祿等淫虐，思順大怨。

綎，將家子。父顯部曲多健兒，綎擁以自雄。征緬之役，勒兵金沙江，築將臺於王驥故址，威名甚盛。然性貪，御下無法。兵還至騰衝，甲而譟，焚民居。綎在鑾莫，聞之馳至，犒以金錢，始定。思順恐禍及，叛歸莽酋。詔革綎任，以遊擊候調。

無何，羅雄變起。羅雄者，曲靖屬州也，者氏世爲知州。嘉靖時，者濬嗣職，殺營長而奪其妻，生子繼榮。濬年老無他子，繼榮得襲職，遂弒濬。妖僧王道、張道以繼榮有異相，奉爲主。用符術鍊丁甲，煽聚徒黨，獨外弟隆有義不從。十三年冬，繼榮分黨四剽，廣西師宗、陸涼諸府州咸被患。巡撫劉世曾檄調漢土軍，屬監司程正誼、鄭壁等分禦之。會綎解官至霑益，世曾喜，令與裨將劉紹桂、萬鏊分道討。綎直搗繼榮寨，拔之，獲其妻妾數人，繼榮逸去。綎連克三砦，斬王道、張道，追亡至阿拜江。隆有義部卒斬繼榮首以獻，賊盡平。時首功止五十餘級，而撫降者萬餘人，論者稱其不妄殺。初，綎破繼榮，有論其私財物者，功不錄。世曾爲辨誣，乃賜白金。尋用爲廣西參將，移四川。

二十年召授五軍三營參將。會朝鮮用師，綎請率川兵五千赴援，詔以副總兵從征。至則倭已棄王京遁，綎趨尙州烏嶺。嶺亙七十里，峭壁通一線，倭拒險。別將査大受、祖承訓等間道踰槐山，出烏嶺後。倭大驚，遂移駐釜山浦。綎及承訓等進屯大丘、忠州，以全羅水兵布釜山海口，〔三〕朝鮮略定。未幾，倭遣小西飛納款，遂犯咸安、晉州，逼全羅。提督李如松急遣李平胡、査大受屯南原，祖承訓、李寧屯咸陽，綎屯陝川，扼之。倭果分犯，諸將並有斬獲。倭乃從釜山移西生浦，送王子歸朝鮮。帝命撤如松大軍還，止留綎及遊擊吳惟忠合七千六百人，分扼要口。總督顧養謙力主盡撤，綎、惟忠亦先後還。

屬播酋楊應龍作亂，擢綎四川總兵官。綎戍朝鮮二年，勞甚，覬勘功優敍，乃賄御史宋興祖。興祖以聞，法當褫。部議綎功多，請盡革雲南所加功級，以副總兵鎭四川。尋以應龍款，而靑海寇數擾邊，特設臨洮總兵官，移綎任之。

二十四年三月，火落赤、眞相、昆都魯、歹成、他卜囊等掠番寇內地。綎部將周國柱等擊之莽剌川腦，斬首百三十有奇，獲馬牛雜畜二萬計。帝爲告郊廟宣捷。綎等進秩予廕有差。

明年五月，朝鮮再用師。詔綎充禦倭總兵官，提督漢土兵赴討。又明年二月抵朝鮮，則楊鎬、李如梅已敗。經略邢玠乃分軍爲三，中董一元，東麻貴，西則綎，而陳璘專將水兵。

綎營水源。倭亦分三路，西行長據順天，壕砦深固。綎欲誘執之，遣使請與期會。使者三反，綎皆單騎俟道中。行長覘知之，乃信，期以八月朔定約。至期，綎部卒洩其謀，行長大驚，逸去。綎進攻失利。監軍參政王士琦怒，縛其中軍。綎懼，力戰破之。賊退不敢出。諸將三道進，綎挑戰破之，驅賊入大城。已，賊聞平秀吉死，將遁。綎夜半攻奪粟林、〔四〕曳橋，斬獲多。石曼子引舟師救，陳璘邀擊之海中。行長遂棄順天，乘小艘遁。

班師，進綎都督同知，世廕千戶。遂移師征楊應龍。會四川總兵官萬鏊罷，卽以綎代之。時兵分八道，川居其四。川東又分爲二，以綦江道最要，令綎當之。應龍熟綎才，頗懼，益兵守要害。二十八年正月，諸將克丁山、銅鼓、嚴村，遂直搗楠木、山羊、簡臺三峒。峒絕險，賊將穆照等衆數萬連營，諸將憚之。綎分兵攻其三面，大戰於李漢壩，生擒其魁，餘賊奔入峒。乘勢克三關，直搗峒前，焚之，賊多死。盡克三峒，擒穆照及賊魁吳尚華。是日，綎督戰，左持金，右挺劍，大呼曰：「用命者賞，不用命者齒劍！」鬬死者四十人，遂大捷。應龍乃遣子朝棟、惟棟及其黨楊珠統銳卒數萬，由松坎、魚渡、羅古池三道並進。綎伏萬人羅古，待松坎賊；〔五〕以萬人伏營外，待魚渡賊；而別以一軍策應。賊果至，伏盡起。綎率部下轉戰，斬首數百，追奔五十里。賊聚守石虎關，綎亦掘塹守。

初，綎聞征播命，逗遛，多設難以要朝廷。言官交劾，議調南京右府僉書。綎至是聞之，卽辭任。總督李化龍以平播非綎不可，固留之，力薦於朝。綎乃復受事，蹴夜郎舊城，攻克賊滴淚、三坡、瓦窰坪、石虎諸隘，直抵婁山關。婁山萬峯插天，叢箐中一徑纔數尺。賊設木關十三座，排栅置深坑，百險俱備。綎分奇兵爲左右路，間道趨關後，而自督大軍仰攻，奪其關，追至永安莊，兩路軍亦會。綎老將持重，慮賊衝突，聯諸營：一據婁山關爲老營，一據白石口爲腰營，一據永安莊爲前營。都指揮王芬者，勇而寡謀，每戰輒請爲前鋒，連勝有輕敵心，獨營松門埡之衝，距大營數里。賊方有烏江之勝，謀再奪婁山。適穆照遣使洩芬孤軍狀，賊乃襲殺芬，守備陳大剛、〔六〕天全招討楊愈亦死，失亡士卒二千人。綎聞，親率騎卒往救，部將周以德、周敦吉分兩翼夾攻，賊始大奔，追至養馬城而還。是日，應龍幾被獲，乃不敢窺婁山。綎懲前失，劉近關堅壁，且請濟師。踰十餘日，克後水囤，營於冠子山。尋會馬孔英、吳廣諸軍，逼海龍囤下，與諸將共平賊，綎功爲多。

初，李化龍薦綎，言官謂綎嘗納應龍賄，宜奪官從軍。部議謫爲事官，戴罪辦賊。綎德化龍，使使齎玉帶一、黃金百、白金千投化龍家，爲化龍父所叱。投巡按御史崔景榮家，亦如之。化龍、景榮並奏其事，詔革綎任，永不收錄，沒其物於官。已，錄平播功，進左都督，世廕指揮使。

三十六年，雲南阿克反，起綎討賊總兵官。未至，賊已平，寢前命。四十年，四川建昌倮亂，命綎爲總兵官討之。偕參政王之機分八道督諸將攻，而己居中節制。克桐槽、沈渣、阿都、厦卜、越北諸砦，大小五十六戰，斬馘三千三百有奇，諸倮巢穴一空。綎爲將，數被黜抑，性驕恣如故。嘗拳毆馬湖知府詹淑。淑改調，綎奪祿半年。久之，以軍政拾遺罷歸。

四十六年，帝念遼警，召爲左府僉書。明年二月，經略楊鎬令綎及杜松、李如柏、馬林四路出師。綎兵四萬，由寬佃，副使康應乾監之，〔七〕遊擊喬一琦別監朝鮮軍並進。綎鎭蜀久，好用蜀兵。久待未至，遂行。而所分道獨險遠，重岡疊嶺，馬不成列。次深河，連克牛毛、馬家二砦。大淸兵五百守董鄂路。聞綎軍至，逆戰。綎縱兵圍數重，大淸兵衆寡不敵，失二裨將，傷五十人，餘潰圍出。綎已深入三百里，杜松軍覆猶不知。復整衆進，遇大淸兵。綎引軍登阿布達里岡，將布陣，大淸兵亦登岡，出其上，而別以一軍趨綎西。岡上軍自高馳下，奮擊綎軍，綎殊死戰。趨綎西者復從旁夾擊，綎軍不能支。大淸兵乘勢追擊，遇綎後二營軍。未及陳，復爲大淸兵所乘。大潰，綎戰死。養子劉招孫者，最驍勇，突圍，手格殺數人，亦死。士卒脫者無幾。

時應乾及朝鮮軍營富察之野，大淸遂移師邀之。應乾兵及朝鮮兵列械將戰，狂風驟起，揚沙石。應乾發火器，反擊己營，大亂。大淸兵趨擊，大破之，掩殺幾盡。應乾以數百騎兗。一琦亦爲大淸兵所破，走入朝鮮營。朝鮮都元帥姜弘立、副元帥金景瑞懼，〔八〕率衆降，一琦投崖死。楊鎬聞杜松、馬林師敗，馳召綎及李如柏還。騎未至，綎已覆，獨如柏全。事聞，帝遣中使祭陣亡將士，恤綎家。

綎於諸將中最驍勇。平緬寇，平羅雄，平朝鮮倭，平播酋，平倮，大小數百戰，威名震海內。綎死，舉朝大悚，邊事日難爲矣。綎所用鑌鐵刀百二十斤，馬上輪轉如飛，天下稱「劉大刀」。天啓初，贈少保，世廕指揮僉事，立祠曰「表忠」。一琦，字伯珪，上海人。

李應祥，湖廣九谿衞人。以武生從軍，積功至廣西思恩參將。萬曆七年，巡撫張任大征十寨，應祥與有功。卽其地設三鎭，築城列戍。應祥方職營建，會擢松潘副總兵，當事者奏留之，以新秩涖舊任。從總兵王尙文大破馬平賊韋王明。尋以署都督僉事，入爲五軍營副將。

十三年改南京左府僉事，〔九〕出爲四川總兵官。松、茂諸番列砦四十八，歲爲吏民患。王廷瞻撫蜀時，嘗遣副將吳子忠擊破丟骨、人荒、沒舌三砦，諸酋乃降。故事，諸番歲有賞賚，番恃强要索無已。其來堡也，有下馬、上馬、解渴、過堡酒及熱衣氣力偏手錢；戍軍更番，亦奉以錢，曰新班、架梁、放狗、躧草、掛綵。廷瞻一切除之，西陲稍靖。僅六七年，勢復猖獗。是年夏，楊柳番出攻普安堡，犯歸水崖、石門坎，遂入金瓶堡，殺守將。巡撫雒遵屬應祥討之。提卒三千入茂州，克一巖。番恃險，剽如故。

無何，遵罷，徐元泰代。檄諭之，使三反，番不應。窺蒲江關，斷歸水崖、黃土坎道，築牆五哨溝，絕東南聲援。見官軍少，相顧笑曰：「如此磨子兵，奈我何。」磨子者，謂屢旋轉而數不增也。其冬突平夷堡，掠良民，刳其腸，繞二牛角，牛奔，腸寸裂。明年正月，遂圍蒲江關，礮燬雉堞。守將朱文達出，斬數十人。賊稍解，東南路始通。

元泰決計大征。諸路兵悉集，乃命遊擊周于德將播州兵爲前鋒，遊擊邊之垣將酉陽兵爲後拒，故總兵郭成將敍、馬兵扼其吭，參將朱文達將平茶兵擊其脅，而應祥居中節制，參議王鳳監之。應祥令軍中各樹赤、白幟一。良民陷賊者徒手立赤幟下，熟番不附賊者徒手立白幟下，卽免罪。番雖多，遇急不相救。國師喇嘛者，狡猾，聯姻青海酋丙兔與灣仲、占柯等，刻木連大小諸姓，歃血詛盟。至是，邀灣仲、占柯先犯歸化以嘗官軍。于德誘擒喇嘛、灣仲，守備曹希彬，復擊斬占柯。丢骨、人荒、沒舌三砦最强，于德皆攻克，復連破卜洞王諸砦。文達、成、之垣亦各拔數砦，與于德軍合。遂攻破蜈蚣、茹兒諸巢。嘉靖初，之垣祖輪以指揮討茹兒賊，被殺，漆其頭爲飲器。及是六十年，之垣乃得之，以還葬焉。

賊屢北，窘，悉棄輜重餌官軍。官軍不顧，斬關入，賊多死。河東平。尋渡河而西，連破西坡、西革、歪地、乾溝、樹底諸巢。有小粟谷者，首亂。覘大軍西，不設備。郭成夜襲之，大獲。牛尾砦尤險惡，將士三路夾攻，火其柵，斬酋合兒結父子。河西亦平。諸軍得所積稞粟，留十日，盡焚其砦，以六月班師。其逃窮谷者，求偏頭結賽乞降。應祥令埋奴設誓，然後許之。埋奴者，番人反接其奴，獻軍前，譾天而誓，卽牽至要路，掘坎埋之，露其首，凡埋二十三人。偏頭結賽雅善天竺僧。僧言歲在雞犬，番有阨。偏頭信之，預匿山谷中。逸賊以爲神，跡而拜求之，故偏頭爲之請。是役也，焚碉房千六百有奇，生擒賊魁三十餘人，俘馘以千餘計。自是羣番震驚，不敢爲患，邊人樹碑記績焉。

建昌、越巂諸衞，番倮雜居。建昌逆酋曰安守，曰五咱，曰王大咱，與越巂邛部黑骨夷並起爲亂。巡撫徐元泰議討，徵兵萬八千。仍以文達、之垣分將，應祥統之，副使周光鎬監其軍。十一月，光鎬先渡瀘，黑骨與大咱已據相嶺，焚三峽橋；五咱等亦寇禮州、德昌二所。時徵兵未集，光鎬先設疑，以嘗相嶺賊，賊果退據桐槽。桐槽者，大咱巢穴也。已而諸道兵盡抵越巂，應祥令文達攻五咱，之垣攻大咱，姑置黑骨夷弗問。夜半走三百里抵禮州。賊半渡，文達擊敗之，遂渡河擣其巢。之垣亦屢破桐槽，大咱亡入山峪中。

無何，五咱據磨旗山挑戰。官軍夾擊，賊退保毛牛山。山延袤六七百里，連大小西番界，文達兵大破之。五咱西遁，與安守合，結砦西谿。會所徵鹽井馬剌兵三千至，〔一〇〕猙獰跳躍，類非人形，諸番所深畏。應祥偵賊將劫營，乃潛移己營，而令馬剌兵屯其處。夜分賊來襲，馬剌起擊之，伏屍狼籍。諸將遂進攻西谿，逐北至磨砦七板番。連兵圖五咱，而令裨將田中科營麥達，逼安守。會諜者報守謀襲中科，應祥夜飲材官高逢勝三巨觥，令率敢死士三百疾趨七十里，抵麥達而伏。守夜至，遇伏被擒。守爲羣寇魁，守殪，西南邛笮、苴蘭、靡莫諸酋皆震怖。商山四堡番乞降於之垣，大小七板番乞降於文達。各埋奴道左，呼號頓首，誓世世不敢叛。五咱勢窮，走昌州，亦爲裨將王言所獲。

土木安四兒者，居建昌城中，潛剽掠於外。至是知禍及，率黨數百人走據盧郎溝。諸軍既滅五咱，應祥遣之北，示將討黑骨者，四兒遂弛備。將士忽還軍襲之，獲四兒。

復討大咱。初，大咱敗，匿所親普雄酋姑咱所。大軍至，姑咱懼，密告裨將王之翰，之翰搜得大咱；而黑夷酋阿弓等七人在大孤山，亦先爲之翰所擒。於是建昌、越嶲諸番盡平。上首功二千有奇，撫降者三千餘人。時萬曆十五年七月也。

邛部屬夷膩乃者，地近馬湖。其酋撒假與外兄安興、木瓜夷白祿、雷坡賊楊九乍等，數侵掠內地。巡撫曾省吾議討之。會有都蠻之役，不果。乃建六堡，益戍兵千二百人，而諸蠻鴟張如故。及建、越興師，又藏納叛人。元泰乃令都指揮李獻忠等分剿。〔一一〕賊詐降，誘執獻忠等三將，殺士卒數千人，勢益猖獗。應祥等師旋，元泰益徵播州、酉陽諸土兵，合五萬人，令應祥督文達、之垣及周于德諸將三道入，故總兵郭成亦從征。十一月，于德首敗白祿兵，追至馬蝗山，懸索以登，賊潰。乘勢攻木瓜夷，射殺白祿。追至利濟山，雪深數尺。于德先登，復大敗賊，燬其巢。初，撒假與九乍率萬人據山，播州兵擊走之。至是，文達復破之大田壩，合于德兵追逐，所向皆捷。遊擊萬鏊躡擊撒假於鼠囤，獲其妻子。郭成復至三寶山大戰，生擒撒假。安興據巢守，文達、鏊分道入，獲其母妻。安興擲金於途，以緩追者，遂得脫。已，諸軍深入，竟獲之。他夷倮畏威降者二千餘人，悉獻還土田，願修職貢，兵乃罷。凡斬首一千六百九十餘，俘獲七百三十有奇，以其地置屏山縣。論功，應祥屢加都督同知，元泰亦至兵部尚書。

當是時，蜀中劇寇盡平，應祥威名甚著。御史傅霈按部，詰應祥冒饟。應祥賄以千金，爲所奏，罷職。兵部舉應祥僉書南京右府，給事中薛三才持不可。

二十八年大征播州。貴州總兵官童元鎮逗遛，總督李化龍劾之，薦應祥代。時分兵八道，貴州分烏江、興隆二道。詔元鎮充爲事官由烏江入，應祥由興隆入，諸道刻二月望進兵。應祥未受事，副將陳寅等已連克數囤，拒賊四牌高囤下，別遣兵從間道直搗龍水囤。他將蔡兆吉又自乾坪抵箐岡，過四牌。賊首謝朝俸營其地，四面峭壁深箐，前二關。賊從高鼓譟，官軍殊死戰，俘朝俸妻子，乘勢抵河畔。會烏江敗書聞，斂兵不進者旬日。及應祥受任，益趣諸將急渡。寅等乃取他道渡河，而潛爲浮橋以濟師。諸軍渡，賊失險，乞降者相繼，應祥悉受之。賊所恃止黃灘一關，壁立，衆死守。會賊徒石勝俸等率萬餘人降，告曰：「去黃灘三十里有三關，入播門戶也，先襲破之，則黃灘孤難守。」應祥然其計，令偕陳寅率精卒四千夜抵關下。勝俸以數十騎誘開門，殲其戍卒。黃灘賊懼。寅督諸將渡河攻關前，勝俸由墳林暗渡襲關後，賊乃大敗。應祥直抵海龍囤，合諸道兵共滅楊應龍。

播既平，還鎭銅仁。明年改鎭四川。播遺賊吳洪、盧文秀等惡有司法嚴，而遵義知縣蕭鳴世失衆心。洪等遂稱應龍有子，聚衆爲亂。應祥偕副使傅光宅捕之，盡獲。應祥尋卒於官。以平播功，贈左都督，世廕千戶。

應祥爲將，謀勇兼資，所至奏績。平蜀三大寇，功最多。

童元鎭，桂林右衞人。萬曆中爲指揮，從討平樂賊莫天龍有功，屢遷遊擊將軍。高江瑤反，從呼良朋破平之。歷永寧、潯、梧參將，進副總兵。擢署都督僉事，爲廣西總兵官。未幾，改廣東。

二十三年，總督陳大科以元鎭熟蠻事，仍移廣西。岑溪西北爲上、下七山，介蒼藤間，有平田、黎峒、白板、九密等三十七巢。東南爲六十三山，〔一三〕有孔亮、陀田、桑園、古欖、魚修等百餘巢，與廣東羅旁接。山險箐深，環數百里無日色。賊首潘積善等據之，久爲民患。及羅旁平，積善懼，乞降。爲設參將於大峒，兵千餘戍之。其後，將領多掊克，士卒又疲弱，賊復生心，時出剽。會歲饑，粵東亡命浪賊數百人潛入七山，誘諸瑤爲亂。元鎮先以參將戍岑溪，得諸瑤心。至是，積善及其黨韋月咸願招撫自效，六十三山諸瑤多受約束。有訛言將剿北科瑤者。諸瑤謂紿己，大恨，遂與孔亮山賊攻月，殺之，火大峒參將署。督撫陳大科、戴燿屬元鎮討之。時副將陳璘、參將吳廣罷官里居，大科起令將兵，與元鎮並進。賊伐大木塞道，環佈竾簽。元鎮佯督軍開道，而潛從小徑上。孔亮山賊憑高，弩矢雨下。諸軍用火器攻，大破之。俘馘千五百有奇，餘招撫復業。時府江韋扶仲等亦據險亂，元鎮與參政陸長庚謀，募瑤爲間，乘夜獲其妻子，誘出劫，伏兵擒之。餘黨悉平。元鎮以功增秩賜金。

會日本破朝鮮。廷議由浙、閩泛海擣其巢，牽制之，乃改元鎮浙江。既而事寢，移鎮貴州。

二十八年，李化龍大征楊應龍，令元鎮督永順、鎮雄、酉城諸土軍，由烏江進。元鎮憚應龍，久駐銅仁不進，屢趣乃行。時劉綎、吳廣諸軍已進，羣賊議分兵守，其黨孫時泰曰：「兵分則力薄。乘官軍未集，先破其弱者，餘自退矣。」應龍善之。聞元鎮發烏江，應龍喜曰：「此易與耳。」謀縱之渡江，密以計取。監軍按察使楊寅秋言烏江去播不遠，宜俟諸道深入，與俱進。元鎮不從。於是永順兵先奪烏江，賊遣千餘人沿江叫罵以誘之。諸軍既濟，復奪老君關。前哨參將謝崇爵乘勢督泗城及水西兵再拔河渡關。三月望，賊以步騎數千先衝水西軍。軍中驅象出戰，賊多傷。俄駕象者斃，象反走，擲火器者又誤擊己營，陣亂。泗城兵先走，崇爵亦走，爭浮橋，橋斷，殺溺死者數千人。

河渡既敗，烏江相去六十里，猶未知。明日，參將楊顯發永順兵三百出哨。道遇賊數萬，咸爲水西裝。永順兵不之疑，賊掩殺三百人，亦襲其裝，直趨烏江。烏江軍信爲水西、永順軍，不設備，遂爲賊所破，爭先渡江。賊先斷浮橋，士卒多溺死，顯及二子與焉。元鎮所部三萬人，不存什一，將校止崇爵等三人，江水爲不流。

貴陽聞警，居民盡避入城，遠近震動。化龍用上方劍斬崇爵，益徵兵，檄鎮雄土官隴澄邀賊歸路。隴澄者，卽安堯臣，水西安疆臣弟也。軍不與元鎮合，獨全，當事頗疑其通賊。寅秋以鎮雄去播止二日，令搗巢立效，澄許之。河渡未敗時，澄已遣部將劉岳、王嘉猷攻拔苦竹關及半壩嶺。暨敗，二將移新站。賊伏兵大水田，別以五千人來襲，敗還。嘉猷乃揚聲搗大水田，而潛以一軍拔大夫關，直抵馬坎，斷賊歸路，與疆臣合，賊遂遁。會都指揮徐成將兵至，合泗城土官岑紹勳兵，再克河渡關。賊將張守欽、袁五受據長箐、萬丈林。永順兵擊破之，生擒守欽。攻淸潭洞，復擒五受。會朝議責元鎭敗狀，令李應祥幷將其軍，遂合水西、鎭雄諸部，直抵海龍囤，竟滅賊。

兵初興，元鎭坐逗遛，謫爲事官。及是，逮至京，下吏，罪當死。法司援前岑溪功，謫戍烟瘴。遇赦，廣西巡撫戴燿爲請。部議不許，竟卒於戍所。

陳璘，字朝爵，廣東翁源人。嘉靖末，爲指揮僉事。從討英德賊有功，進廣東守備。與平大盜賴元爵及嶺東殘寇。萬曆初，討平高要賊鄧勝龍，又平揭陽賊及山賊鍾月泉，屢進署都指揮僉事，僉書廣東都司。

官軍攻諸良寶，副將李成立戰敗，總督殷正茂請假璘參將，自將一軍。賊平，授肇慶遊擊將軍，徙高州參將。總督凌雲翼將大征羅旁，先下令鵰剿。璘所破凡九十巢。已，分十道大征。璘從信宜入，會諸軍，覆滅之，以其地置羅定州及東安、西寧二縣。卽遷璘副總兵，署東安參將事。未幾，餘孽殺吏民，責璘戴罪辦賊。璘會他將朱文達攻破石牛、靑水諸巢，斬捕三百六十餘人，授俸如故。

時東安初定，璘大興土木，營寺廟，役部卒，且勒其出貲。卒咸怒，因事倡亂，掠州縣，爲巡按御史羅應鶴所劾，詔奪璘官。旣而獲賊，乃除罪，改狼山副總兵。

璘有謀略，善將兵，然所至貪黷，復被劾褫官。廢久之，朝士多惜其才，不敢薦。二十年，朝鮮用兵，以璘熟倭情，命添註神機七營參將，至則改神樞右副將。無何，擢署都督僉事，充副總兵官，協守薊鎮。明年正月詔以本官統薊、遼、保定、山東軍，禦倭防海。會有封貢之議，暫休兵，改璘協守漳、潮。坐賄石星，爲所奏，復罷歸。

二十五年，封事敗，起璘故官，統廣東兵五千援朝鮮。明年二月擢禦倭總兵官，與麻貴、劉綎並將。部卒次山海關鼓譟，璘被責。尋令提督水軍，與貴、綎及董一元分道進，副將陳蠶、鄧子龍，遊擊馬文煥、季金、張良相等皆屬焉。兵萬三千餘人，戰艦數百，分布忠清、全羅、慶尚諸海口。初，賊泛海出沒，官軍乏舟，故得志。及見璘舟師，懼不敢往來海中。會平秀吉死，賊將遁，璘急遣子龍偕朝鮮將李舜臣邀之。子龍戰沒，蠶、金等軍至，邀擊之。倭無鬭志，官軍焚其舟。賊大敗，脫登岸者又爲陸兵所殲，焚溺死者萬計。時綎方攻行長，驅入順天大城。璘以舟師夾擊，復焚其舟百餘。石曼子西援行長，璘邀之半洋，擊殺之，殲其徒三百餘。賊退保錦山，官軍挑之不出。已，渡匿乙山。崖深道險，將士不敢進。璘夜潛入，圍其巖洞。比明，礮發，倭大驚，奔後山，憑高以拒。將士殊死攻，賊遁走。

璘分道追擊，賊無脫者。論功，璘爲首，綎次之，貴又次之。進璘都督同知，世廕指揮僉事。

師甫旋，會有征播之役。命璘爲湖廣總兵官，由偏橋進，副將陳良玭由龍泉，受璘節制。二十八年二月，軍次白泥，楊應龍子朝棟率衆二萬渡烏江迎戰。璘前禦之，而分兩翼躡其後。賊少挫，追奔至龍溪山，賊合四牌賊共拒。四牌在江外，與江內七牌皆五司遺種、九股惡苗，素助賊。璘廣招撫，乃進軍龍溪。偵知賊有伏，令遊擊陳策用火器擊之。賊據險，矢石雨下。璘先登，斬小校退者以徇。把總吳應龍等陷陣，賊大潰，退四牌保兒囤。璘二裨將逼之，中伏。璘募死士從應龍等奮擊，賊復潰，奔據囤巔，夜由山後遁。黎明追及於袁家渡，復敗之。四牌之賊遂盡。

三月望，諸軍爲浮橋渡江。知賊將張佑、謝朝俸、石勝俸等營七牌野豬山，璘卽夜發抵苦練坪。前鋒與戰，後軍至，夾擊之。賊敗逃深箐，官軍遂入苦菜關。會童元鎭烏江師敗，璘懼，請退師，總督李化龍不可。璘乃進營楠木橋，次湄潭。賊悉聚青蛇、長坎、瑪瑙、保子四囤，地皆絕險，而青蛇尤甚。璘議，同日攻則兵力弱，止攻一囤，則三囤必相助。乃先攻三囤，次及青蛇。良玭師亦來會，令伏囤後，別以一軍守板角關，防賊逸。璘督諸將力攻三日，賊死傷無算，三囤遂下。青蛇四面陡絕，璘圍其三面，購死士從瑪瑙後附葛至山背舉礮。賊惶駭，諸軍進攻，焚其茅屋。賊退入囤內，木石交下。將士冒死上，毀大柵二重，前後擊之。賊大敗，斬首一千九百有奇，七牌之賊亦盡。

乃分兵六道，攻克大小三渡關，乘勝抵海龍囤下。諸將俱攻囤前，獨水西安疆臣攻其後，相持四十餘日。其下受賊重賄，多與通，且潛以火藥遺賊，故賊不備。其後璘知之，與監軍者謀，令疆臣退一舍。璘移其處，置鐵牌百餘，距囤丈許，賊强弩無所施。又爲篾板於栅前，賊每夜出劫，爲釘傷，不敢復出。應龍勢窮，相聚哭。化龍初有令，諸將分日攻。六月六日，璘與吳廣當進兵。璘夜四更銜枚上，賊鼾睡，斬其守關者，樹白幟，鳴礮。賊大驚潰散，應龍自焚。廣軍亦至，賊盡平。

遂移師討皮林。皮林在湖、貴交，與九股苗相接。有吳國佐者，洪州司特峒寨苗也，桀黠無賴。其從父大榮以叛誅，國佐收其妾。黎平府持之急，遂反。自稱「天皇上將」，其黨石纂太稱「太保」。合攻上黃堡，誘敗參將黃沖霄，追至永從縣，殺守備張世忠炙而噉之，掠屯堡七十餘，焚五開南城，陷永從，圍中潮所。時方征播州，未暇討。既平播，偏沅巡撫江鐸命璘與良玭合兵討之。良玭失利。明年，鐸移駐靖州，命璘率副將李遇文等七道進。璘擒苗酋銀貢等。遊擊宋大斌攻破特峒，焚之。國佐逃天浦四十八寨，復入古州毛洞，追獲之。石纂太逃廣西上巖山，指揮徐時達誘縛之。賊黨楊永祿率衆萬餘屯白沖。遊擊沈弘猷等夾攻，生擒永祿。諸苗悉平。

征播時，璘投賄李化龍家。會劉綎使爲化龍父所麾，璘使走。化龍疏於朝，綎獲罪，璘獨免。後兵部尚書田樂推璘鎮貴州，給事中洪瞻祖遂劾璘營求。帝以璘東西積戰功，卒如樂議。貴東西二路苗：曰仲家苗，盤踞貴龍、平新間，爲諸苗巨魁；在水硍山介銅仁、思石者曰山苗，紅苗之羽翼也。自平播後，貴州物力大屈，苗益生心，剽掠無虛日。三十三年冬，巡撫郭子章請於朝。明年四月令璘軍萬人攻水硍，遊擊劉岳督宣慰安疆臣兵萬人攻西路，並克之。乃令璘移新添，獨攻東路，復克之。生獲酋十二人，斬首三千餘級，招降者萬三千餘人，部內遂靖。改鎮廣東，卒官。先敍平播功，加左都督，世廕指揮使。旣卒，以平苗功，贈太子太保，再廕百戶。

吳廣，廣東人。以武生從軍，累著戰功，歷福建南路參將，坐事罷歸。會岑溪瑤反，總督陳大科檄廣從總兵童元鎭討之。將士少却，廣手斬一卒以徇，遂大破之。論功，復故官。

萬曆二十五年以副總兵從劉綎禦倭朝鮮，領水軍與陳璘相掎角，俘斬甚衆。甫班師，大征播州，擢廣總兵官，以一軍出合江。副將曹希彬以一軍出永寧，受廣節制。廣屯二郎壩，大行招徠。賊驍將郭通緒迎戰，將士襲走之。陶洪、安村、羅村三砦土官各出降，他部來歸者數萬。廣擇其壯者從軍。通緒扼穿崖囤，廣督士漢軍擊破之。劉綎、馬孔英已入播，廣猶頓二郎，總督李化龍趣之。乃議分四哨進攻崖門，別遣永寧女土官奢世續等督夷兵二千，扼桑木埡諸要害，以防饟道。諸將連破數囤，進營母豬塘。楊應龍懼，令通緒盡發關外兵拒敵。廣伏礮手五百於磨搶埡外南岡下，而遣裨將趙應科挑戰。埡夾兩山中，甚隘。通緒橫槊衝應科，應科佯北。通緒追出埡，遇伏。急旋馬，中礮墜。方躍上他馬，伏兵攢刺之殪，餘賊大奔。官軍逐北，賊盡降。遂薄崖門。徑小止容一騎，賊衆萬餘出關拒戰。希彬懸賞千金，士攀崖競進，追至第四關。關上男婦盡哭。賊黨自殺其魁羅進恩，率萬餘人出降。其第一關猶拒不下，廣乘夜疾進，奪其關，關內民爭獻牛酒。劉綎、馬孔英已入關，李應祥、陳璘猶在關外。廣合希彬軍連戰紅碗、水土崖、分水關皆捷，遂進營水牛塘。應龍大懼。知廣軍孤深入，謀欲襲之，乃遣人詐降。廣測其詐，堅壁以待。應龍擁衆三萬直衝大營，諸將殊死戰。會他將來援，賊乃退。廣遂與諸道軍逼海龍囤。賊詐令婦人乞降，哭囤上，又詐報應龍仰藥死，廣信之。已，知其詐，急燒第二關，奪三山，絕賊樵汲，賊益窘。旋與陳璘從囤後登，應龍急自焚死。獲其子朝棟，出應龍屍烈焰中。廣中毒矢，失聲，絕而復甦，遂以本官鎭四川。踰年卒。

初，廣之頓二郎也，有言其受賄養寇者，詔謫充爲事官。後論功贈都督同知，世廕千戶。

鄧子龍，豐城人。貌魁梧，驍捷絕倫。嘉靖中，江西賊起，掠樟樹鎭。子龍應有司募，破平之。累功授廣東把總。

萬曆初，從大帥張元勳討平巨盜賴元爵。已，從平陳金鶯、羅紹淸。賊魁黃高暉逸，子龍入山生獲之。遷銅鼓石守備。尋擢署都指揮僉事，掌浙江都司。被論當奪職，帝以子龍犯輕，會麻陽苗金道侶等作亂，擢參將討之。大破賊，解散其黨。五開衞卒胡若盧等火監司行署，撻逐守備及黎平守。靖州、銅鼓、龍里諸苗咸響應爲亂。子龍火其東門以致賊，而潛兵入北門，賊遂滅。

十一年閏二月，緬甸犯雲南。詔移子龍永昌。木邦部耿馬奸人罕虔與岳鳳同爲逆，說緬酋莽應裏內侵，虔從掠干崖、南甸。已，引渡查理江，直犯姚關。灣甸土知州景宗眞及弟宗材助之。子龍急戰攀枝樹下，〔一三〕陣斬宗眞、虔，生獲宗材。虔子招罕、招色奔三尖山，令叔罕老率蒲人藥弩手五百阻要害。子龍餌蒲人以金，盡知賊間道。乃命裨將鄧勇等提北勝、蒗渠諸番兵，直擣賊巢，而預伏兵山後夾擊。夜半上，生擒招罕、招色、罕老及其黨百三十餘人，斬首五百餘級，尖山巢空，乃撫流移數千人。會劉綎亦俘岳鳳以獻。帝悅，進子龍副總兵，予世廕。無何，緬人復寇猛密，把總高國春大破之。子龍以掎角功，亦優敍。自是，蠻人先附緬者，多來附。

永昌、騰衝夙號樂土。自岳、罕猖亂，始議募兵，所募多亡命，乃立騰衝、姚安兩營。劉綎將騰軍，子龍將姚軍，不相能，兩軍鬬。帝以兩將皆有功，置不問。旣而綎罷，劉天俸代。天俸逮，遂以子龍兼統之。子龍抑騰兵，每工作，輒虐用之，而右姚兵。及用師隴川，子龍故爲低昂，椎牛饗士，姚兵倍騰兵。騰兵大不堪，欲散去。副使姜忻令他將轄之，乃定。而姚兵久驕，因索餉作亂，由永昌、大理抵會城，所過剽掠。諸兵夾擊之，斬八十四級，俘四百餘人，亂始靖。子龍坐褫官下吏。

十八年，孟養賊思箇叛。子龍方對簿，巡撫吳定請令立功自贖，帝許之。命未至，定已與黔國公沐昌祚遣將却之。無何，丁改十寨賊普應春、霸生等作亂，勢張甚。定大徵漢土軍，令子龍軍其右，遊擊楊威軍其左，大破之，斬首一千二百級，招降六千六百人。帝爲告謝郊廟，宣捷受賀，復子龍副總兵，署金山參將事。先是，猛廣土官思仁烝其嫂甘線姑，欲妻之，弗克。偕其黨丙測叛歸緬，數導入寇。二十年攻孟養，犯蠻莫。土同知思紀奔等練山。子龍擊敗之，乃去。子龍尋被劾罷歸。

二十六年，朝鮮用師。詔以故官領水軍，從陳璘東征。倭將渡海遁，璘遣子龍偕朝鮮統制使李舜臣督水軍千人，駕三巨艦爲前鋒，邀之釜山南海。子龍素慷慨，年踰七十，意氣彌厲。欲得首功，急攜壯士二百人躍上朝鮮舟，直前奮擊，賊死傷無算。他舟誤擲火器入子龍舟。舟中火，賊乘之，子龍戰死。舜臣赴救，亦死。事聞，贈都督僉事，世廕一子，廟祀朝鮮。

馬孔英者，宣府塞外降丁也，積戰功爲寧夏參將。萬曆二十年，哱拜反，引套寇入掠，孔英屢擊敗之。卜失兔入下馬關，從麻貴邀擊，大獲。進本鎭副總兵。二十四年九月，着力兔、宰僧犯平虜、橫城。孔英偕參將鄧鳳力戰，斬首二百七十有奇，賜金幣。令推大將缺，乃擢署都督僉事，以總兵官涖舊任，尋進秩爲眞。二十七年，着力兔、宰僧復犯平虜、興武，孔英與杜桐等分道襲敗之。再入，又敗之。

會大征播州楊應龍。詔發陝西四鎭兵，令孔英將以往。兵分八道，孔英道南川，獨險遠，去應龍海龍囤六七百里。未至，重慶推官高折枝監紀軍事，請獨當一面。乃與參將周國柱先以石砫宣撫馬千乘兵破賊金筑，復督酉陽宣撫冉御龍敗賊於官壩。孔英至軍，平茶、邑梅兵亦集，軍容甚壯。先師期一日入眞州，用土官鄭葵、路麟爲鄉道，別遣邊兵千扼明月關。諸軍鼓行前，連破四寨，次赤崖，抵清水坪、封寧關，破賊營十數，逼桑木關。關內民降者日千計。折枝結三大砦處之，禁殺掠。降者日衆，賊益孤。關爲賊要害，山險箐深，賊憑高拒。乃令千乘、御龍出關左右，國柱搗其中。賊用標槍藥矢，銳甚。官軍殊死戰，奪其關，逐北至風坎關，賊復大敗。連破九杵、黑水諸關，苦竹、羊崖、銅鼓諸寨。國柱攻金子壩，無一人，疑有伏。焚空砦十九，嚴兵以待。賊果突出，擊敗之。孔英乃留王之翰兵守白玉臺，衛饟道，平茶、邑梅兵守桑木關，而親帥大軍進營金子壩。

應龍聞桑木關破，大懼，遣弟世龍及楊珠以銳卒劫之翰營。之翰走，殺饟卒無算。平茶兵來援，賊始退。孔英還擊世龍，復却。裨將劉勝奮擊，賊乃奔。官軍進朗山口，由朗山進蒙子橋。深箐蓊翳，賊處處設伏，悉剿平之。應龍益懼，遣其黨詐降，謀爲內應。折枝盡斬之，伏以待。珠果夜劫營，伏發，賊驚潰，追奔至高坪。已，奪賊養馬城，直抵海龍第二關下，賊守兵益多。孔英軍已深入，而諸道未有至者。酉陽、延綏兵皆退，賊躡殺官軍六十人。居數日，劉綎兵至，乃合兵連克海崖、海門諸關。賊走保囤上，竟覆滅。

初，總督李化龍剋師期，諸將莫利先入。孔英所將邊卒及諸土兵，皆獷悍，監紀折枝勇而有謀，故師獨先。八道圍海龍，諸將以囤後易攻，爭走其後，孔英獨壁關前。錄功，進都督同知，世廕千戶。

久之，以總兵官鎮貴州。平金筑、定番叛苗，生擒首惡阿包、阿牙等。已而欲襲黄柏山苗。苗知之，先發，敗官兵，匿不報。又誘執苗酋石阿四，稱陣擒冒功。爲巡撫胡桂芳所劾，罷歸卒。

贊曰：播州之役，諸將用命，合八道師，歷時五月，僅乃克之，可謂勞矣。劉綎勇略冠諸將，勞最多，其後死事亦最烈。鄧子龍始事姚安，名與綎埒，垂老致命，廟祀海隅。昔人謂「武官不惜死」，兩人者蓋無愧於斯言也夫。

校勘記

〔一〕十年冬　本書卷二〇神宗紀、神宗實錄卷一三四都作萬曆十一年閏二月甲子。

〔二〕傅寵姜忻督參將胡大賓等分道進擊　姜忻，原作「江忻」，據明史稿傳一一七劉綎傳改。

〔三〕以全羅水兵布釜山海口　全羅，原作「金羅」，據下文及本書卷二五九楊鎬傳、卷三二〇朝鮮傳改。

〔四〕綎夜半攻奪粟林　粟林，原作「栗林」，據本書卷三二〇及明史稿傳一九四朝鮮傳、讀史方輿紀要卷三八改。

［五］待松坎賊　松坎，原作「松坡」，據上文及明史稿傳一一七劉綎傳改。

［六］守備陳大剛　明史稿傳一一七劉綎傳及神宗實錄卷三四八萬曆二十八年六月戊寅條都作「守備陳大綱」。

［七］副使康應乾監之　康應乾，原脫「應」字，據明史稿傳一一七劉綎傳及神宗實錄卷五七九萬曆四十七年二月乙亥條補。

［八］副元帥金景瑞懼　金景瑞，原作「全景瑞」，國榷卷八三頁五一三一、朝鮮李朝實錄光海君日記卷一三六都作「金景瑞」，據改。

［九］改南京左府僉事　左府，明史稿傳一一七李應祥傳作「後府」。

［一〇］會所徵鹽井馬剌兵三千至　馬剌，原作「剌馬」，據明史稿傳一一七李應祥傳改。按馬剌是一長官司，屬鹽井衞軍民指揮使司，見本書卷四三地理志。下同。

［一一］元泰乃令都指揮李獻忠等分剿　李獻忠，明史稿傳一一七李應祥傳作「李猷忠」。下同。

［一二］東南爲六十三山　六十三山，原脫「六」字。本書卷三一七廣西土司傳稱廣西瑤、僮「六十三山倚爲巢穴」，萬曆武功錄頁三六四謂「六十三山及七山皆岑溪瑤巢也」，今據補。下同。

［一三］子龍急戰攀枝樹下　攀枝樹，本書卷三一五緬甸傳、蠻司合誌卷一〇、讀史方輿紀要卷一一九

都作「攀枝花」。國榷卷七二頁四四六〇稱:「初,莽應禮架藤橋渡江,屯猛皮嶺,直入攀枝花樹,鄧子龍伏兵迎之。」地名當作「攀枝花」。

明史卷二百四十八

列傳第一百三十六

梅之煥 劉策 徐縉芳 陳一元 李若星 耿如杞 胡士容

顏繼祖 王應豸等 李繼貞 方震孺 徐從治

謝璉 余大成等

梅之煥，字彬父，麻城人，侍郎國楨從子也。年十四爲諸生。御史行部閱武，之煥騎馬突教場。御史怒，命與材官角射。九發九中，長揖上馬而去。

萬曆三十二年舉進士，改庶吉士。居七年，授吏科給事中。東廠太監李浚誣拷商人，之煥劾其罪。尋上言：「今天下民窮餉匱，寇橫兵疲。言官舍國事，爭時局。部曹舍職掌，建空言。天下盡爲虛文所束縛。有意振刷者，不曰生事，則曰苛求。事未就而謗興，法未伸而怨集。豪傑灰心，庸人養拙，國事將不可爲矣。請陛下嚴綜覈以責實事，通言路以重紀綱，別臧否以惜人才，庶於國事有濟。」時朝臣部黨角立，之煥廉觚自勝，嘗言：「附小人者必小人，附君子者未必君子。蠅之附驥，卽千里猶蠅耳。」時有追論故相張居正者，之煥曰：「使今日有綜名實、振紀綱如江陵者，諭訕之徒敢若此耶？」其持平不欲傅會人如此。出爲廣東副使，擒誅豪民沈殺烈女者，民服其神。海寇袁進掠潮州，之煥扼海道，招散其黨，卒降進。改視山東學政。

天啓元年以通政參議召遷太常少卿，擢右僉都御史，巡撫南、贛。丁內外艱，家居。當此之時，魏、客亂政，應山楊漣首發忠賢之奸。忠賢恚甚，拷殺漣。由此悍然益誅鋤善類，慣傒楚人矣。謂漣被逮時，過麻城，漣罪人也，之煥與盤桓流涕，當削籍，其實漣未嘗過麻城也。無何，逆黨梁克順誣以贓私，詔徵贓。

莊烈帝卽位，乃免徵。起故官，巡撫甘肅。大破套寇，斬首七百餘級，生得部長三人，降六百餘人。明年春，寇復大入，患豌豆創，環大黃山而病。諸將請掩之，之煥不可，曰：「幸災不仁，乘危不武，不如舍之，因以爲德焉。」遂不戰。踰月，羣寇望邊城搏顙涕泣而去。冬，京師戒嚴，有詔入衞。且行，西部乘虛犯河西。之煥止留，遣兵伏賀蘭山後，邀其歸路，大兵出水泉峽口，再戰再敗之，斬首八百四十有奇。引軍東。俄悍卒王進才殺參將孫懷忠等以叛，走蘭州。之煥遂西定其變，復整軍東。明年五月抵京師，已後時矣。有詔之煥入朝。翌日又詔之煥落職候勘，溫體仁已柄政矣。初，體仁訐錢謙益，之煥移書中朝，右謙益。至是，體仁修隙，之煥遂得罪。

之煥雖文士，負材武，善射，旣廢，無所見。所居縣，阻山多盜。之煥無事，輒率健兒助吏捕，無脫者。先是，甘肅兵變，其潰卒畏捕誅，往往亡命山谷間，爲羣盜，賊勢益張。至是，賊數萬來攻麻城，望見之煥部署，輒引去。帝追敍甘肅前後功，復之煥官，廕子，然終不召。明年病卒。

劉策，字範董，武定人。萬曆二十九年進士。由保定新城知縣入爲御史。疏劾太僕少卿徐兆魁，復力爭熊廷弼行勘及湯賓尹科場事。賓尹雖家居，遙執朝柄，嗾其黨逐攻者孫振基、王時熙。

已而給事中劉文炳劾兩淮巡鹽御史徐縉芳，言策入葉向高幕，干票擬；策同官陳一元，向高姻親，顧權利。時策按宣、大，疏言：「文炳爲湯賓尹死友，代韓敬反噬。昔年發奸如振基、時熙輩，今皆安在？」向高亦以策無私交，爲辨雪。文炳、策屢疏相詆，南京御史吳良韜言：「文炳一疏而彈御史繙芳、一元、策及李若星，再疏而彈詞臣蔡毅中、焦竑及監司李維楨，他波及尚多。人才摧殘甚易。淸品如策，雅望如竑，不免詆斥，天下寧有完人。」策復詆文炳倚方從哲爲冰山，苟一時富貴，不顧淸議。一元論銓政，嘗譏切向高，時按江西，見文炳疏，憤甚，遂揭文炳陰事。且曰：「向高行矣。今秉政者從哲，文炳鄉人，奴顏婢膝，任好爲之。」御史馬孟楨亦言：「敬闕節實眞，旣斥兩侍郞、兩給諫謝之矣。乃伉直之劉策，攻擊不休，而同發奸之張篤敬復驅除將及，何太甚也！」疏入，帝皆不省。策憤謝病去。時攻兆魁、廷弼、賓尹輩者，黨人率指目爲東林，以年例出之外。至四十六年秋，在朝者已無可逐，乃卽家徙策爲河南副使。策辭疾不赴。

天啓元年春，起天津兵備。擢右僉都御史，巡撫山西。召拜兵部右侍郞，協理戎政。五年冬，黨人劾策爲東林遺奸，遂削籍。崇禎二年夏，起故官，兼右僉都御史，總理薊、遼、保定軍務。大淸兵由大安口入內地，策不能禦，被劾。祖大壽東潰，策偕孫承宗招使還。明年正月與總兵張士顯並逮，論死，棄市。

繙芳，晉江人。爲御史，首爲顧憲成請謚，劾天津稅監馬堂九大罪，有敢言名。巡兩淮，頗通賓客賂遺，被劾，坐贓。天啓中，遣戍。

一元，俟官人。在江西，振饑有法。移疾去。天啓初，起歷應天府丞。御史余文縉劾向高，及一元，遂落職。崇禎初，復官。溫體仁柄國，惡其附東林，而以爲己門生也，引嫌不召。卒於家。

李若星，字紫垣，息縣人。萬曆三十二年進士。歷知棗強、眞定。擢御史，首劾南京兵部尙書黃克纘。巡視庫藏，陳蠹國病商四弊，請得稽十庫出納，以杜侵漁，不報。巡按山西，請撤稅使。因再劾克纘爲沈一貫私人，湯賓尹死友，宜罷，不從。還朝，出爲福建右參議，移疾歸。

天啓初，起官陝西，召爲尙寶少卿，再遷大理右少卿。三年春，以右僉都御史巡撫甘肅。陛辭，發魏忠賢、客氏之奸。明年遣將丁孟科、官維賢擊河套松山諸部鎭番，斬首二百四十餘級。捷聞，未敍，有傳若星將起義兵淸君側之惡者。忠賢聞之，卽令許顯純入之汪文言獄詞，誣其賄趙南星，得節鉞。五年三月遂除若星名，下河南撫按提問。明年，獄上，杖之百，戍廉州。

莊烈帝卽位，赦還。崇禎元年起工部右侍郎兼右僉都御史，總理河道。追論甘肅功，進秩二品。黃河大決，淤泗州，沒睢寧城。若星請修祖陵，移睢寧縣治他所，從之。都城戒嚴，遣兵入衞。病歸，遭父憂。久之，召爲兵部右侍郎。十一年以本官兼右僉都御史，代朱燮元總督川、湖、雲、貴軍務，兼巡撫貴州。討安位餘孽安隴璧及苗仲諸賊，有功。福王時，解職。以鄉邑殘破，寓居貴州。桂王遷武岡，召爲吏部尚書。未赴，遭亂，死於兵。

耿如杞，字楚材，館陶人。萬曆四十四年進士。除戶部主事。天啓初，以才歷職方郎中。軍書旁午，日應數十事。出爲陝西參議，遷遵化兵備副使。當是時，逆奄竊柄，諂子無所不至，至建祠祝釐。巡撫劉詔懸忠賢畫像於喜峯行署，率文武將吏五拜三稽首，呼九千歲。如杞見其像，冕旒也，半揖而出。忠賢令詔劾之，逮下詔獄，坐贓六千三百，論死。

時又有胡士容者，薊州參議也，數忤其鄉官崔呈秀，呈秀銜之。將爲忠賢建祠，士容又不奉命。及士容遷江西副使，道通州，遂誣以多乘驛馬，侵盜倉儲，捕下詔獄掠治，坐贓七千，論死。

至秋，將行刑，而莊烈帝卽位，崔、魏相繼伏誅。帝曰：「廠衞深文，附會鍛鍊，朕深痛焉。其赦耿如杞，予復原官，胡士容等改擬。」於是如杞上疏言：「臣自入鎭撫司，五毒並施，縛赴市曹者，日有聞矣。幸皇上赦臣以不死，驚魂粗定，乞放臣還家養疾。」帝不許，立擢如杞右僉都御史，巡撫山西。

插漢虎墩兔據順義王地，爲邊患，戰款無定策。如杞言守邊爲上，修塞垣，繕戰壘，剷山塹谷，事有緒矣。二年，京師戒嚴，如杞率總兵官張鴻功以勍卒五千人赴援，先至京師。軍令，卒至之明日，汛地既定，而後乃給餉。如杞兵既至，兵部令守通州，明日調昌平，又明日調良鄉，汛地累更，軍三日不得餉，乃譟而大掠。帝聞之，大怒，詔逮如杞、鴻功，廷臣莫敢救者。四年竟斬西市。

方如杞之爲職方郎也，與主事鹿善繼黨張鶴鳴，排熊廷弼而庇王化貞，疆事由是大壞，及是得罪。

士容既釋出獄，二年除陝西副使，進右參政，卒於官。士容初令長洲，捕豪惡，築婁江石塘，有政聲。

福王時，贈如杞右僉都御史。子章光，進士，尙寶卿。士容，字仁常，廣濟人。

顏繼祖，漳州人。萬曆四十七年進士。歷工科給事中。崇禎元年正月論工部冗員及三殿敍功之濫，汰去加秩寄俸二百餘人。又極論魏黨李魯生、霍維華罪狀。又有御史袁弘勳者，劾大學士劉鴻訓，錦衣張道濬佐之。繼祖言二人朋邪亂政，〔一〕非重創，禍無極。帝皆納其言。

遷工科右給事中。三年巡視京城十六門濠塹，疏列八事，劾監督主事方應明曠職。帝杖斥應明。外城庳薄，議加高厚，繼祖言時絀難舉贏而止。再遷吏科都給事中，疏陳時事十大弊。憂歸。

八年起故官，上言：「六部之政筦於尙書，諸司之務握之正郞，而侍郞及副郞、主事止陪列畫題，政事安得不廢。督撫諸臣獲罪者接踵，初皆由會推。然會推但六科掌篆者爲主，卿貳、臺臣罕至。且九卿、臺諫止選郞傳語，有唯諾，無翻異，何名會推？」帝稱善。

尋擢太常少卿，以右僉都御史巡撫山東。分兵扼境上，河南賊不敢窺青、濟。劾故撫李懋芳侵軍餉二萬有奇，被旨嘉獎。十一年，畿輔戒嚴，命繼祖移駐德州。時標下卒僅三千，而奉本兵楊嗣昌令，五旬三更調。後令專防德州，濟南由此空虛。繼祖屢請敕諸將劉澤淸、倪寵等赴援，皆逗遛不進。明年正月，大清兵克濟南，執德王。繼祖一人不能兼顧，言官交章劾繼祖。繼祖咎嗣昌，且曰：「臣兵少力弱，不敢居守德之功，不敢不分失濟之罪。請以爵祿還朝廷，以骸骨還父母。」帝不從，逮下獄，棄市。

終崇禎世，巡撫被戮者十有一人：薊鎭王應豸，山西耿如杞，宣府李養沖，登萊孫元化，大同張翼明，順天陳祖苞，保定張其平，山東顏繼祖，四川邵捷春，永平馬成名，順天潘永圖，而河南李仙風被逮自縊，不與焉。

王應豸，掖縣人。爲戶部主事，諂魏忠賢，甫三歲，驟至巡撫，加右都御史。崇禎二年春，薊卒索餉，譟而甲，參政徐從治諭散其衆。應豸置毒飯中，欲誘而盡殺之，諸軍復大亂。帝命巡按方大任廉得其剋餉狀，論死。

李養沖，永年人。歷兵部右侍郎，巡撫宣府。崇禎二年既謝事，御史吳玉劾其侵盜撫賞銀七萬，及冒功匿敗諸狀。論死，斃於獄。

張翼明，永城人。以兵部右侍郎巡撫大同。崇禎元年，插漢虎墩兔入犯，殺掠萬計。翼明及總兵官渠家楨不能禦，〔三〕並坐死。

陳祖苞，海寧人。崇禎十年以右副都御史巡撫順天。明年坐失事繫獄，飲鴆卒。帝怒祖苞漏刑，錮其子編修之遴，永不敍。

張其平，偃師人。歷右僉都御史，巡撫保定。十一年冬，坐屬邑失亡多，與繼祖駢死西市。

馬成名，溧陽人。潘永圖，金壇人，與成名爲姻婭。崇禎十四年冬，成名以右僉都御史巡撫永平。永圖亦起昌平兵備僉事，未浹歲，至巡撫。畿輔被兵，成名、永圖並以失機，十六年斬西市。餘自有傳。

李繼貞，字徵尹，太倉州人。萬曆四十一年進士。除大名推官，歷遷兵部職方主事。天啓四年秋，典試山東，坐試錄刺魏忠賢，降級，已而削籍。

崇禎元年起武選員外郎，進職方郎中。時軍書旁午，職方特增設郎中，協理司事。繼貞幹用精敏，尙書熊明遇深倚信之，曰：「副將以下若推擇，我畫諾而已。」

四年，孔有德反山東，明遇主撫，繼貞疏陳不可，且請調關外兵入剿。明遇不能從，後訖用其言滅賊。初，延綏盜起，繼貞請發帑金，用董搏霄人運法，糴米輸軍前。且令四方贖鍰及捐納事例者，輸粟於邊，以撫饑民。又言：「兵法撫、剿並用，非撫賊也，撫饑民之從賊者耳。今斗米四錢，已從賊者猶少，未從賊而勢必從賊者無窮。請如神廟特遣御史振濟故事，齎三十萬石以往，安輯饑民，使不爲賊，以孤賊勢。」帝感其言，遣御史吳甡以十萬金往。繼貞少之，帝不聽，後賊果日熾。

繼貞爲人强項，在事淸執，請謁不得行。大學士周延儒，繼貞同年生，屬總兵官於繼貞。繼貞瞠目謝曰：「我不奉命，必獲罪。刑部獄甚寬，可容繼貞也。」延儒銜之。已，加尙寶寺卿。當遷，帝輒令久任。田貴妃父弘遇以坐門功求優敍不獲，屢疏詆繼貞，帝不聽。中官曹化淳欲用私人爲把總，繼貞不可，乃囑戎政尙書陸完學言於尙書張鳳翼以命繼貞，繼貞亦不可，鳳翼排繼貞議而用之。化淳怒，與弘遇日伺其隙，讒之帝，坐小誤，貶三秩。會敍甘肅功，繼貞請起用故巡撫梅之煥，帝遂發怒，削繼貞籍。已，論四川桃紅壩功，復官，致仕。

十一年用薦起，歷兩京尙寶卿。明年春召對，陳水利屯田甚悉，遷順天府丞。尋超拜兵部右侍郎兼右僉都御史，巡撫天津，督薊、遼軍餉。乃大興屯田，列上經地、招佃、用水、任人、薄賦五議。白塘、葛沽數十里間，〔三〕田大熟。

十四年冬，詔發水師援遼，坐戰艦不具，除名。明年夏，召爲兵部添注右侍郎。得疾，卒於途。是夕，星隕中庭。贈右都御史，官一子。

方震孺，字孩未，桐城人，移家壽州。萬曆四十一年進士。由沙縣知縣入爲御史。

熹宗嗣位，逆璫魏忠賢內結客氏。震孺疏陳三朝艱危，言：「宮妾近侍，嚬笑易假，窺瞷可慮。中旨頻宣，恐蹈斜封隱禍。」元年陳拔本塞源論曰：「曩者梃擊之案，王之寀、陸大受、張庭、李俸悉遭廢斥，而東林如趙南星、高攀龍、劉宗周諸賢，廢錮終身，亟宜召復。至楊漣之爭移宮，可幸無罪，不知何以有居功之說，又有交通之疑？將使天下後世謂堯、舜在上，而有交通矯旨之閹宦。」疏入，直聲震朝廷。其春巡視南城。中官張曄、劉朝被訟，忠賢爲請。震孺不從，卒上聞，忠賢益恚怨。

遼陽既破，震孺一日十三疏，請增巡撫，通海運，調邊兵，易司馬。日五鼓撾公卿門，籌畫痛哭，而自請犒師。是時，三岔河以西四百里，人烟絕，軍民盡竄，文武將吏無一騎東者。帝壯其言，發帑金二十萬震孺犒師。六月，震孺出關，延見將士，弔死扶傷，軍民大悅。因上言：「河廣不七十步，一葦可航，非有驚濤怒浪之險，不足恃者一。兵來，斬木爲排，浮以土，多人推之，如履平地，不足恃者二。河去代子河不遠，兵從代子徑渡，守河之卒不滿二萬，能望其半渡而遏之乎？不足恃者三。沿河百六十里，築城則不能，列柵則無用，不足恃者四。黃泥窪、張叉站沖淺之處，可修守，今地非我有，不足恃者五。轉眼冰合，遂成平地，間次置防，猶得五十萬人，兵從何來？不足恃者六。」又言：「我以進爲守，則守不足；我以退爲守，則守有餘。專倚三岔作家，萬一時事偶非，榆關一綫遂足鎖薊門哉？」疏入，帝命震孺巡按遼東，監紀軍事。

震孺按遼，居不廬、食不火者七月。議者欲棄三岔河，退守廣寧。震孺請駐兵鎮武。〔四〕軍法不嚴，震孺請敕寧前監軍，專斬逃軍逃將。並從其言。然是時，經撫不和，疆事益壞。震孺再疏言山海無外衞，宜亟駐兵中前，以爲眼目，不省。

明年正月，任滿，候代前屯，而大淸兵已再渡三岔河。先鋒孫得功不戰，而呼於鎮武曰「兵敗矣」，遂走。巡撫王化貞在廣寧，亦倉皇走。列城聞之皆走，惟震孺前屯無動。當是時，西平守將羅一貫已戰死，參將祖大壽擁殘兵駐覺華島上。於是震孺召水師帥張國卿相與謀曰：「今東師四外搜糧，聞祖將軍在島上有米豆二十餘萬，兵十餘萬人，民數萬，戰艦、器仗、馬牛無數，東師卽𢦤得島兵，得島兵以攻榆關，豈有幸哉。」於是震孺、國卿航海見大壽，慷慨語曰：「將軍歸，相保以富貴；不歸，震孺請以頸血濺將軍。」大壽泣，震孺亦泣，遂相攜以歸，獲軍民輜重無算。

有主事徐大化者，忠賢黨也，劾震孺曰「擴差」。都御史鄒元標奮筆曰：「方御史保全山海，無過且有社稷功。」給事中郭興治遂借道學以逐元標。元標去，震孺亦卽罷歸。明年，忠賢、廣微興大獄，再募劾方御史者，與治再論震孺河西贓私。逮問掠治，坐贓六千有奇，擬絞。而揚州守劉鐸呪詛之獄又起，遂誣震孺與交通，坐大辟，繫獄。有邏卒時時佐震孺飲啖，問之，則曰：「小人有妻，聞公精忠，手治以獻者也。」輒報璫曰：「某病革，某瀕死。」璫以是防益疎。

明年，莊烈帝嗣位，得釋還。八年春，流賊犯壽州，州長吏適遷秩去，震孺倡士民固守，賊自是不敢逼壽州。巡撫史可法上其功，用爲廣西參議。尋擢右僉都御史，巡撫廣西。京師陷，福王立南京，卽日拜疏勤王。馬士英、阮大鋮憚之，勅還鎭。震孺竟鬱鬱憂憤而卒。

徐從治，字仲華，海鹽人。母夢神人舞戈於庭，寤而生。從治舉萬曆三十五年進士，除桐城知縣。累官濟南知府，以卓異遷兗東副使，駐沂州〔三〕天啓元年，妖賊徐鴻儒反鄆城，連陷鄒、滕、嶧縣。從治捕得其黨之伏沂者殺之，請就家起故總兵楊肇基主兵事，而獻搗賊中堅之策，遂滅鴻儒。事詳趙彥傳。

從治警敏通變，其禦賊類主剿不主撫，故往往滅賊。旋以右參政分守濟南。錄功，從治最，進右布政使，督漕江南。妖賊再起，巡撫王惟儉奏留從治，仍守沂。按臣主撫，從治議不合，遂告歸。

中外計議調，崇禎初，以故秩飭薊州兵備。薊軍久缺餉，圍巡撫王應豸於遵化。從治單騎馳入，陰部署夷丁、標兵，分營四門，按甲不動，登城而呼曰：「給三月糧，趣歸守汛地，否將擊汝！」衆應聲而散。其應變多類此。進秩左布政使，再請告歸。

四年起飭武德兵備。孔有德反山東，巡撫余大成檄從治監軍。明年正月馳赴萊州，而登州已陷。大成削籍，遂擢從治右副都御史代之，與登萊巡撫謝璉並命。詔璉駐萊州，從治駐青州，調度兵食。從治曰：「吾駐青，不足鎮萊人心；駐萊，足係全齊命。」乃與璉同受事於萊。

有德者，遼人。與耿仲明、李九成、毛承祿輩皆毛文龍帳下卒也。文龍死，走入登州。登萊巡撫孫元化官遼久，素言遼人可用，乃用承祿爲副將，有德、仲明爲遊擊，九成爲偏裨，且多收遼人爲牙兵。是年，大凌河新城被圍，部檄元化發勁卒泛海，趨耀州鹽場，示牽制。有德詭言風逆，改從陸赴寧遠。十月晦，有德及九成子千總應元統千餘人以行，經月抵吳橋，縣人罷市，衆無所得食。一卒與諸生角，有德抶之，衆大譁。九成先齎元化銀市馬塞上，用盡無以償，適至吳橋。聞衆怨，遂與應元謀，刦有德，相與爲亂。陷陵縣、臨邑、商河，殘齊東，圍德平。既而舍去，陷青城、新城，整衆東。

余大成者，江寧人也。不知兵。初爲職方，嘗奏發大學士劉一燝私書，齮之去。後又以事忤魏忠賢，削籍歸，有淸執名。而巡撫山東，則白蓮妖賊方熾，又有逃兵之變，皆不能討。及聞有德叛，卽託疾數日不能出，不得已遣中軍沈廷諭參將陶廷鑨往禦，則皆敗而走。大成恐，遂定議撫，而元化軍亦至。

元化者，故所號善西洋大礮者也，至是亦主撫，檄賊所過郡縣無邀擊。賊長驅，無敢一矢加者。賊佯許元化降。元化師次黃山館而返，賊遂抵登州。元化遣將張燾率遼兵駐城外，總兵張可大率南兵拒賊。元化猶招降賊，賊不應。五年正月戰城東，遼兵遽退，南兵遂敗。燾兵多降賊，賊遣之歸，士民爭請拒勿內。元化不從，賊遂入。日夕，城中火起，中軍耿仲明、都司陳光福等導賊入自東門，城遂陷。可大死之。元化自刎不殊，與參議宋光蘭、僉事王徵及府縣官悉被執。大成馳入萊州。

初，登州被圍，朝廷鐫大成、元化三級，令辦賊。及登失守，革元化職，而以謝璉代。有德旣破登州，推九成爲主，己次之，仲明又次之。用巡撫印檄州縣餉，趣元化移書求撫於大成曰：「畀以登州一郡，則解。」大成聞於朝。帝怒，命革大成職，而以從治代。

先是，賊攻破黃縣，知縣吳世揚死之。至是，攻萊，從治、璉與總兵楊御蕃等分陴守。御蕃，肇基子。肇基，從治所共剿滅妖賊鄒、滕者也。御蕃積戰功至通州副總兵。會登州陷，兵部尚書熊明遇奏署總兵官，盡將山東兵，與保定總兵劉國柱、天津總兵王洪兼程進。遇賊新城，洪先走。御蕃拒之二日，不勝，突圍出，遂入萊城，從治、璉倚以剿賊。賊攻萊不下，分兵陷平度，知州陳所問自經。賊益攻萊，輦元化所製西洋大礮，日穴城，城多頹。從治等投火灌水，穴者死無算。使死士時出掩擊之，毀其礮臺，斬獲多。而明遇卒惑大成撫議也，命主事張國臣爲贊畫往撫之，曰「安輯遼人之在山東者」，以國臣亦遼人也。國臣先遣廢將金一鯨入賊營，已而國臣亦入，爲賊移書，遣一鯨還報曰：「毋出兵壞撫局。」

從治等知其詐，叱退一鯨，遣間使三上疏，言賊不可撫。最後言：「萊城被圍五十日，危如纍卵。日夜望援兵，卒不至，知必爲撫議悞矣。國臣致書臣，內抄詔旨並兵部諭帖，乃知部臣已據國臣報，達聖聽。夫國臣桑梓情重，忍欺聖明而陷封疆。其初遣一鯨入賊營，何嘗有止兵不攻之事。果止兵，或稍退舍，臣等何故不樂撫。特國臣以撫爲賊解，而賊實借撫爲緩兵計。一鯨受賊賄，對援師則誑言賊數萬，不可輕進；對諸將則誑言賊用西洋礮攻，城將陷矣，賴我招撫，賊卽止攻。夫一鯨三入賊營，每入，賊攻益急。而國臣乃云賊嗔我縋城下擊，致彼之攻。是使賊任意攻擊，我不以一矢加遺，如元化斷送登城，然後可成國臣之撫耶？當賊過青州，大成擁兵三千，剿賊甚易。元化遺書謂『賊已就撫，爾兵毋東』，大成遂止勿追，致賊延蔓。今賊視臣等猶元化，乃爲賊解，曰吳橋激變有因也，一路封刀不殺也，聞天子詔遂止攻掠也。將誰欺！盈庭中國臣妄報，必謂一紙書賢於十萬兵，援師不來，職是故矣。臣死當爲厲鬼以殺賊，斷不敢以撫謾至尊，淆國是，悞封疆，而戕生命也。」疏入，未報。

當是時，外圍日急，國柱、洪及山東援軍俱頓昌邑不敢進，兩撫臣困圍城中。於是廷議更設總督一人，以兵部右侍郎劉宇烈任之。調薊門、四川兵，統以總兵鄧玘，調密雲兵，統以副將牟文綬，以右布政使楊作楫監之，往援萊。三月，宇烈、作楫、國柱、洪、玘及監視中官呂直，巡按御史王道純，義勇副將劉澤清，新兵參將劉永昌、朱廷祿，監紀推官汪惟效等並集昌邑。玘、國柱、洪、澤清等至萊州，馬步軍二萬五千，氣甚盛。而宇烈無籌略，諸師懦怯，抵沙河，日十輩往議撫，縱還所獲賊陳文才。於是賊盡得我虛實，益以撫愚我，而潛兵繞其後，盡焚我輜重。宇烈懼，遂走青州，撤三將兵就食。玘等夜半拔營散，賊乘之，大敗。洪、國柱走青、濰，玘走昌邑，澤清接戰於萊城，傷二指，亦敗走平度，惟作楫能軍。三將既敗，舉朝譁然，而明遇見官軍不可用，撫議益堅。

先是，登州總兵可大死，以副將吳安邦代之，安邦尤怯鈍。奉令屯寧海，規取登州。仲明揚言以城降，安邦信之，離城二十五里而軍。中軍徐樹聲薄城被擒，安邦走還寧海。登旣不能下，而賊困萊久，璉、從治、御蕃日堅守待救。至四月十六日，從治中礮死，萊人大臨，守陴者皆哭。

山東士官南京者，合疏攻宇烈，請益兵。於是調昌平兵三千，以總兵陳洪範統之。洪範亦遣人。明遇日跂望曰：「往哉，其可撫也。」天津舊將孫應龍者，大言於衆曰：「仲明兄弟與我善，我能令其縛有德、九成來。」巡撫鄭宗周予之兵二千，從海道往。仲明聞之，僞函他死人頭紿之曰：「此有德也。」應龍率舟師抵水城。延之入，猝縛斬之，無一人脫者。賊得巨艦，勢益張。島帥黃龍攻之不克而還。遂破招遠，圍萊陽。知縣梁衡固守，賊敗去。

宇烈復至昌邑，洪範、文綬等亦至。萊州推官屈宜陽請入賊營講撫，賊佯禮之。宜陽使言賊已受命。宇烈奏得請，乃手書諭賊令解圍。賊邀宇烈，宇烈懼不往。營將嚴正中昇龍亭及河，賊擁之去，而令宜陽還萊，文武官出城開讀，圍卽解。御蕃不可。璉曰：「圍且六月，旣已無可奈何，宜且從之。」遂偕監視中官徐得時、翟昇，知府朱萬年出。有德等叩頭扶伏，涕泣交頤，璉慰諭久之而還。明日復令宜陽入，請璉、御蕃同出。御蕃曰：「我將家子，知殺賊，何知撫事。」璉等遂出。有德執之，猝攻城，卻令萬年呼降。萬年呼曰：「吾死矣，汝等宜固守。」罵不絕口而死。賊送璉及二中官至登囚之，正中、宜陽皆死。

初，撫議興，獨從治持不可。宇烈諸將信之，而尙書明遇主其議。從治死，璉遂被擒。於是舉朝恚憤，逮宇烈下獄，調關外勁卒剿之，罷總督及登萊巡撫不設，專任代從治者朱大典以行。明遇坐主撫誤國，罷歸，遂絕撫議。八月，大典合兵救萊。兵甫接，賊輒大敗，圍解。有德走登州，九成殺璉及二中官。大典圍登，九成戰死。城破，追剿。有德、仲明入海遁。生擒承祿等，斬應元，賊盡平。事詳大典傳。詔贈從治兵部尙書，賜祭葬，廕錦衣百戶，建祠曰「忠烈」；贈璉兵部右侍郎，亦賜祭葬，建祠，廕子；以御蕃功多，加署都督同知，總兵，鎭登、萊。而宇烈以次年遣戍。璉，字君實，監利人。宇烈，綿竹人，大學士宇亮兄也。其戍也，人以爲失刑。大成逮下獄，遣戍。赦還，卒於家。

元化，字初陽，嘉定人。天啓間舉於鄉。所善西洋礮法，蓋得之徐光啓云。廣寧覆沒，條備京、防邊二策。孫承宗請於朝，得贊畫經略軍前。主建礮臺敎練法，因請據寧遠、前屯，以策干王在晉，在晉不能用。承宗行邊，還奏，授兵部司務。承宗代在晉，遂破重關之非，築臺製礮，一如元化言。還授元化職方主事。已，元化贊畫袁崇煥寧遠。還朝，尋罷。

崇禎初，起武選員外郎，進職方郎中。崇煥已爲經略，乞元化自輔，遂改元化山東右參議，整飭寧前兵備。三年，皮島副將劉興治爲亂，廷議復設登萊巡撫，遂擢元化右僉都御史任之，駐登州。明年，島衆殺興治，元化奏副將黃龍代，汰其兵六千人。及有德反，朝野由是怨元化之不能討也。賊縱元化還，詔逮之。首輔周延儒謀脫其死，不得也，則援其師光啓入閣圖之，卒不得，同張燾棄市。光蘭、徵充軍。

贊曰：疆圉多故，則思任事之臣。梅之煥諸人，風采機略尙大異於巽愞恇怯之徒，而牽於文法，或廢或死，悲夫！叛將衡行，縛而斬之，一偏裨力耳。中撓撫議，委堅城畀之，援師觀望不進，徒擾擾焉。設官命將，何益之有。撫議之悞國也，可勝言哉！

校勘記

〔一〕繼祖言二人朋邪亂政　二人，係指袁弘勳和張道濬。原作「六人」，據明史稿傳一三七顏繼祖傳改。

〔二〕冀明及總兵官渠家楨不能禦　渠家楨，明史稿傳一三七顏繼祖傳作「渠家禎」。

〔三〕白塘葛沽數十里間　葛沽，原作「葛姑」，據明史稿傳一三六李繼貞傳改。

〔四〕震孺請駐兵鎭武　鎭武，原作「振武」。明史稿傳一三六方震孺傳作「鎭武」。按「振武」係一衞名，屬山西都指揮使司，去遼東廣寧甚遠。「鎭武」係一堡名，在廣寧，見明會典卷一二六。作「鎭武」是，據改。下同。

〔五〕以卓異遷兗東副使駐沂州　按本書卷七五職官志按察司副使所司諸道有兗州道，駐沂州，無「兗東道」。

明史卷二百四十九

列傳第一百三十七

朱燮元 徐如珂 劉可訓 胡平表 盧安世 林兆鼎

李橒 史永安 劉錫元 王三善 岳具仰等 朱家民

蔡復一 沈儆炌 袁善 周鴻圖 段伯炌 胡從儀

朱燮元，字懋和，浙江山陰人。萬曆二十年進士。除大理評事。遷蘇州知府、四川副使，改廣東提督學校。以右參政謝病歸。起陝西按察使，移四川右布政使。天啓元年，就遷左。將入覲，會永寧奢崇明反，蜀王要燮元治軍。永寧，古藺州地。奢氏，倮儸種也，洪武時歸附，世爲宣撫使。傳至崇周，無子。崇明以疏屬襲，外恭內陰鷙，子寅尤驍桀好亂。時詔給事中明時舉、御史李達徵川兵援遼。崇明父子請行，先遣土目樊龍、樊虎以兵詣重慶。巡撫徐可求汰其老弱，餉復不繼，龍等遂反。殺可求及參政孫好古、總兵官黃守魁等，時舉、達負傷遁。時九月十有七日也。賊遂據重慶，播州遺孽及諸亡命奸人蠭起應之。賊黨符國禎襲陷遵義，列城多不守。

崇明僭僞號，設丞相五府等官，統所部及徼外雜蠻數萬，分道趨成都。陷新都、內江，盡據木椑、龍泉諸隘口。指揮周邦太降，冉世洪、雷安世、瞿英戰死。成都兵止二千，餉又絀。燮元檄徵石砫、羅綱、龍安、松、茂諸道兵入援，斂二百里內粟入城。偕巡按御史薛敷政、右布政使周著、按察使林宰等分陴守。賊障革裹竹牌鉤梯附城，壘土山，上架蓬蓽，伏弩射城中。燮元用火器擊却之，又遣人決都江堰水注濠。賊治橋，得少息，因斬城中通賊者二百人，賊失內應。賊四面立望樓，高與城齊。燮元命死士突出，擊斬三賊帥，燔其樓。

既而援兵漸集。登萊副使楊述程以募兵至湖廣，遂合安綿副使劉芬謙、石砫女土官秦良玉軍敗賊牛頭鎮，復新都。他路援兵亦連勝賊。然賊亦愈增，日發塚，擲枯骸。忽自林中大譟，數千人擁物如舟，高丈許，長五十丈，樓數重，牛革蔽左右，置板如平地。一人披髮仗劍，上載羽旗，中數百人挾機弩毒矢，旁翼兩雲樓，曳以牛，俯瞰城中。城中人皆哭。燮元曰：「此呂公車也。」乃用巨木爲機關，轉索發礮，飛千鈞石擊之。又以大礮擊牛，牛返走，敗去。

有諸生陷賊中，遣人言賊將羅乾象欲反正。〔一〕燮元令與乾象俱至，呼飲戍樓中，不脫其佩刀，與同臥酣寢。乾象誓死報，復縋而出。自是，賊中舉動無不知。乃遣部將詐降，誘崇明至城下。伏起，崇明跳免。會諸道援軍至，燮元策賊且走，投木牌數百錦江，流而下，令有司沉舟斷橋，嚴兵待。乾象因自內縱火，崇明父子遁走瀘州，乾象遂以衆來歸。城圍百二日而解。

初，朝廷聞重慶變，即擢燮元右副都御史，巡撫四川，〔二〕以楊愈懋爲總兵官，而擢河南巡撫張我續總督四川、貴州、雲南、湖廣軍。未至而成都圍解，官軍乘勢復州縣衞所凡四十餘。惟重慶爲樊龍等所據。其地三面阻江，一面通陸。副使徐如珂率兵繞出佛圖關後，與良玉攻拔之。崇明發卒數萬來援，如珂迎戰，檄同知越其杰躡賊後，殺萬餘人。監軍僉事戴君恩令守備金富廉攻斬賊將張彤，樊龍亦戰死。帝告廟受賀，進君恩三官。燮元所遣他將復建武、長寧，獲僞丞相何若海，瀘州亦旋復。

先是，國禎陷遵義，貴州巡撫李標已遣兵復之。永寧人李忠臣嘗爲松潘副使，家居，陷賊，以書約愈懋爲內應，事覺，合門遇害。賊即用其家僮紿愈懋，襲殺之，幷殺順慶推官郭象儀等。再陷遵義，殺推官馮鳳雛。

當是時，崇明未平，而貴州安邦彥又起。安氏世有水西，宣慰使安位方幼，邦彥以故得倡亂。朝議錄燮元守城功，加兵部侍郎，總督四川及湖廣荆、岳、鄖、襄，陝西漢中五府軍務，兼巡撫四川，而以楊述中總督貴州軍務，兼制雲南及湖廣辰、常、衡、永十一府，代我續共辦奢、安二賊。然兩督府分闔治軍，川、貴不相應，賊益得自恣。三年，燮元謀直取永寧，集將佐曰：「我久不得志於賊，我以分，賊以合也。」乃盡掣諸軍會長寧，連破麻塘坎、觀音庵、青山崖、天蓬洞諸砦。與良玉兵會，進攻永寧，擊敗奢寅於土地坎，追至老軍營、涼傘鋪，盡焚其營。寅被二鎗遁，樊虎亦中鎗死。復追敗之橫山，入青崗坪，抵城下，拔之，擒叛將周邦太，降賊二萬。副總兵秦衍祚等亦攻克遵義。崇明父子逃入紅崖大囤，官軍蹑而拔之。連拔天台、白崖、楠木諸囤，撫定紅潦四十八砦。賊奔入舊藺州城，五月爲參將羅乾象所攻克。崇明父子率餘衆走水西龍場客仲壩，倚其女弟奢社輝以守。初，賊失永寧，即求救於安邦彥。邦彥遣二軍窺遵義、永寧，燮元敗走之。總兵官李維新等遂攻破客仲巢，崇明父子竄深箐。維新偕副使李仙品、僉事劉可訓、參將林兆鼎等擣龍場，生擒崇明妻安氏、弟崇輝。寅、國禎皆被創走。錄功，進燮元右都御史。

時蜀中兵十六萬，土、漢各半。漢兵不任戰，而土兵驕淫不肯盡力。成都圍解，不即取重慶；重慶復，不即擣永寧；及永寧、藺州並下，賊失巢穴，又縱使遠竄。大抵土官利養寇，官軍效之，賊得展轉爲計。崇明父子方窘甚，燮元以蜀已無賊，遂不窮追。永寧既拔，拓地千里。燮元割膏腴地歸永寧衞，以其餘地爲四十八屯，給諸降賊有功者，令歲輸賦於官，曰「屯將」，隸於敍州府，增設同知一人領之。且移敍州兵備道於衞城，與貴州參將同駐，蜀中遂靖。而邦彥張甚。

四年春陷貴州，巡撫王三善軍沒。明年，總理魯欽敗於織金，貴州總督蔡復一軍又敗。廷臣以三善等失事由川師不協助，議合兩督府。乃命燮元以兵部尚書兼督貴州、雲南、廣西諸軍，移鎭遵義；而以尹同皐代撫四川。燮元赴重慶，邦彥偵知之。六年二月，謀乘官軍未發，分犯雲南、遵義，而令寅專犯永寧。未行，寅被殺，乃已。寅凶淫甚。有阿引者，受燮元金錢，乘寅醉殺之。寅既死，崇明年老無能爲，邦彥亦乞撫。燮元聞於朝，許之，乃遣參將楊明輝往撫。燮元旋以父喪歸，偏沅巡撫閔夢得來代。

先是，貴州巡撫王瑊謂督臣移鎭貴陽有十便，朝議從之。夢得乃陳用兵機宜，請自永寧始，次普市、摩泥、赤水，百五十里皆坦途。赤水有城可屯兵，進白巖、層臺、畢節、大方僅二百餘里。我既宿重兵，諸番交通之路絕，然後貴陽、遵義軍剋期進，賊必不能支。疏未報，夢得召還，代以尙書張鶴鳴，議遂寢。鶴鳴未至，明輝奉制書，僅招撫安位，不云赦邦彥。邦彥怒，殺明輝，撫議由此絕。鶴鳴視師年餘，未嘗一戰，賊得養其銳。

崇禎元年六月復召燮元代之，兼巡撫貴州，仍賜尙方劍。錄前功，進少保，世廕錦衣指揮使。時寇亂久，里井蕭條，貴陽民不及五百家，山谷悉苗仲。而將士多殺降報功，苗不附。夔元招流移，廣開墾，募勇敢；用夢得前議，檄雲南兵下烏撒，四川兵出永寧，下畢節，而親率大軍駐陸廣，逼大方。總兵官許成名、參政鄭朝棟由永寧復赤水。邦彥聞之，分守陸廣、鴨池、三岔諸要害，別以一軍趨遵義。自稱四裔大長老，號崇明大梁王，合兵十餘萬，先犯赤水。夔元授計成名，誘賊至永寧。乃遣總兵官林兆鼎從三岔入，副將王國禎從陸廣入，劉養鯤從遵義入，合傾其巢。邦彥恃勇，擬先破永寧軍，還拒諸將，急索戰。四川總兵官侯良柱、副使劉可訓遇賊十萬於五峯山、桃紅壩，大破之。賊奔據山巔。諸將乘霧力攻，賊復大敗。又追敗之紅土川，邦彥、崇明皆授首，時二年八月十有七日也。捷聞，帝大喜。以成名與良柱爭功，賞久不行。

烏撒安效良死，其妻安氏招故霑益土酋安遠弟邊爲夫，負固不服。夔元乘兵威脅走邊，遂復烏撒。夔元以境內賊略盡，不欲窮兵，乃檄招安位，位不決。夔元集將吏議曰：「水西地深險多箐篁，蠻烟𩅰雨，莫辨晝夜，深入難出。今當扼其要害，四面迭攻，賊乏食，將自斃。」於是攻之百餘日，斬級萬餘。養鯤復遣人入大方，燒其室廬。位大恐，三年春，遣使乞降。夔元與約四事：一、貶秩，二、削水外六目地歸之朝廷，三、獻殺王巡撫者首，四、開畢節等九驛。位請如約，率四十八目出降。夔元受之，貴州亦靖。遂上善後疏曰：「水西自河以外，悉入版圖。沿河要害，臣築城三十六所，近控蠻苗，遠聯滇、蜀，皆立郵舍，繕郵亭，建倉廩，賊必不敢猝入爲寇。鴨池、安莊傍河可屯之土，不下二千頃，人賦土使自贍，鹽酪芻茭出其中。諸將士身經數百戰，咸願得尺寸地長子孫，請割新疆以授之，使知所激勸。」帝報可。

初，崇明、邦彥之死，實川中諸將功，而黔將爭之。燮元頗右黔將，屢奏於朝，爲四川巡按御史馬如蛟所劾。燮元力求罷，帝慰留之。其冬討平定番、鎭寧叛苗，乃通威淸等上六衞及平越、淸平、偏橋、鎭遠四衞道路，凡一千六百餘里，繕亭障，置游徼。貴陽東北有洪邊十二馬頭，故宣慰宋嗣殷地也。嗣殷以助邦彥被剿滅，乃卽其地置開州，又奏復故施秉縣，招流民實之。

四年，阿迷州土官普名聲作亂，陷彌勒州曲江所，又攻臨安及寧州，遠近震動。巡撫王伉、總兵官沐天波不能禦，伉逮戍。燮元遣兵臨之，遂就撫。

龍場壩者，隣大方，邦彥以假崇明。崇明旣滅，總兵侯良柱欲設官屯守以自廣。而安位謂己故地，數擧兵爭，燮元不之禁。會燮元劾良柱不職，良柱亦訐燮元曲庇安氏，納其重賄。章下四川巡按御史劉宗祥。宗祥亦劾燮元受賄，且以龍場、永寧不置邑衞爲欺罔。帝以責燮元。燮元乃上言：「禦夷之法，來則安之，不專在攻取也。今水西已納款，惟明定疆界，俾自耕牧，以輸國賦。若設官屯兵，此地四面孤懸，中限河水，不利應援，築城守渡，轉運煩費。且內激藺州必死之鬬，外挑水西扼吭之嫌，兵端一開，未易猝止，非國家久遠計。」帝猶未許。後勘其地，果如所議。論桃紅壩功，進少師，世廕錦衣指揮使。一品六年滿，加左柱國。再議平賊功，世廕錦衣指揮僉事。

十年，安位死，無嗣，族屬爭立。朝議又欲郡縣其地，燮元力爭。遂傳檄土目，布上威德。諸蠻爭納土，獻重器。燮元乃裂疆域，衆建諸蠻。復上疏曰：

水西有宣慰之土，有各目之土。宣慰公土，宜還朝廷。各目私土，宜畀分守，籍其戶口，徵其賦稅，殊俗內嚮，等之編氓。大方、西溪、谷里、北那要害之地，築城戍兵，足銷反側。夫西南之境，皆荒服也，楊氏反播，奢氏反藺，安氏反水西。滇之定番，小州耳，爲長官司者十有七，數百年來未有反者。非他苗好叛逆，而定番性忠順也，地大者跋扈之資，勢弱者保世之策。今臣分水西地，授之酋長及有功漢人，咸俾世守。虐政苛斂，一切蠲除，參用漢法，可爲長久計。

因言其便有九：

不設郡縣置軍衞，因其故俗，土漢相安，便一。地益墾闢，聚落日繁，經界既正，土酋不得侵軼民地，便二。黔地荒确，仰給外郡，今自食其地，省轉輸勞，便三。有功將士，酬以金則國帑方匱，酬以爵則名器將輕，錫以土田，於國無損，便四。既世其土，各圖久遠，爲子孫計，反側不生，便五。大小相維，輕重相制，無事易以安，有事易以制，便六。訓農治兵，耀武河上，俾賊遺孽不敢窺伺，便七。軍民願耕者給田，且耕且守，衞所自實，無勾軍之累，便八。軍耕抵餉，民耕輸糧，以屯課耕，不拘其籍，以耕聚人，不世其伍，便九。

帝咸報可。無何，所撫土目有叛者，諸將方國安等軍敗，燮元坐貶一秩。已，竟破滅之。十一年春卒官，年七十三。

燮元長八尺，腹大十圍，飲啖兼二十人。鎮西南久，軍貲贖鍰，歲不下數十萬，皆籍之於官。治事明決，軍書絡繹，不假手幕佐。行軍務持重，謀定後戰，尤善用間。使人各當其材。犯法，卽親愛必誅；有功，厮養不遺賞也。馭蠻以忠信，不妄殺，苗民懷之。初官陝西時，遇一老叟，載與歸，盡得其風角、占候、遁甲諸術。將別，語燮元曰：「幸自愛，他日西南有事，公當之矣。」內江牟康民者，奇士也，兵未起時，語人曰：「蜀且有變，平之者朱公乎？」已而果然。

徐如珂，字季鳴，吳縣人。萬曆二十三年進士。除刑部主事，歷郎中。主事謝廷讚疏請建儲。帝怒，盡貶刑曹官。如珂降雲南布政司照磨。累遷南京禮部郎中，廣東嶺南道右參議。〔三〕暹羅貢使餽犀角、象牙，如珂不受。天啓元年，遷川東兵備副使。擊殺奢崇明黨樊龍，復重慶。奉檄搗藺州土城。賊借水西兵十萬來援，前軍少却。捍子軍覃懋勳挽白竹弩連中之，賊大潰。轉戰數十里，斬首萬餘級，遂拔藺州，崇明父子竄水西去。乃召如珂爲太僕少卿，轉左通政。

魏忠賢逐楊漣，如珂郊餞之，忠賢銜甚。遷光祿卿，修公廨竣，疏詞無所稱頌。六年九月，廷推南京工部右侍郎，遂削籍。歸里三月，治具飲客。頃之卒。崇禎初，以原推起用，死歲餘矣。尋錄破賊功，賜祭葬，進秩一等，官一子。

劉可訓，澧州人。萬曆中舉鄉試。歷官刑部員外郎。天啓元年恤刑四川。會奢崇明反，圍成都，可訓佐城守有功，擢僉事，監軍討賊。崇明走龍場壩，可訓督諸將進剿，功最多。總督朱燮元彙奏文武將吏功，盛推可訓，乃遷威茂兵備參議。崇禎元年改敍瀘副使，仍監諸將軍。二年與總兵侯良柱破賊十萬衆於五峰山，斬崇明及安邦彥。御史毛羽健言：「可訓將孤軍，出入蠻烟瘴雨者多年。初無守土責，因奉命錄囚，而乃見危授命，解圍成都，奏捷永寧，掃除藺穴，逆寅授首。五路大戰，十道並攻，皆抱病督軍，誓死殉國。畀以節鉞，誰曰不宜？」帝頗納其言。未幾，畿輔被兵，可訓率師入衛。三年五月恢復遵化，擢右僉都御史，巡撫順天、永平，督薊鎮邊務。兵部尚書梁廷棟囑私人沈敏於可訓，敏遂交關爲奸利。御史水佳胤劾可訓，落職歸。後敍四川平寇功，復官，世廕錦衣千戶。未及起用，卒於家。

胡平表，雲南臨安人。萬曆中舉於鄉，歷忠州判官。天啓元年秋，樊龍陷重慶，平表縋城下，詣石砫土官秦良玉乞師，號泣不食飲者五晝夜。良玉爲發兵。巡撫朱燮元檄平表監良玉軍。會擢新鄭知縣，燮元奏留之，改重慶推官，監軍兼副總兵，盡護諸軍將。戰數有功，擢四川監軍僉事，兼理屯田。遷貴州右參議。崇禎元年，總督張鶴鳴言：「平表偏州小吏，慷慨赴義。復新都，解成都圍，連戰白市驛、馬廟，進據兩嶺，俘斬無算。奪二郎關，擒賊帥黑蓬頭，追降樊龍，遂克重慶。用六千人敗奢、安二酋十萬兵。請以本官加督師御史銜，賜之專敕，必能梟逆賊首獻闕下。」部議格不行，乃進秩右參政，分守貴寧道，廕子錦衣世千戶。久之，擢貴州布政使。四年大計，坐不謹落職。十三年，督師楊嗣昌薦之，詔以武昌通判監標下軍事。嗣昌卒，乃罷歸。

盧安世，貴州赤水衞人。萬曆四十年舉於鄉，爲富順教諭。天啓初，奢崇明反，遣賊逼取縣印，署令棄城走。安世收印，率壯士擊斬賊。無何，賊數萬猝至，安世單騎鬭，手馘數人，詣上官請兵復其城。帝用大學士孫承宗言，超擢僉事，監軍討賊，屢戰有功。五年四月，總督朱燮元上言：「自遵義五路進兵，永寧破巢之後，大小數百戰，擒獲幾四萬人，降賊將百三十四人，招撫羣賊及土、漢、苗仲二十九萬三千二百餘人，皆監司李仙品、劉可訓、鄭朝棟及安世等功，武將則林兆鼎、秦翼明、羅乾象，土官則陳治安、冉紹文、悅先民等。」帝納之。安世進貴州右參議，遷四川副使、遵義監軍，功復多。崇禎初，予世廕武職，進右參政。久之，解官，歸卒。

林兆鼎，福建人。天啓中，爲四川參將，積功至總兵官，都督同知。崇禎三年遣將討定番州苗，連破十餘寨，擒其魁。四年遣將討湖廣苗黑𥘦，攻拔二百餘寨。加左都督，召僉南京右府。卒，贈太子少保。

李檼，字長孺，鄞人。曾祖循義，衡州知府。祖生威，鳳陽推官。檼登萬曆二十九年進士，授行人，擢御史。例轉廣東鹽法僉事，歷山東參議、陝西提學副使、山東參政、按察使。四十七年秋，擢右僉都御史，巡撫貴州。貴州宣慰同知安邦彥者，宣慰使堯臣族子。堯臣死，子位幼，其母奢社輝代領其事。社輝，永寧宣撫奢崇明女弟也，邦彥遂專兵柄。會朝議徵西南兵援遼，邦彥素桀黠，欲乘以起事，詣檼請行。檼諭止之。邦彥歸，益爲反謀。檼累疏請增兵益餉，中朝方急遼事，置不問。

會櫺被劾，乃六疏乞休。天啓元年始得請，以王三善代。而奢崇明已反重慶，陷遵義，貴陽大震，櫺遂留視事。時城中兵不及三千，倉庫空虛。櫺與巡按御史史永安貸雲南、湖廣銀四萬有奇，募兵四千，儲米二萬石，治戰守具，而急遣總兵官張彥芳，〔四〕都司許成名、黃運清，監軍副使朱芹，提學僉事劉錫元等援四川。屢捷，遂復遵義、綏陽、湄潭、眞安、桐梓。

二年二月，或傳崇明陷成都，邦彥遂挾安位反，自稱羅甸王。四十八支及他部頭目安邦俊、陳其愚等蠭起相應，烏撒土目安效良亦與通。邦彥首襲畢節，都司楊明廷固守，擊斬數百人。效良助邦彥陷其城，明廷敗歿。賊遂分兵陷安順平壩，效良亦西陷霑益，而邦彥自統水西軍及羅鬼、苗仲數萬，東渡陸廣河，直趨貴陽，別遣王倫等下甕安，襲偏橋，以斷援兵。洪邊土司宋萬化糾苗仲九股陷龍里。

櫺、永安聞變，亟議城守。會藩臬、守令咸入覲，而彥芳鎭銅仁，運清駐遵義。城中文武無幾人，乃分兵爲五，令錫元及參議邵應禎、都司劉嘉言、故副總兵劉岳分禦四門，櫺自當北門之衝。永安居譙樓，團街市兵，防內變。學官及諸生亦督民兵分堞守。賊至，盡銳攻北城，櫺迎戰，敗之。轉攻東門，爲錫元所却。乃日夕分番馳突，以疲官兵。爲三丈樓臨城，用婦人、雞犬厭勝術。櫺、永安烹彘雜斗米飯投飼雞犬，而張虎豹皮於城樓以祓之，乃得施礮石，夜縋死士燒其樓。賊又作竹籠萬餘，土壘之，高踰睥睨。永安急撤大寺鐘樓建城上，賊棄籠去，官軍出燒之。數出城邀賊糧，賊怒，盡發城外塚，徧燒村砦。又先後攻陷廣州、普定、威清、普安、安南諸衞。貴陽西數千里，盡爲賊據。

初被圍，彥芳、運清來救，敗賊於新添。賊誘入龍里，二將皆敗，乃縱之入城曰「使耗汝糧」，城中果大困。川貴總督張我續、巡撫王三善擁兵不進，橒、永安連疏告急，詔旨督責之。會彥芳等出戰頻得利，賊退保澤溪，〔五〕乃遣裨將商士傑等率九千人分控威清、新添二衞，且乞援兵。賊謂城必拔，沿山列營柵隔內外，間旬日一來攻，輒敗去。副總兵徐時逢、參將范仲仁赴援，遇賊甕城河。仲仁戰不利，時逢擁兵不救，遂大敗，諸將馬一龍、白自强等殲焉，援遂絕。賊聞三善將進兵，益日夜攻擊，長梯蟻附，城幾陷者數矣。橒奮臂一呼，士卒雖委頓，皆强起斫賊，賊皆顚踣死城下。王三善屢被嚴旨，乃率師破重圍而進。十二月七日，抵貴陽城下，圍始解。橒乃辭兵事，解官去。三善既破賊，我續無寸功，乾沒軍資六十萬，言官交劾，解職候勘。

我續，邯鄲人，刑部尚書國彥子。其後夤緣魏忠賢起戶部侍郎，進尚書，名麗逆案云。

方官廩之告竭也，米升直二十金。食糠覈草木敗革皆盡，食死人肉，後乃生食人，至親屬相噉。彥芳、運清部卒公屠人市肆，斤易銀一兩。橒盡焚書籍冠服，預戒家人，急則自盡，皆授以刀繯。城中戶十萬，圍困三百日，僅存者千餘人。〔六〕孤城卒定，皆橒及永安、錫元功。熹宗用都御史鄒元標言，進橒兵部右侍郎，永安太僕少卿，錫元右參政。及圍解，當再敍功，御史蔣允儀言安位襲職時，橒索其金盔，致啓釁。章下貴州巡按侯恂覈。未報，御史張應辰力頌橒功。恂覈上，亦白其誣。帝責允儀。

初，永安遣運濤往新添、平越趣援兵，懼其不濟，欲出城督之。錫元疑永安有去志，以咨橒，橒止永安。及錫元當絕食時，議發兵護橒、永安出城，身留死守，永安亦疑錫元。而運濤因交搆其間，三人遂相失。永安詆錫元議留身守城，欲輸城於賊，橒亦與謀，兩人上章辨。吏部尙書趙南星、左都御史孫瑋等力爲三人解，而言永安功第一，當不次大用；橒已進官，當召還；錫元已進參政，當更優敍。詔可之。然橒竟不召，錫元亦無他擢，二人並還里。獨永安在朝，連擢太常卿、右僉都御史，巡撫寧夏，再以兵部右侍郎總督三邊。橒及諸將吏功，迄不敍。六年秋，御史田景新頌橒功，不納。

崇禎元年，給事中許譽卿再以金盔事劾橒。帝召咨廷臣，獨御史毛羽健爲橒解，吏部尙書王永光等議如羽健言，給事中余昌祚詆羽健曲庇。帝下川貴總督朱燮元等再覈，羽健乃上疏曰：「安、奢世爲婚姻，同謀已久。奢寅寇蜀，邦彥即寇黔，何用激變？當貴陽告急，正廣寧新破之日，擧朝皇皇，已置不問。後知橒不死，孤城尙存，始命王三善往救，至則圍已十月。安酋初發難，崇明欲取成都作家，邦彥欲圖貴陽爲窟，西取雲南，東擾偏、沅、荊、襄，非檏扼其衝，東南盡塗炭。乃按臣永安不一二三載躋卿貳，督師三邊，檏則投閒林壑，又以永安謗書爲檏罪。案金盃之說發自允儀，當年已自承風聞，何至今猶執爲實事？」貴州人亦爭爲檏頌冤。燮元乃偕巡按御史趙洪範交章雪其枉，檏事始白。

九年冬，敍守城功，進一秩，賚銀幣。久之卒於家。

錫元，長洲人。崇禎中，任寧夏參政。

永安，武定人。共檏城守，功多。以在邊時建魏忠賢祠，後爲御史甯光先論罷，不爲人所重云。

王三善，字彭伯，永城人。萬曆二十九年進士。由荊州推官入爲吏部主事。齊、楚、浙三黨抨擊李三才，三善自請單騎行勘，遂爲其黨所推。歷考功文選郎中，進太常少卿。

天啓元年十月擢右僉都御史，代李檏巡撫貴州。時奢崇明已陷重慶。明年二月，安邦彥亦反，圍貴陽。檏及巡按御史史永安連章告急，趣三善馳援。三善始駐沅州，調集兵食。

已次鎭遠，再次平越，去貴陽百八十里，方遣知府朱家民乞兵四川。兵未至，不敢進。疏請便宜從事，給空名部牒，得隨才委任。帝悉報可。

至十二月朔，知貴陽圍益困，集衆計曰：「失城死法，進援死敵，等死耳，盍死敵乎？」乃分兵爲三：副使何天麟等從淸水江進，爲右部；僉事楊世賞等從都勻進，爲左部；自將二萬人，與參議向日升，副總兵劉超，參將楊明楷、劉志敏、孫元謨、王建中等由中路，當賊鋒。舟次新安，抵龍頭營。超前鋒遇賊，衆欲退，斬二人乃定。賊酋阿成驍勇，超率步卒張良俊直前斬其頭，賊衆披靡。三善等大軍亦至，遂奪龍里城。諸將議駐師觀變，三善不可，策馬先。邦彥疑三善有衆數十萬，乃潛遁，餘賊退屯龍洞。官軍遂奪七里沖，進兵畢節鋪。元模、明楷連敗賊，其渠安邦俊中礟死，生獲邦彥弟阿倫，遂抵貴陽城下，賊解圍去。標、永安請三善入城。三善曰：「賊兵不遠，我不可卽安。」營於南門外。明日，破賊澤溪。賊走渡陸廣河。居數日，左右二部兵及湖廣、廣西、四川援兵先後至。

三善以二萬人破賊十萬，有輕敵心，欲因糧於敵。舉超爲總兵官，令渡陸廣，趨大方，搗安位巢，以世賞監之；總兵官張彥芳渡鴨池，搗邦彥巢，以天麟監之。漢、土兵各三萬。別將都司線補袞出黃沙渡。剋期並進。超等至陸廣，連戰皆捷，彥芳部將秦民屏亦破賊五大寨，諸將益輕敵。邦彥先合崇明、效良兵誘官軍深入。三年正月，超渡陸廣，賊薄之，獨山土官蒙詔先遁，官軍大敗，爭渡河，超走免，明楷被執，諸將姚旺等二十六人殲焉。賊遂攻破鴨池軍，部將覃弘化先逃，諸營盡潰，彥芳退保威清，惟補袞軍獨全。

諸苗見王師失利，復蠭起。土酋何中尉進據龍里，而邦彥使李阿二圍青巖，斷定番餉道，令宋萬化、吳楚漢爲左右翼，自將趨貴陽，遠近大震。三善急遣遊擊祁繼祖等取龍里，王建中、劉志敏救青巖。繼祖燔上、中、下三牌及賊百五十砦，建中亦燔賊四十八莊，龍里、定番路皆通。三善又夜遣建中、繼祖擣楚漢八姑蕩，燔莊砦二百餘，薄而攻之。賊溺死無算。萬化不知楚漢敗，詐降。三善佯許，而令諸將捲甲趨之。萬化倉皇出戰，被擒，邦彥爲奪氣。羣苗復效順，三善給黃幟，令樹營中。邦彥望見不敢出，增兵守鴨池、陸廣諸要害。

時崇明父子屢敗，邦彥救之，爲川師敗走。總理魯欽等剿擒中尉，彥芳亦追賊鴨池，而賊復乘間陷普安。總督楊述中駐沅州，畏賊。朝命屢趣，始移鎭遠。議與三善左，三善屢求退。不許。會崇明爲川師所窘，逃入貴州龍場，依邦彥。三善議會師進討，述中暨諸將多持不可。三善排羣議，以閏十月，自將六萬人渡烏江，次黑石，連敗賊，斬前逃將覃弘化以徇。賊乃栅漆山，日遣遊騎掠樵採者。軍中乏食，諸將請退師。三善怒曰：「汝曹欲退，不如斬吾首詣賊降。」諸將乃不敢言。三善募壯士逼漆山。緋衣峩冠，肩輿張蓋，自督陣，語將士曰：「戰不捷，此卽吾致身處也。」旁一山頗峻，麾左軍據其顚。賊倉皇拔栅爭山，將士殊死戰，賊大敗，邦彥狼狽走。

三善渡渭河，降者相繼。師抵大方，入居安位第。位偕母奢社輝走火灼堡，邦彥竄織金，先所陷將楊明楷乃得還。位窘，遣使詣述中請降。述中令縛崇明父子自贖，三善責并獻邦彥。往返之間，賊得用計爲備。三善以賊方平，議郡縣其地。諸苗及土司咸惴恐，益合於邦彥。三善先約四川總兵官李維新滅賊，以餉乏辭。

三善屯大方久，食盡，述中弗爲援，不得已議退師。四年正月盡焚大方廬舍而東，賊躡之。中軍參將王建中、副總兵秦民屏戰歿。官軍行且戰，至內莊，後軍爲賊所斷。三善還救，士卒多奔。陳其愚者，賊心腹，先詐降，三善信之，與籌兵事，故軍中虛實賊無不知。至是遇賊，其愚故縱轡衝三善墜馬。三善知有變，急解印綬付家人，拔刀自刎，不殊，羣賊擁之去。罵不屈，遂遇害。同知梁思泰、主事田景猷等四十餘人皆死。賊拘監軍副使岳具仰以要撫。具仰遣人馳蠟書於外，被殺。

三善倜儻負氣，多權略。家中州，好交四方奇士俠客，後輒得其用。救貴陽時，得邸報不視，曰：「吾方辦賊，奚暇及此？且朝議戰守紛紛，閱之徒亂人意。」其堅決如此。然性卞急，不能持重，竟敗。先以解圍功，加兵部右侍郎，既歿，巡按御史陸獻明請優卹，所司格不行。崇禎改元，贈兵部尚書，世廕錦衣僉事，立祠祭祀。九年冬，再敍解圍功，贈太子少保。

大方之役，御史貴陽徐卿伯上言：「邦彥招四方奸宄，多狡計。撫臣得勝驟進，視蠢苗不足平。不知澤溪以西，渡陸廣河，皆鳥道，深林叢箐，彼誘我深入，以木石塞路，斷其郵書，阻餉道，遮援師，則彼不勞一卒，不費一矢，而我兵已坐困矣。」後悉如其言。

岳具仰，延安人。舉於鄉，歷瀘州知州，戶部郎中。貴州亂，朝議具仰知兵，用爲監軍副使。內莊之敗，監軍四人，其三得脫還，惟具仰竟死。

田景猷，貴州思南人。天啓二年甫釋褐，憤邦彥反，疏請齎敕宣諭。廷議壯之，卽擢職方主事。賊方圍貴陽，景猷單騎往，曉以禍福，令釋兵歸朝。邦彥不聽，欲屈景猷，日陳寶玩以誘之，不爲動。賊乃留景猷，遣其徒恐以危禍。景猷怒，拔刀擊之，其人走免。羈賊中二年，至是遇害。具仰贈光祿卿，景猷太常少卿，並錄其一子。

楊明楷者，銅仁烏羅司人。內莊之敗，明楷爲中軍，免死。後從魯欽討長田賊，功最，終副總兵。

朱家民，字同人，曲靖人。萬曆三十四年舉於鄉，爲涪州知州。天啓二年官貴陽知府。奉三善命，乞援兵於四川，又借河南兵，共解其圍。乃撫傷殘，招流移，寬傜賦，遠邇悅服。丁父憂，奪情，擢安普監軍副使，加右參政。崇禎時，就遷按察使、左布政，以平寇功，加俸一級。久之，致仕歸，卒。自邦彥始亂，雲、貴諸土酋盡反，攻陷安南等上六衞，雲南路斷。其後路雖通，羣苗猶出沒爲患。家民率參將許成名等討平盤江外阿野、魯頠諸砦，於是相度盤江西坡、板橋、海子、馬場諸要害，築石城五，宿兵衞民。又於其間築六城，廨舍廬井畢備。羣苗愓息，行旅晏然。盤江居雲、貴交，兩山夾峙，一水中絕，湍激迅悍，舟濟者多陷溺。家民倣瀾滄橋制，冶鐵爲絙三十有六，長數百丈，貫兩崖之石而懸之，覆以板，類於蜀之棧，而道始通。

蔡復一，字敬夫，同安人。萬曆二十三年進士。除刑部主事，歷兵部郎中。居郎署十七年，始遷湖廣參政，分守湖北。進按察使、右布政使，以疾歸。光宗立，起故官，遷山西左布政使。

天啓二年以右副都御史撫治鄖陽。歲大旱，布衣素冠，自繫於獄，遂大雨。奢崇明、安邦彥反，貴州巡撫王三善敗歿，進復一兵部右侍郎代之。兵燹之餘，斗米值一金，〔七〕復一勞徠拊循，人心始定。尋代楊述中總督貴州、雲南、湖廣軍務，兼巡撫貴州。賜尙方劍，便宜從事。復一乃召集將吏，申嚴紀律。遣總理魯欽等救凱里，斬賊衆五百餘。賊圍普定，遣參將尹伸、副使楊世賞救，却之，搗其巢，斬首千二百級。發兵通盤江路，斬逆酋沙國珍及從賊五百。欽與總兵黃鉞等復破賊於汪家沖、蔣義寨，斬首二千二百，長驅織金。織金者，邦彥巢也，緣道皆重關疊隘，木石塞山徑。將士用巨斧開之，或攀籐穿竇而入。賊戰敗，遁深箐，斬首復千級。窮搜不得邦彥，乃班師。是役也，焚賊巢數十里，獲牛馬、甲仗無算。復一以隣境不協討，致賊未滅，請敕四川出兵遵義，抵水西，雲南出兵霑益，抵烏撒，掎角平賊。帝悉可之。因命廣西、雲南、四川諸郡隣貴州者，聽復一節制。

五年正月，欽等旋師渡河。賊從後襲擊，諸營盡潰，死者數千人。時復一爲總督，而朱燮元亦以尙書督四川、湖廣、陝西諸軍，以故復一節制不行於境外。欽等深入，四川、雲南兵皆不至。復一自劾，因論事權不一，故敗。巡按御史傅宗龍亦以爲言，廷議移燮元督河道，令復一專督五路師。御史楊維垣獨言燮元不可易，帝從之，解復一任聽勘，而以王瑊爲右僉都御史，代撫貴州。

復一候代，仍拮据兵事，與宗龍計，剿破烏粟、螺螄、長田及兩江十五砦叛苗，斬七百餘級。賊黨安效良首助邦彥陷霑益，雲南巡撫沈儆炌遣兵討之，未定，遷侍郎去。代者閔洪學，招撫之，亦未定。及是見雲南出師，懼，約邦彥犯曲靖、尋甸。復一遣許成名往援，賊望風遁。又遣劉超等討平越苗阿秩等，〔八〕破百七十砦，斬級二千三百有奇。至十月，復一卒於平越軍中。訃聞，帝嘉其忠勤，贈兵部尚書，謚清憲，任一子官。

復一好古博學，善屬文，耿介負大節。既歿，橐無遺貲。

瑊既至，見邦彥不易平，欲解去。夤緣魏黨李魯生，遷南京戶部右侍郎。崇禎初，被劾歸。流賊陷應城，遇害。

沈儆炌，字叔永，歸安人。父子木，官南京右都御史。儆炌登萬曆十七年進士。歷河南左布政使，入爲光祿卿。四十七年以右副都御史巡撫雲南。神宗末，詔增歲貢黃金二千，儆炌疏爭。會光宗立，如其請。

雲龍州土舍段進忠掠永昌、大理，〔九〕儆炌討擒之。安邦彥反，諸土目並起。安效良陷霑益，李賢陷平夷，祿千鍾犯尋甸、嵩明，張世臣攻武定，邦彥女弟設科掠曲靖，轉寇陸涼。儆炌起故參將雲南人袁善，令率守備金爲貴、土官沙源等馳救嵩明，大破之。賊轉寇尋甸，復大敗去。乃請復善故官，與諸將分討賊，數有功。會儆炌遷南京兵部右侍郎，而代者閔洪學至，乃以兵事委之去。後拜南京工部尚書，爲魏忠賢黨石三畏所劾，落職閒住。崇禎初，復官，卒於家。子胤培，禮科都給事中。

洪學既至，亦任用袁善。賊陷普安，圍安南，善攻破之，通上六衞道。王三善之歿，六衞復梗，善護御史傅宗龍赴黔，道復通。已而敗安效良於霑益，又敗賊於炎方、馬龍。七年，御史朱泰禎核上武定、嵩明、尋甸破賊功，大小百三十三戰，斬四千六百餘級，請宣捷告廟，從之。魏忠賢等並進秩，廕子。善加都督同知，世廕錦衣指揮僉事。崇禎初，卒官。

周鴻圖，字子固，卽墨人。起家歲貢生，知宿遷縣。以侯恂薦，遷貴陽同知，監紀軍事，積軍功至知府。會勻哈叛苗與邦彥相倚爲亂。天啓六年春，巡撫王瑊及御史傅宗龍使監胡從儀及都司張雲鵬軍，分道搜山，所向摧破。會聞魯欽敗，賊復趨龍場助邦彥。已而邦彥屢敗，賊返故巢。鴻圖、從儀等攻之，破焚一百餘寨，斬首千二百餘級。鴻圖擢副使，分巡新鎭道；從儀進副總兵。當是時，鴻圖駐平越，轄下六衞，參議段伯炌駐安莊，轄上六衞。千餘里間，奸宄屏息，兩人力也。鴻圖終陝西參政。

伯炌，雲南晉寧人。由鄉舉爲鎭寧知州。力拒安邦彥，超擢僉事，分巡鎭寧。邦彥寇普定，偕從儀擊破之，由此擢參議。

胡從儀，山西人。天啓四年以遊擊援普定，功多。既而破賊長田。以參將討平勻哈，後又與諸將平老蟲添。崇禎三年討平苗賊汪狂、抱角，召爲保定總兵官，卒於京邸。贈都督僉事。黔人愛之，爲立眞將軍碑。

贊曰：奢、安之亂，竊發於蜀，蔓延於黔，勞師者幾十載。燮元戡之以兵威，因俗制宜，開屯設衞，不亟亟焉郡縣其地，以蹈三善之覆轍，而西南由茲永寧，庶幾可方趙營平之制羌、韋南康之鎮蜀者歟。

校勘記

〔一〕遣人言賊將羅乾象欲反正　羅乾象，原誤倒作「羅象乾」，據本書卷三一二永寧宣撫司傳、明史稿傳一二八朱燮元傳、熹宗實錄卷一三天啓二年正月乙丑條改。下同。

〔二〕卽擢燮元右副都御史巡撫四川　右副都御史，原作「僉都御史」。明史稿傳一二八朱燮元傳、熹宗實錄卷一〇天啓元年十月己丑條都作「右副都御史」。按下文言「錄功，進燮元右都御史」，應以作「右副都御史」是，今改正。

〔三〕廣東嶺南道右參議　嶺南道，明史稿傳一二八朱燮元傳附徐如珂傳作「嶺東道」。

〔四〕而急遣總兵官張彥芳　張彥芳，原作「張彥方」，據本書卷三一六及明史稿傳一九〇貴陽傳改。下同。

〔五〕賊退保澤溪　澤溪，明史稿傳一二八李橒傳作「宅溪」。

〔六〕僅存者千餘人　本書卷三一六及明史稿傳一九〇貴陽傳、又明史稿傳一二八李橒傳都作「僅餘二百人」。

〔七〕斗米值一金　明史稿傳一二八蔡復一傳作「斗米銀八錢」。

〔八〕又遣劉超等討平越苗阿秩等　阿秩，本書卷二七〇魯欽傳作「阿秧」。

〔九〕雲龍州土舍段進忠掠永昌大理　段進忠，原作「段進志」，據明史稿傳一二八蔡復一傳附沈儆炌傳、國榷卷八四頁五一八四改。

明史卷二百五十

列傳第一百三十八

孫承宗 子鈰等

孫承宗，字稚繩，高陽人。貌奇偉，鬚髯戟張。與人言，聲殷牆壁。始爲縣學生，授經邊郡。往來飛狐、拒馬間，直走白登，又從紇干、清波故道南下。喜從材官老兵究問險要阨塞，用是曉暢邊事。

萬曆三十二年登進士第二人，授編修，進中允。「梃擊」變起，大學士吳道南以諮承宗。對曰：「事關東宮，不可不問；事連貴妃，不可深問。龐保、劉成而下，不可不問也；龐保、劉成而上，不可深問也。」道南如其言，具揭上之，事遂定。出典應天鄉試，發策著其語。攖黨人忌，將以大計出諸外，學士劉一燝保持，乃得免。歷諭德、洗馬。

熹宗卽位，以左庶子充日講官。帝每聽承宗講，輒曰「心開」，故眷注特殷。天啓元年進少詹事。時瀋、遼相繼失，舉朝洶洶。御史方震孺請罷兵部尚書崔景榮，以承宗代。廷臣亦皆以承宗知兵，遂推爲兵部添設侍郎，主東事。帝不欲承宗離講筵，疏再上不許。二年擢禮部右侍郎，協理詹事府。

未幾，大淸兵逼廣寧，王化貞棄城走，熊廷弼與俱入關。兵部尚書張鶴鳴懼罪，出行邊。帝亦急東事，遂拜承宗兵部尚書兼東閣大學士，入直辦事。越數日，命以閣臣掌部務。承宗上疏曰：「邇年兵多不練，餉多不覈。以將用兵，而以文官招練。以將臨陣，而以文官指發。以武略備邊，而日增置文官於幕。以邊任經、撫，而日問戰守於朝。此極弊也。今天下當重將權。擇一沉雄有氣略者，授之節鉞，得自辟置偏裨以下，勿使文吏用小見沾沾陵其上。邊疆小勝小敗，皆不足問，要使守關無闌入，而徐爲恢復計。」因列上撫西部、恤遼民、簡京軍、增永平大帥、修薊鎭亭障、開京東屯田數策，帝褒納焉。時邊警屢告，閣部大臣幸旦暮無事，而言路日益紛呶。承宗乃請下廷弼於理，與化貞並讞，用正朝士黨護。又請逮給事中明時舉、御史李達，以懲四川之招兵致寇者。又請詰責遼東巡按方震孺、登萊監軍梁之垣、薊州兵備邵可立，以警在位之骫骳者。諸人以次獲譴，朝右聳然，而側目怨咨者亦衆矣。

兵部尚書王在晉代廷弼經略遼東，與總督王象乾深相倚結。象乾在薊門久，習知西部種類情性，西部亦愛戴之。然實無他才，惟啖以財物相羈縻，冀得以老解職而已。在晉謀用西部襲廣寧，象乾甚之曰：「得廣寧，不能守也，獲罪滋大。不如重關設險，衞山海以衞京師。」在晉乃請於山海關外八里鋪築重關，用四萬人守之。其僚佐袁崇煥、沈棨、孫元化等力爭不能得，奏記於首輔葉向高。向高曰：「是未可臆度也。」承宗請身往決之。帝大喜，加太子太保，賜蟒玉、銀幣。抵關，詰在晉曰：「新城成，即移舊城四萬人以守乎？」在晉曰：「否，當更設兵。」曰：「如此，則八里內守兵八萬矣。一片石西北不當設兵乎？且築關在八里內，新城背即舊城趾，舊城之品坑地雷爲敵人設，抑爲新兵設乎？新城可守，安用舊城？如不可守，則四萬新兵倒戈舊城下，將開關延入乎，抑閉關以委敵乎？」曰：「關外有三道關可入也。」曰：「若此，則敵至而兵逃如故也，安用重關？」曰：「將建三寨於山，以待潰卒。」曰：「兵未潰而築寨以待之，是敎之潰也。且潰兵可入，敵亦可尾之入。今不爲恢復計，畫關而守，將盡撤藩籬，日鬨堂奧，畿東其有寧宇乎？」在晉無以難。承宗乃議守關外。監軍閻鳴泰主覺華島，袁崇煥主寧遠衞。在晉持不可，主守中前所。舊監司邢愼言、張應吾逃在關，皆附和之。

初，化貞等既逃，自寧遠以西五城七十二堡悉爲哈喇愼諸部所據，聲言助守邊。前哨遊擊左輔名駐中前，實不出八里鋪。承宗知諸部不足信，而寧遠、覺華之可守，已決計將自在晉發之，推心告語凡七晝夜，終不應。還朝，言：「敵未抵鎮武而我自燒寧、前，此前日經、撫罪也；我棄寧、前，敵終不至，而我不敢出關一步，此今日將吏罪也。將吏匿關內，無能轉其畏敵之心以畏法，化其謀利之智以謀敵，此臣與經臣罪也。與其以百萬金錢浪擲於無用之版築，曷若築寧遠要害以守。八里鋪之四萬人當寧遠衝，與覺華相掎角。敵窺城，令島上卒旁出三岔，斷浮橋，繞其後而橫擊之。卽無事，亦且收二百里疆土。總之，敵人之帳幕必不可近關門，杏山之難民必不可置膜外。不盡破庸人之論，遼事不可爲也。」其他制置軍事又十餘疏。帝嘉納。無何，御講筵，承宗面奏在晉不足任，乃改南京兵部尚書，幷斥逃臣愼言等，而八里築城之議遂熄。

在晉既去，承宗自請督師。詔給關防敕書，以原官督山海關及薊、遼、天津、登、萊諸處軍務，便宜行事，不從中制，而以鳴泰爲遼東巡撫。承宗乃辟職方主事鹿善繼、王則古爲贊畫，請帑金八十萬以行。帝特御門臨遣，賜尙方劍、坐蟒，閣臣送之崇文門外。既至關，令總兵江應詔定軍制，僉事崇煥建營舍，廢將李秉誠練火器，贊畫善繼、則古治軍儲，沈棨、杜應芳繕甲仗，司務孫元化築礮臺，中書舍人宋獻、羽林經歷程崙主市馬，廣寧道僉事萬有孚主採木。而令遊擊祖大壽佐金冠於覺華，副將孫諫助趙率教於前屯，〔一〕遊擊魯之甲拯難民，副將李承先練騎卒，參將楊應乾募遼人爲軍。

是時，關上兵名七萬，顧無紀律，冒餉多。承宗大閱，汰逃將數百人，遣還河南、眞定疲兵萬餘，以之甲所救難民七千發前屯爲兵。應乾所募遼卒出戍寧遠，咨朝鮮使助聲援。犒毛文龍於東江，令復四衛。檄登帥沈有容進據廣鹿島。欲以春防躬詣登、萊商進取，而中朝意方急遼，弗許也。應詔被劾，承宗請用馬世龍代之，以尤世祿、王世欽爲南北帥，聽世龍節制，且爲世龍請尚方劍。帝皆可之。世龍既受事，承宗爲築壇，拜行授鉞禮。率教已守前屯，盡驅哈喇愼諸部，撫場猶在八里舖。象乾議開水關，撫之關內。承宗不可，乃定於高臺堡。

時大清兵委廣寧去，遼遺民入居之。插漢部以告有孚，有孚謀挾西部乘間殲之，冒恢復功。承宗下檄曰：「西部殺我人者，致罰如盟言。」是役也，全活千餘人。帝好察邊情，時令東廠遣人詣關門，具事狀奏報，名曰「較事」。及魏忠賢竊政，遣其黨劉朝、胡良輔、紀用等四十五人齎內庫神礮、甲仗、弓矢之屬數萬至關門，爲軍中用，又以白金十萬，蟒、麒麟、獅子、虎、豹諸幣頒賚將士，而賜承宗蟒服、白金慰勞之，實覘軍也。承宗方出關巡寧遠，中路聞之，立疏言：「中使觀兵，自古有戒。」帝溫旨報之。使者至，具杯茗而已。

鳴泰之爲巡撫也，承宗薦之。後知其無實，軍事多不與議。鳴泰怏怏求去，承宗亦引疾。言官共留承宗，詆鳴泰，巡關御史潘雲翼復論劾之。帝乃罷鳴泰，而以張鳳翼代。鳳翼怯，復主守關議。承宗不悅，乃復出關巡視。抵寧遠，集將吏議所守。衆多如鳳翼指，獨世龍請守中後所，而崇煥、善繼及副將茅元儀力請守寧遠，承宗然之，議乃定。令大壽興工，崇煥、滿桂守之。先是，虎部竊出盜掠，率教捕斬四人。象乾欲斬率教謝虎部，承宗不可。而承宗所遣王楹戍中右，護其兵出採木，爲西部朗素所殺。承宗怒，遣世龍剿之。象乾恐壞撫局，令朗素縛逃人爲殺楹者以獻，而增市賞千金。承宗方疏爭，而象乾以憂去。

承宗患主款者撓己權，言督師、總督可勿兼設，請罷己，不可，則弗推總督。幷請以遼撫移駐寧遠。帝命止總督推。而鳳翼謂置己死地也，因大恨。與其鄉人雲翼、有孚等力毀世龍，以撼承宗。無何，有孚爲薊撫岳和聲所劾，益疑世龍與崇煥搆陷，乃共爲浮言，撓出關計。給事中解學龍遂極論世龍罪。承宗憤，抗疏陳守禦策，言：「拒敵門庭之中，與拒諸門庭外，勢旣辨。我促敵二百里外，敵促我二百里中，勢又辨。蓋廣寧，我遠而敵近，寧遠，我近而敵遠。我不進逼敵，敵將進而逼我。今日卽不能恢遼左，而寧遠、覺華終不可棄。請敕廷臣雜議主、客之兵可否久戍，本折之餉可否久輸，關外之土地人民可否捐棄，屯築戰守可否興舉，再察敵人情形果否坐待可以消滅。臣不敢爲百年久計，祇計及五年間究竟何如。倘臣言不當，立斥臣以定大計，無紆迴不決，使全軀保妻子之臣附合衆喙，以殺臣一身而悞天下也。」復爲世龍辯，而發有孚等交搆狀。

有孚者，故侍郎世德子也，爲廣寧理餉同知。城陷逃歸，象乾題爲廣寧道僉事，專撫插漢，乾没多。至是以承宗言被斥。鳳翼亦以憂歸，喻安性代。而廷臣言總督不可裁，命吳用先督薊、遼，代象乾。承宗惡本兵趙彥多中制，稱疾求罷，舉彥自代以困之，廷議不可而止。

時寧遠城工竣，關外守具畢備。承宗圖大舉，奏言：「前哨已置連山、大凌河，速畀臣餉二十四萬，則功可立奏。」帝命所司給之。兵、工二部相與謀曰：「餉足，渠即妄爲，不如許而不與，文移往復稽緩之。」承宗再疏促，具以情告。帝爲飭諸曹，而師竟不果出。

初，方震孺、游士任、李達、明時舉之譴，承宗實劾之，後皆爲求宥。復稱楊鎬、熊廷弼、王化貞之勞，請免死遣戍。朝端譁然。給事中顧其仁、許譽卿，御史袁化中交章論駁，帝皆置弗省。會承宗敍五防效勞，諸臣且引疾乞罷，乃遣中官劉應坤等齎帑金十萬犒將士，而賜承宗坐蟒、膝襴，佐以金幣。

當是時，忠賢益盜柄。以承宗功高，欲親附之，令應坤等申意。承宗不與交一言，忠賢由是大憾。會忠賢逐楊漣、趙南星、高攀龍等，承宗方西巡薊、昌。念抗疏帝未必親覽，往在講筵，每奏對輒有入，乃請以賀聖壽入朝面奏機宜，欲因是論其罪。魏廣微聞之，奔告忠賢「承宗擁兵數萬將清君側，兵部侍郎李邦華爲內主，公立齏粉矣！」忠賢悸甚，繞御牀哭。帝亦爲心動，令內閣擬旨。次輔顧秉謙奮筆曰：「無旨離汛地，非祖宗法，違者不宥。」夜啓禁門召兵部尙書入，令三道飛騎止之。又矯旨諭九門守閹，承宗若至齊化門，反接以入。承宗抵通州，聞命而返。忠賢遣人偵之，一襆被置輿中，後車鹿善繼而已，意少解。而其黨李蕃、崔呈秀、徐大化連疏詆之，至比之王敦、李懷光。承宗乃杜門求罷。

五年四月，給事中郭興治請令廷臣議去留，論冒餉者復踵至，遂下廷臣雜議。吏部尙書崔景榮持之，乃下詔勉留，而以簡將、汰兵、淸餉三事責承宗奏報。承宗方遣諸將分戍錦州、大小凌河、松、杏、右屯諸要害，拓地復二百里，罷大將世欽、世祿，副將李秉誠、孫諫，汰軍萬七千餘人，省度支六十八萬。而言官論世龍不已。至九月，遂有柳河之敗，死者四百餘人，語詳世龍傳。於是臺省劾世龍幷及承宗，章疏數十上。承宗求去益力，十月始得請。先已屢加左柱國、少師、太子太師、中極殿大學士，遂加特進光祿大夫，廕子中書舍人，賜蟒服、銀幣，行人護歸。而以兵部尙書高第代爲經略。無何，安性亦罷，遂廢巡撫不設。

初，第力扼承宗，請撤關外以守關內。承宗駁之，第深憾。明年，寧遠被圍，乃疏言關門兵止存五萬，言者益以爲承宗罪。承宗告戶部曰：「第初莅關，嘗給十一萬七千人餉，今但給五萬人餉足矣。」第果以妄言引罪。後忠賢遣其黨梁夢環巡關，欲傅致承宗罪，無所得而止。承宗在關四年，前後修復大城九、堡四十五，練兵十一萬，立車營十二、水營五、火營

二、前鋒後勁營八，造甲冑、器械、弓矢、礮石、渠答、鹵楯之具合數百萬，拓地四百里，開屯五千頃，歲入十五萬。後敍寧遠功，廕子錦衣世千戶。

莊烈帝卽位，在晉入爲兵部尚書，恨承宗不置，極論世龍及元儀熒惑樞輔壞關事，又嗾臺省交口詆承宗，以沮其出。二年十月，大淸兵入大安口，取遵化，將薄都城，廷臣爭請召承宗。詔以原官兼兵部尚書守通州，仍入朝陛見。承宗至，召對平臺。帝慰勞畢，問方略。承宗奏：「臣聞袁崇煥駐薊州，滿桂駐順義，侯世祿駐三河，此爲得策。又聞尤世威回昌平，世祿駐通州，似未合宜。」帝問：「卿欲守三河，何意？」對曰：「守三河可以沮西奔，遏南下。」帝稱善，曰：「若何爲朕保護京師？」承宗言：「當緩急之際，守陴人苦饑寒，非萬全策。請整器械，厚犒勞，以固人心。」所條畫俱稱旨。帝曰：「卿不須往通，其爲朕總督京城內外守禦事務，仍參帷幄。」趣首輔韓爌草敕下所司鑄關防。承宗出，漏下二十刻矣，卽周閱都城，五鼓而畢，復出閱重城。明日夜半，忽傳旨守通州。時烽火徧近郊，承宗從二十七騎出東便門，道亡其三，疾馳抵通，門者幾不納。旣入城，與保定巡撫解經傳、御史方大任、總兵楊國棟登陴固守。而大淸兵已薄都城，乃急遣遊擊尤岱以騎卒三千赴援。旋遣副將劉國柱督軍二千與岱合，而發密雲兵三千營東直門，保定兵五千營廣寧門。以其閒遣將復馬蘭、三屯二城。

至十二月四日，而有祖大壽之變。大壽，遼東前鋒總兵官也，偕崇煥入衛。見崇煥下吏，懼誅，遂與副將何可綱等率所部萬五千人東潰，遠近大震。承宗聞，急遣都司賈登科齎手書慰諭大壽，而令遊擊石柱國馳撫諸軍。大壽見登科，言：「麾下卒赴援，連戰俱捷，冀得厚賞。城上人羣詈爲賊，投石擊死數人。所遣邏卒，指爲間諜而殺之。勞而見罪，是以奔還。當出搗朶顏，然後束身歸命。」柱國追及諸軍，其將士持弓刀相向，皆垂涕，言：「督師旣戮，又將以大礮擊斃我軍，故至此。」柱國復前追，大壽去已遠，乃返。承宗奏言：「大壽危疑已甚，又不肯受滿桂節制，因譌言激衆東奔，非部下盡欲叛也。當大開生路，曲收衆心。遼將多馬世龍舊部曲，臣謹用便宜，遣世龍馳諭，其將士必解甲歸，大壽不足慮也。」帝喜從之。承宗密札諭大壽急上章自列，且立功贖督師罪，而己當代爲剖白。大壽諾之，具列東奔之故，悉如將士言。帝優詔報之，命承宗移鎭關門。諸將聞承宗、世龍至，多自拔來歸者。大壽妻左氏亦以大義責其夫，大壽斂兵待命。

當潰兵出關，關城被刦掠，閉門罷市。承宗至，人心始定。關城故十六里，衛城止二里。今敵在內，關城無可守，衛城連關，可步屧而上也。乃別築牆，橫互於關城，穴之使礮可平出。城中水不足，一晝夜穿鑿百井。舊汰牙門將僑寓者千人，窮而思亂，皆廩之於官，使巡行街衢，守臺護倉，均有所事。內間不得發，外來者輒爲邏騎所得，由是關門守完。乃遣世龍督步騎兵萬五千入援，令遊擊祖可法等率騎兵四營西戍撫寧。三年正月，大壽入關謁承宗，親軍五百人甲而候於門。承宗開誠與語，卽日列其所統步騎三萬於教場，行誓師禮，羣疑頓釋。

時我大清已拔遵化而守之。是月四日拔永平。八日拔遷安，遂下灤州。分兵攻撫寧，可法等堅守不下。大清兵遂向山海關，離三十里而營。副將官惟賢等力戰。乃還攻撫寧及昌黎，俱不下。當是時，京師道梗，承宗、大壽軍在東，世龍及四方援軍在西。承宗募死士沿海達京師，始知關城尚無恙。關西南三縣：曰撫寧，昌黎，樂亭；西北三城：曰石門、臺頭、燕河。六城東護關門，西繞永平，皆近關要地。承宗飭諸城嚴守，而遣將戍開平，復建昌，聲援始接。

方京師戒嚴，天下勤王兵先後至者二十萬，皆壁於薊門及近畿，莫利先進。詔旨屢督趣，諸將亦時戰攻，然莫能克復。世龍請先復遵化，承宗曰：「不然，遵在北，易取而難守，不如姑留之，以分其勢，而先圖灤。今當多爲聲勢，示欲圖遵之狀以牽之。諸鎭赴豐潤、開平，聯關兵以圖灤。得灤則以開平兵守之，而騎兵決戰以圖永。得灤、永則關、永合，而遵易易矣。」議旣定，乃令東西諸營並進，親詣撫寧以督之。五月十日，大壽及張春、丘禾嘉諸軍先抵灤城下，世龍及尤世祿、吳自勉、楊麒、王承恩繼至，越二日克之。而副將王維城等亦入遷安。我大清兵守永平者，盡撤而北還，承宗遂入永平。十六日，諸將謝尚政等亦入遵化。四城俱復。帝爲告謝郊廟，大行賞賚，加承宗太傅，賜蟒服、白金，世襲錦衣衞指揮僉事。力辭太傅不受，而屢疏稱疾乞休，優詔不允。

朶顏束不的反覆，承宗令大將王威擊敗之，復賚銀幣。先以册立東宮，加太保。及神宗實錄成，加官亦如之。並辭免，而乞休不已。帝命閣臣議去留，不能決。特遣中書齎手詔慰問，乃起視事。四年正月出關東巡，抵松山、錦州，還入關，復西巡，徧閱三協十二路而返。條上東西邊政八事，帝咸採納。五月以考滿，詔加太傅兼食尚書俸，廕尚寶司丞，賚蟒服、銀幣、羊酒，復辭太傅不受。

初，右屯、大凌河二城，承宗已設兵戍守。後高第來代，盡撤之，二城遂被毁。至是，禾嘉巡撫遼東，議復取廣寧、義州、右屯三城。承宗言廣寧道遠，當先據右屯，築城大凌河，以漸而進。兵部尚書梁廷棟主之，遂以七月興工。工甫竣，我大清兵大至，圍數周。承宗聞，馳赴錦州，遣吳襄、宋偉往救。禾嘉屢易師期，偉與襄又不相能，遂大敗於長山。至十月，城中糧盡援絕，守將祖大壽力屈出降，城復被毁。廷臣追咎築城非策也，交章論禾嘉及承宗。承宗復連疏引疾。十一月得請，賜銀幣乘傳歸。言者追論其喪師辱國，奪官閒住，幷奪寧遠世廕。承宗復列上邊計十六事，而極言禾嘉軍謀牴牾之失，帝報聞而已。家居七年，中外屢請召用，不報。

十一年，我大淸兵深入內地。以十一月九日攻高陽，承宗率家人拒守。大兵將引去，繞城納喊者三，守者亦應之三。曰「此城笑也，於法當破」，圍復合。明日城陷，被執。望闕叩頭，投繯而死，年七十有六。

子舉人鈐，尙寶丞鑰，官生鈰，生員鈐、鎬，從子鍊，及孫之沆、之滂、之㴶、之洁、之瀗，從孫之澈、之渼、之泳、之澤、之渙、之瀚，皆戰死。督師中官高起潛以聞。帝嗟悼，命所司優卹。當國者楊嗣昌、薛國觀輩陰扼之，但復故官，予祭葬而已。福王時，始贈太師，謚文忠。

贊曰：承宗以宰相再視師，皆粗有成效矣，奄豎斗筲，後先齮扼，卒屛諸田野，至闔門膏斧鑕，而恤典不加。國是如此，求無危，安可得也。夫攻不足者守有餘。度彼之才，恢復固未易言，令專任之，猶足以慎固封守；而廷論紛呶，亟行翦除。蓋天眷有德，氣運將更，有莫之爲而爲者夫。

校勘記

〔一〕副將孫諫助趙率教於前屯　孫諫，原作「陳諫」。本傳下文有「孫諫」，本書卷二七一趙率教傳有「副將孫諫」，熹宗實錄卷三五天啓三年閏十月丁亥條亦作「孫諫」，據改。

明史卷二百五十一

列傳第一百三十九

李標 李國𣚴 周道登　劉鴻訓　錢龍錫 錢士升 士晉　成基命
何如寵 兄如申 錢象坤　徐光啓 鄭以偉 林釬　文震孟 周炳謨
蔣德璟 黃景昉　方岳貢 丘瑜 瑜子之陶

李標，字汝立，高邑人。萬曆三十五年進士。改庶吉士，授檢討。泰昌時，累遷少詹事。天啓中，擢拜禮部右侍郎，協理詹事府。標師同邑趙南星，黨人忌之，列名東林同志錄中。標懼禍，引疾歸。

莊烈帝嗣位，卽家拜禮部尚書兼東閣大學士。崇禎元年三月入朝。未幾，李國𣚴、來宗道、楊景辰相繼去，標遂爲首輔。帝銳意圖治，恒召大臣面決庶政。宣府巡撫李養沖疏言旂尉往來如織，踪跡難憑，且慮費無所出。帝以示標等曰：「邊情危急，遣旂尉偵探，奈何以爲僞？且祖宗朝設立廠衞，奚爲者？」標對曰：「事固宜愼。養沖以爲不賂恐毀言日至，賂之則物力難勝耳。」帝默然。同官劉鴻訓以增敕事爲御史吳玉所糾，帝欲置鴻訓於法，標力辯其納賄之誣。溫體仁訐錢謙益引己結浙闈事爲詞，給事中章允儒廷駁之。帝怒，幷謙益將重譴，又欲罪給事中瞿式耜、御史房可壯等。標言：「陛下處分謙益、允儒，本因體仁言，體仁乃不安求罷。乞陛下念謙益事經恩詔，姑令回籍；於允儒仍許自新，而式耜等概從薄罰。諸臣安，體仁亦安。」帝不從，自是深疑朝臣有黨，標等遂不得行其志。是冬，韓爌還朝，標讓爲首輔，尋與爌等定逆案。

三年正月，爌罷，標復爲首輔，累加至少保兼太子太保、戶部尙書、武英殿大學士。先是，與標並相者六人，宗道、景辰以附璫斥，鴻訓以增敕戍，周道登、錢龍錫被攻去，獨標在，遂五疏乞休。至三月得請。家居六年卒。贈少傅，謚文節。

李國𣏌，字元治，高陽人。萬曆四十一年進士。由庶吉士歷官詹事。天啓六年七月超擢禮部尙書入閣。釋褐十四年即登宰輔，魏忠賢以同鄉故援之也。然國𣏌每持正論。劉志選劾張國紀以撼中宮，國𣏌言：「子不宜佐父難母，而況無間之父母乎！」國紀乃得免罪。御史方震孺及高陽令唐紹堯繫獄，皆力爲保全。崇禎初，以登極恩進左柱國、少師兼太子太師、吏部尙書、中極殿大學士。國子監生胡煥猷劾國檣等褫衣冠，國檣薦復之。時人稱爲長厚。元年五月得請歸里，薦韓爌、孫承宗自代。卒，贈太保，諡文敏。宗道、景辰事見黃立極傳中。

周道登，吳江人。萬曆二十六年進士。由庶吉士歷遷少詹事。天啓時，爲禮部左侍郎，頗有所爭執。以病歸。五年秋，廷推禮部尙書，魏忠賢削其籍。崇禎初，與李標等同入閣。道登無學術，奏對鄙淺，傳以爲笑。御史田時震、劉士禎、王道直、吳之仁、任贊化，給事中閻可陛交劾之，悉下廷議。吏部尙書王永光等言道登黨護樞臣王在晉及宗生朱統鉓、鄉人陳于鼎館選事，俱有實跡，乃罷歸。閱五年而卒。

劉鴻訓，字默承，長山人。父一相，由進士歷南京吏科給事中。追論故相張居正事，執政忌之，出爲隴右僉事。終陝西副使。

萬曆四十一年，鴻訓登第，由庶吉士授編修。神、光二宗相繼崩，頒詔朝鮮。甫入境，遼陽陷。朝鮮爲造二洋舶，從海道還。沿途收難民，舶重而壞。跳淺沙，入小舟，飄泊三日夜，僅得達登州報命。遭母喪　服闋，進右中允，轉左諭德。父喪歸。天啓六年冬，起少詹事，忤魏忠賢，斥爲民。

莊烈帝卽位，拜禮部尚書兼東閣大學士，參預機務，遣行人召之。三辭，不允。崇禎元年四月還朝。當是時，忠賢雖敗，其黨猶盛，言路新進者羣起抨擊之。諸執政嘗與忠賢共事，不敢顯爲別白。鴻訓至，毅然主持，斥楊維垣、李恒茂、楊所修、田景新、孫之獬、阮大鋮、徐紹吉、張訥、李蕃、賈繼春、霍維華等，人情大快。而御史袁弘勛、史𡎴、高捷本由維垣輩進，思合謀攻去鴻訓，則黨人可安也。弘勛乃言所修、繼春、維垣夾攻表裏之奸，有功無罪，而誅鋤自三臣始。又詆鴻訓使朝鮮，滿載貂參而歸。錦衣僉事張道濬亦訐攻鴻訓，鴻訓奏辯。給事中顏繼祖言：「鴻訓先朝削奪。朝鮮一役，舟敗，僅以身免。乞諭鴻訓入直，共籌安攘之策。至弘勛之借題傾人，道濬之出位亂政，非重創未有已也。」帝是之。給事中鄧英乃盡發弘勛贓私，且言弘勛以千金贄維垣得御史。帝怒，落弘勛職候勘。已而高捷上疏言鴻訓斥擊奸之維垣、所修、繼春、大鋮，而不納孫之獬流涕忠言，謬主焚燬要典，以便私黨孫愼行進用。帝責以妄言，停其俸。史𡎴復佐捷攻之。言路多不直兩人，兩人遂罷去。

七月，以四川賊平，加鴻訓太子太保，進文淵閣。帝數召見廷臣。鴻訓應對獨敏，謂民困由吏失職，請帝久任責成。以尚書畢自嚴善治賦，王在晉善治兵，請帝加倚信。帝初甚向之。關門兵以缺餉鼓譟，帝意責戶部。而鴻訓請發帑三十萬，示不測恩，由是失帝指。

至九月而有改敕書之事。舊例，督京營者，不轄巡捕軍。惠安伯張慶臻總督京營，敕有「兼轄捕營」語，提督鄭其心以侵職論之。命覈中書賄改之故，下舍人田佳璧獄。給事中李覺斯言：「稾具兵部，送輔臣裁定，乃令中書繕寫。寫訖，復審視進呈。兵部及輔臣皆當問。」十月，帝御便殿，問閣臣，皆謝不知。帝怒，令廷臣劾奏。尙書自嚴等亦謝不知，帝益怒。給事中張鼎延、御史王道直咸言慶臻行賄有跡，不知誰主使。御史劉玉言：「主使者，鴻訓也。」慶臻曰：「改敕乃中書事，臣實不預知。且增轄捕卒，取利幾何，乃行重賄？」帝叱之。閱兵部揭有鴻訓批西司房語，佳璧亦供受鴻訓指，事遂不可解。而侍郞張鳳翔詆之尤力。閣臣李標、錢龍錫言鴻訓不宜有此，請更察訪。帝曰：「事已大著，何更訪爲？」促令擬旨。標等逡巡未上，禮部尙書何如寵爲鴻訓力辯，帝意卒不可回。乃擬旨，鴻訓、慶臻並革職候勘。無何，御史田時震劾鴻訓用田仰巡撫四川，納賄二千金；給事中閻可陛劾副都御史賈毓祥由賂鴻訓擢用。鴻訓數被劾，連章力辯。因言「都中神奸狄姓者，詭誆慶臻千金，致臣無辜受禍。」帝不聽，下廷臣議罪。

明年正月，吏部尙書王永光等言：「鴻訓、慶臻罪無可辭，而律有議貴條，請寬貸。」兵部尙書王在晉、職方郞中苗思順贓證未確，難懸坐。」帝不許。鴻訓謫戍代州，在晉、思順並削籍，慶臻以世臣停祿三年。覺斯、鼎延、道直、玉、時震以直言增秩一級。

鴻訓居政府，銳意任事。帝有所不可，退而曰：「主上畢竟是沖主。」帝聞，深銜之，欲置之死。賴諸大臣力救，乃得稍寬。七年五月卒戍所。〔一〕福王時，復官。

錢龍錫，字稚文，松江華亭人。萬曆三十五年進士。由庶吉士授編修，屢遷少詹事。天啓四年擢禮部右侍郎，協理詹事府。明年改南京吏部右侍郎。忤魏忠賢，削籍。

莊烈帝即位，以閣臣黃立極、施鳳來、張瑞圖、李國櫓皆忠賢所用，不足倚，詔廷臣推舉，列上十人。帝倣古枚卜典，貯名金甌，焚香肅拜，以次探之，首得龍錫，次李標、來宗道、楊景辰。輔臣以天下多故，請益一二人。復得周道登、劉鴻訓，並拜禮部尚書兼東閣大學士。明年六月，龍錫入朝，立極等四人俱先罷，宗道、景辰亦以是月去。標爲首輔，龍錫、鴻訓協心輔理，朝政稍清。尋以蜀寇平，加太子太保，改文淵閣。

帝好察邊事，頻遣旂尉偵探。龍錫言：「舊制止行於都城內外，若遠遣恐難委信。」海寇犯中左所，總兵官俞咨皐棄城遁，罪當誅。帝欲并罪巡撫朱一馮。龍錫言：「一馮所駐遠，非棄城者比，罷職已足蔽辜。」瑞王出封漢中，請食川鹽。龍錫言：「漢中食晉鹽，而瑞藩獨用川鹽，恐奸徒借名私販，莫敢譏察。」故事，纂修實錄，分遣國學生採事蹟於四方。龍錫言：「實錄所需在邸報及諸司奏牘，遣使無益，徒滋擾，宜停罷。」烏撒土官安效良死，其妻改適霑益土官安邊，欲兼有烏撒，部議將聽之。龍錫言：「效良有子其爵，立其爵以收烏撒，存亡繼絕，於理爲順。安邊淫亂，不可長也。」帝悉從之。明年，帝以漕船違禁越關，欲復設漕運總兵官。龍錫言：「久裁而復，宜集廷臣議得失。」事竟止。廷議汰冗官，帝謂學官尤冗。龍錫言：「學官舊用歲貢生，近因舉人乞恩選貢，纂修占缺者多，歲貢積至二千六百有奇，皓首以歿，良可憫。且祖宗設官，於此稍寬者，以師儒造士需老成故也。」帝亦納之。言官鄒毓祚、韓一良、章允儒、劉斯琜獲譴，並爲申救。

御史高捷、史𡎴既罷，王永光力引之，頗爲龍錫所扼，兩人大恨。逆案之定，半爲龍錫主持，奸黨銜之次骨。及袁崇煥殺毛文龍，報疏云：「輔臣龍錫爲此一事低徊過臣寓。」復上善後疏言：「閣臣樞臣，往復商確，臣以是得奉行無失。」時文龍擁兵自擅，有跋扈聲，崇煥一旦除之，卽當宁不以爲罪也。其冬十二月，大清兵薄都城。帝怒崇煥戰不力，執下獄，而捷、𡎴已爲永光引用。捷遂上章，指通款殺將爲龍錫罪。且言祖大壽師潰而東，由龍錫所挑激。帝以龍錫忠愼，戒無過求。龍錫奏辯，言：「崇煥陛見時，臣見其貌寢，退謂同官『此人恐不勝任』。及崇煥以五年復遼自詭，往詢方略。崇煥云：『恢復當自東江始。文龍可用則用之，不可用則去之易易耳。』迨崇煥突誅文龍，疏有『臣低徊』一語。臣念文龍功罪，朝端共知，因置不理。奈何以崇煥誇詡之詞，坐臣朋謀罪？」又辯挑激大壽之誣，請賜罷黜。帝慰諭之，龍錫即起視事。捷再疏攻，帝意頗動。龍錫再辯，引疾，遂放歸。時兵事旁午，未暇竟崇煥獄。

至三年八月，埜復上疏言：「龍錫主張崇煥斬帥致兵，倡爲款議，以信五年成功之說。賣國欺君，其罪莫逭。龍錫出都，以崇煥所畀重賄數萬，轉寄姻家，巧爲營幹，致國法不伸。」帝怒，敕刑官五日內具獄。於是錦衣劉僑上崇煥獄詞。帝召諸臣於平臺，置崇煥重辟。責龍錫私結邊臣，蒙隱不舉，令廷臣議罪。是日，羣議於中府，謂：「斬帥雖龍錫啓端，而兩書有『處置慎重』語，意不在擅殺，殺文龍乃崇煥過舉。至講款，倡自崇煥。龍錫始答以『酌量』，繼答以『天子神武，不宜講款』。然軍國大事，私自商度，不抗疏發奸，何所逃罪。」帝遂遣使逮之。十二月逮至，下獄。〔二〕復疏辯，悉封上崇煥原書及所答書，帝不省。時羣小麗名逆案者，聚謀指崇煥爲逆首，龍錫等爲逆黨，更立一逆案相抵。謀既定，欲自兵部發之。尙書梁廷棟憚帝英明，不敢任而止。乃議龍錫大辟，且用夏言故事，設廠西市以待。帝以龍錫無逆謀，令長繫。

四年正月，右中允黃道周疏言龍錫不宜坐死罪。忤旨，貶秩調外，而帝意寖解矣。夏五月大旱，刑部尙書胡應台等乞宥龍錫，給事中劉斯琜繼言之，詔所司再讞。乃釋獄，戍定海衞。在戍十二年，兩遇赦不原。其子請輸粟贖罪，會周延儒再當國，尼不行。福王時，復官歸里。未幾卒，年六十有八。

錢士升，字抑之，嘉善人。萬曆四十四年殿試第一，授修撰。天啓初，以養母乞歸。久之，進左中允，不赴。高邑趙南星、同里魏大中受璫禍，及江西同年生萬燝杖死追贓，皆力爲營護，破產助之，以是爲東林所推。

崇禎元年起少詹事，掌南京翰林院。明年以詹事召。會座主錢龍錫被逮，送之河干，卽謝病歸。四年起南京禮部右侍郎，署尚書事。祭告鳳陽陵寢，疏陳戶口流亡之狀甚悉。六年九月召拜禮部尚書兼東閣大學士，參預機務。明年春入朝。請停事例，罷鼓鑄，嚴贓吏之誅，止遣官督催新舊餉，第責成於撫按。帝悉從之。

帝操切，溫體仁以刻薄佐之，上下囂然。士升因撰四箴以獻，大指謂寬以御衆，簡以臨下，虛以宅心，平以出政，其言深中時病。帝雖優旨報聞，意殊不懌也。

無何，武生李璡請括江南富戶，報名輸官，行首實籍沒之法。士升惡之，擬旨下刑部提問，帝不許，同官溫體仁遂改輕擬。士升曰：「此亂本也，當以去就爭之。」乃疏言：「自陳啓新言事，擢置省闥。比來借端倖進者，實繁有徒，然未有誕肆如璡者也。其曰縉紳豪右之家，大者千百萬，中者百十萬，以萬計者不能枚舉。臣不知其所指何地。就江南論之，富家數畝以對，百計者什六七，千計者什三四，萬計者千百中一二耳。江南如此，何況他省。且郡邑有富家，固貧民衣食之源也。地方水旱，有司令出錢粟，均糶濟饑，一遇寇警，令助城堡守禦，富家未嘗無益於國。周禮荒政十二，保富居一。今以兵荒歸罪於富家朘削，議括其財而籍沒之，此秦皇不行於巴淸、漢武不行於卜式者，而欲行於聖明之世乎？今秦、晉、楚、豫已無寧宇，獨江南數郡稍安。此議一倡，無賴亡命相率而與富家爲難，不驅天下之民胥爲流寇不止。或疑此輩乃流寇心腹，倡橫議以搖人心，豈直借端倖進已哉！」疏入，而璡已下法司提問。帝報曰：「卽欲沽名，前疏已足致之，毋庸汲汲。」前疏謂四箴也。士升惶懼，引罪乞休。帝卽許之。

士升初入閣，體仁頗援之。體仁推轂謝陞、唐世濟，士升皆爲助。文震孟被擠，士升弗能救，論者咎之。至是乃以讜言去位。

弟士晉，萬曆中由進士除刑部主事。恤刑畿輔，平反者千百人。崇禎時，以山東右布政擢雲南巡撫。築師宗、新化六城，濬金針、白沙等河，平土官岑、儂兩姓之亂，頗著勞績。已而經歷吳鯤化訐其營賄，體仁卽擬嚴旨，且屬同官林釬弗洩，欲因弟以逐其兄。命下，而士晉已卒，事乃已。士升，國變後七年乃卒。

成基命，字靖之，大名人，後避宣宗諱，以字行。萬曆三十五年進士。改庶吉士，歷司經局洗馬，署國子監司業事。天啓元年疏請幸學不先白政府。執政者不悅，令以原官還局，遂請告歸。尋起少詹事。累官禮部右侍郎兼太子賓客，改掌南京翰林院事。六年，魏忠賢以基命爲楊漣同門生，落職閒住。

崇禎元年起吏部左侍郎。明年十月，京師戒嚴，基命請召還舊輔孫承宗，省一切浮議，倣嘉靖朝故事，增設樞臣，帝並可之。踰月，拜禮部尚書兼東閣大學士，入閣輔政。庶吉士金聲薦僧申甫爲將，帝令基命閱其所部兵，極言不可用，後果一戰而敗。袁崇煥、祖大壽入衞，帝召見平臺，執崇煥屬吏，大壽在旁股慄。基命獨叩頭請愼重者再，帝曰：「愼重卽因循，何益？」基命復叩頭曰：「敵在城下，非他時比。」帝終不省。大壽至軍，卽擁衆東潰，帝憂之甚。基命曰：「令崇煥作手札招之，當歸命也。」時兵事孔棘，基命數建白，皆允行。及解嚴，〔三〕召對文華殿。帝言法紀廢弛，宜力振刷。基命曰：「治道去太甚，譬理亂絲，當覓其緒，驟紛更益擾亂。」帝曰：「慢則糾之以猛，何謂紛更？」其後溫體仁益導帝以操切，天下遂大亂。

三年二月，工部主事李逢申劾基命欲脫袁崇煥罪，故乞愼重。基命求罷，帝爲貶逢申一秩。韓爌、李標相繼去，基命遂爲首輔，與周延儒、何如寵、錢象坤共事。以恢復永平敍功，並加太子太保，進文淵閣。至六月，溫體仁、吳宗達入，延儒、體仁最爲帝所眷，比而傾基命，基命遂不安其位矣。方崇煥之議罪也，基命病足不入直。錦衣張道濬以委卸劾之，工部主事陸澄源疏繼上。基命奏辯曰：「澄源謂臣當兩首廷推，皆韓爌等欲藉以救崇煥。當廷推時，崇煥方倚任，安知後日之敗，預謀救之。其說祖逢申、道濬，不逐臣不止，乞放歸。」帝慰留之。卒三疏自引去。

基命性寬厚，每事持大體。先是，四城未復，兵部尙書梁廷棟銜總理馬世龍，將更置之，以撼樞輔承宗。基命力調劑，世龍卒收遵、永功。尙書張鳳翔、喬允升、韓繼思相繼下吏，並爲申理。副都御史易應昌下詔獄，以基命言，改下法司。御史李長春、給事中杜齊芳坐私書事，將置重典。基命力救，不聽，長跪會極門，言：「祖宗立法，眞死罪猶三覆奏，豈有詔獄一訊遽置極刑。」自辰至酉未起。帝意解，得遣戍。逢申初劾基命，後以礮炸下獄擬戍，帝猶以爲輕，亦以基命言得如擬。爲首輔者數月，帝欲委政延儒，遂爲其黨所逐。八年卒於家。贈少保，諡文穆。

何如寵，字康侯，桐城人。父思鼇，知棲霞縣，有德於民。如寵登萬曆二十六年進士，由庶吉士累遷國子監祭酒。天啓時，官禮部右侍郎，協理詹事府。五年正月，廷推左侍郎，魏廣微言如寵與左光斗同里友善，遂奪職閒住。

崇禎元年起爲吏部右侍郎。未至，拜禮部尚書。宗藩婚嫁命名，例請於朝。貧者爲部所稽，自萬曆末至是，積疏累千，有白首不能完家室，骨朽而尚未名者。用如寵請，貧宗得嫁娶者六百餘人。大學士劉鴻訓以增敕事，帝怒不測，如寵力爲剖析，得免死戍邊。明年冬，京師戒嚴，都人桀黠者，請以私財聚衆助官軍，朝議壯之。如寵力言其叵測，不善用，必啓內釁。帝召問，對如初。帝出片紙示之，則得之偵事，與如寵言合，由是受知。十二月命與周延儒、錢象坤俱以本官兼東閣大學士，入閣輔政。帝欲族袁崇煥，以如寵申救，免死者三百餘口。累加少保、戶部尚書、武英殿大學士。

四年春，副延儒總裁會試。事竣，卽乞休，疏九上乃允。陛辭，陳惇大明作之道。抵家，復請時觀通鑑，察古今理亂忠佞，語甚切。六年，延儒罷政，體仁當爲首輔。而延儒憾體仁排己，謀起如寵以抑之。如寵畏體仁，六疏辭，體仁遂爲首輔。

如寵性孝友。母年九十，色養不衰。操行恬雅，與物無競，難進易退，世尤高之。十四年卒。福王時，贈太保，謚文端。

兄如申，與如寵同舉進士。官戶部郎中，督餉遼東。有淸操，軍士請復留二載。終浙江右布政使。

錢象坤，字弘載，會稽人。萬曆二十九年進士。改庶吉士，授檢討，進諭德，轉庶子。泰昌改元，官少詹事，直講筵。講畢，見中官王安與執政議事，卽趨出。安使人延之，堅不入。天啓中，給事中論織造，語侵中貴，詔予杖，閣臣救不得。象坤語葉向高講筵面奏之，乃免。時行立枷法，慘甚。象坤白之帝，多所寬釋。再遷禮部右侍郎兼太子賓客。

四年七月，向高辭位。御史黃公輔慮象坤柄政，請留向高，詆象坤甚力。象坤遂辭去。六年，廷推南京禮部尚書。魏忠賢私人指爲繆昌期黨，落職閒住。

崇禎元年召拜禮部尚書，協理詹事府。明年冬，都城被兵，條禦敵三策。奉命登陴分守，祁寒不懈。帝覘知，遂與何如寵並相。明年，溫體仁入，象坤其門生，讓而居其下。累加少保，進武英殿。象坤在翰林，與龍錫、謙益、士升並負物望，有「四錢」之目。及體仁相，無附和跡。

四年，御史水佳胤連劾兵部尚書梁廷棟，廷棟不待旨即奏辯。廷棟故出象坤門，佳胤疑象坤洩之，語侵象坤。延儒以廷棟嘗發其私人贓罪，惡之，并惡象坤。象坤遂五疏引疾去，廷棟落職。給事中吳執御、傅朝佑稱象坤難進易退，不當以門生累，不聽。家居十年，無病而卒。贈太保，謚文貞，廕一子中書舍人。

徐光啓，字子先，上海人。萬曆二十五年舉鄉試第一，又七年成進士。由庶吉士歷贊善。從西洋人利瑪竇學天文、曆算、火器，盡其術。遂徧習兵機、屯田、鹽筴、水利諸書。楊鎬四路喪師，京師大震。累疏請練兵自效。神宗壯之，超擢少詹事兼河南道御史。練兵通州，列上十議。時遼事方急，不能如所請。光啓疏爭，乃稍給以民兵戎械。未幾，熹宗即位。光啓志不得展，請裁去，不聽。既而以疾歸。遼陽破，召起之。還朝，力請多鑄西洋大礮，以資城守。帝善其言。方議用，而光啓與兵部尚書崔景榮議不合，御史丘兆麟劾之，復移疾歸。天啓三年起故官，旋擢禮部右侍郎。五年，魏忠賢黨智鋌劾之，落職閒住。

崇禎元年召還，復申練兵之說。未幾，以左侍郎理部事。帝憂國用不足，敕廷臣獻屯鹽善策。光啓言屯政在乎墾荒，鹽政在嚴禁私販。帝褒納之，擢本部尚書。時帝以日食失驗，欲罪臺官。光啓言：「臺官測候本郭守敬法。元時嘗當食不食，守敬且爾，無怪臺官之失占。臣聞曆久必差，宜及時修正。」帝從其言，詔西洋人龍華民、鄧玉函、羅雅谷等推算曆法，光啓爲監督。

四年春正月，光啓進日躔曆指一卷、測天約說二卷、大測二卷、日躔表二卷、割圜八線表六卷、黃道升度七卷、黃赤距度表一卷、通率表一卷。是冬十月辛丑朔，日食，復上測候四說。其辯時差里差之法，最爲詳密。

五年五月以本官兼東閣大學士，入參機務，與鄭以偉並命。尋加太子太保，進文淵閣。光啓雅負經濟才，有志用世。及柄用，年已老，值周延儒、溫體仁專政，不能有所建白。明年十月卒。贈少保。

鄭以偉，字子器，上饒人。萬曆二十九年進士。改庶吉士，授檢討，累遷少詹事。泰昌元年官禮部右侍郎。天啓元年，光宗祔廟，當祧憲宗，太常少卿洪文衡以睿宗不當入廟，請祧奉玉芝宮，以偉不可而止，論者卒是文衡。尋以左侍郎協理詹事府。四年，以偉直講筵，與璫忤，上疏告歸。崇禎二年召拜禮部尚書。久之，與光啓並相。再辭，不允。以偉修潔自好，書過目不忘。文章奧博，而票擬非其所長。嘗曰：「吾富於萬卷，窘於數行，乃爲後進所藐。」章疏中有「何況」二字，悞以爲人名也，擬旨提問，帝駁改始悟。自是詞臣爲帝輕，遂有館員須歷推知之論，而閣臣不專用翰林矣。以偉累乞休，不允。明年六月，卒官。贈太子太保。御史言光啓、以偉相繼沒，蓋棺之日，囊無餘貲，請優卹以媿貪墨者。帝納之，乃諡光啓文定，以偉文恪。

其後二年，同安林釬爲大學士，未半歲而卒。亦有言其清者，得諡文穆。釬，字實甫，萬曆四十四年殿試第三人，授編修。天啓時，任國子司業。監生陸萬齡請建魏忠賢祠於太學旁，具簿醵金，强釬爲倡。釬援筆塗抹，即夕挂冠欞星門徑歸。忠賢矯旨削其籍。崇禎改元，起少詹事。九年由禮部侍郎入閣，有謹愿誠恪之稱。

久之，帝念光啓博學强識，索其家遺書。子驥入謝，進農政全書六十卷。詔令有司刊布，加贈太保，錄其孫爲中書舍人。

文震孟，字文起，吳縣人，待詔徵明曾孫也。祖國子博士彭，父衛輝同知元發，並有名行。震孟弱冠以春秋舉於鄉，十赴會試。至天啓二年，殿試第一，授修撰。時魏忠賢漸用事，外廷應之，數斥逐大臣。震孟憤，於是冬十月上勤政講學疏，言：「今四方多故，無歲不蹙地陷城，覆軍殺將，乃大小臣工臥薪嘗膽之日。而因循粉飾，將使祖宗天下日銷月削。非陛下大破常格，鼓舞豪傑心，天下事未知所終也。陛下昧爽臨朝，寒暑靡輟，政非不勤。然鴻臚引奏，跪拜起立，如傀儡登場已耳。請按祖宗制，唱六部六科，則六部六科以次白事，糾彈敷奏，陛下與輔弼大臣面裁決焉。則聖智日益明習，而百執事各有奮心。若僅揭帖一紙，長跪一諾，北面一揖，安取此鴛行豸繡、橫玉腰金者爲。經筵日講，臨御有期，學非不講。然侍臣進讀，鋪敍文辭，如蒙師誦說已耳。祖宗之朝，君臣相對，如家人父子。咨訪軍國重事，閭閻隱微，情形畢照，奸詐無所藏，左右近習亦無緣蒙蔽。若僅尊嚴如神，上下拱手，經傳典謨徒循故事，安取此正笏垂紳、展書簪筆者爲。且陛下旣與羣臣不洽，朝夕侍御不越中涓之輩，豈知帝王宏遠規模。於是危如山海，而閣臣一出，莫挽偸安之習；慘如黔圍，而撫臣坐視，不聞嚴譴之施。近日舉動，尤可異者。鄒元標去位，馮從吾杜門，首揆冢宰亦相率求退。空人國以營私窟，幾似濁流之投。詈道學以逐名賢，有甚僞學之禁。唐、宋末季，可爲前鑒。」

疏入，忠賢屏不卽奏。乘帝觀劇，摘疏中「傀儡登場」語，謂比帝於偶人，不殺無以示天下，帝頷之。一日，講筵畢，忠賢傳旨，廷杖震孟八十。首輔葉向高在告，次輔韓爌力爭。會庶吉士鄭鄤疏復入，內批俱貶秩調外。言官交章論救，不納。震孟亦不赴調而歸。六年冬，太倉進士顧同寅、生員孫文豸坐以詩悼惜熊廷弼，爲兵馬司緝獲。御史門克新指爲妖言，波及震孟，與編修陳仁錫、庶吉士鄭鄤並斥爲民。

崇禎元年以侍讀召。改左中允，充日講官。三年春，輔臣定逆案者相繼去國，忠賢遺黨王永光輩日乘機報復，震孟抗疏糾之。帝方眷永光，不報。震孟尋進左諭德，掌司經局，直講如故。五月復上疏曰：「羣小合謀，欲借邊才翻逆案。天下有無才悞事之君子，必無懷忠報國之小人。今有平生無恥，慘殺名賢之呂純如，且藉奧援思辯雪。永光爲六卿長，假竊威福，倒置用舍，無事不專而濟以狠，發念必欺而飾以朴。以年例大典而變亂祖制，以考選盛舉而擯斥淸才。舉朝震恐，莫敢訟言。臣下雷同，豈國之福。」帝令指實再奏。震孟言：「殺名賢者，故吏部郎周順昌。年例則抑吏科都給事中陳良訓，考選則擯中書舍人陳士奇、潘有功是也。」永光窘甚，密結大奄王永祚譖士奇出姚希孟門。震孟，希孟舅也。帝心疑之。永光辯疏得溫旨，而責震孟任情牽詆。然羣小翻案之謀亦由是中沮。

震孟在講筵，最嚴正。時大臣數逮繫，震孟講魯論「君使臣以禮」一章，反覆規諷，帝即降旨出尚書喬允升、侍郎胡世賞於獄。帝嘗足加於膝，適講五子之歌，至「爲人上者，奈何不敬」，以目視帝足。帝即袖掩之，徐爲引下。時稱「眞講官」。旣忤權臣，欲避去。出封益府，便道歸，遂不復出。

五年，卽家擢右庶子。久之，進少詹事。初，天啓時，詔修光宗實錄，禮部侍郞周炳謨載神宗時儲位臲卼及「妖書」、「梃擊」諸事，直筆無所阿。其後忠賢盜柄，御史石三畏劾削炳謨職。忠賢使其黨重修，是非倒置。震孟摘尤謬者數條，疏請改正。帝特御平臺，召廷臣面議，卒爲溫體仁、王應熊所沮。

八年正月，賊犯鳳陽皇陵。震孟歷陳致亂之源，因言：「當事諸臣，不能憂國奉公，一統之朝，强分畛域，加膝墜淵，總由恩怨。數年來，振綱肅紀者何事，推賢用能者何人，安內攘外者何道，富國强兵者何策。陛下宜奮然一怒，發哀痛之詔，按失律之誅，正誤國之罪，行撫綏之實政，寬閭閻之積逋。先收人心以遏寇盜，徐議濬財之源，毋徒竭澤而漁。盡斥患得患失之鄙夫，廣集羣策羣力以定亂，國事庶有瘳乎！」帝優旨報之，然亦不能盡行也。

故事，講筵不列春秋。帝以有裨治亂，令擇人進講。震孟，春秋名家，爲體仁所忌，隱不舉。次輔錢士升指及之，體仁佯驚曰：「幾失此人。」遂以其名上。及進講，果稱帝旨。

六月，帝將增置閣臣，召廷臣數十人，試以票擬。震孟引疾不入，體仁方在告。七月，帝特擢震孟禮部左侍郞兼東閣大學士，入閣預政。兩疏固辭，不許。閣臣被命，卽投刺司禮大奄，兼致儀狀，震孟獨否。掌司禮者曹化淳，故屬王安從奄，雅慕震孟，令人輾轉道意，卒不往。震孟旣入直，體仁每擬旨必商之，有所改必從，喜謂人曰：「溫公虛懷，何云奸也？」同官何吾騶曰：「此人機深，詎可輕信。」越十餘日，體仁窺其疎，所擬不當，輒令改，不從，則徑抹去。震孟大慍，以諸疏擲體仁前，體仁亦不顧。

都給事中許譽卿者，故劾忠賢有聲，震孟及吾騶欲用爲南京太常卿。體仁忌譽卿伉直，諷吏部尚書謝陞劾其與福建布政使申紹芳營求美官。體仁擬以貶謫，度帝欲重擬必發改，已而果然。遂擬斥譽卿爲民，紹芳提問。震孟爭之不得，咈然曰：「科道爲民，是天下極榮事，賴公玉成之。」體仁遽以聞。帝果怒，責吾騶、震孟徇私撓亂。吾騶罷，震孟落職閒住。

方震孟之拜命也，即有旨撤鎭守中官。及次輔王應熊之去，忌者謂震孟爲之。由是有譖其居功者，帝意遂移。震孟剛方貞介，有古大臣風。惜三月而斥，未竟其用。

歸半歲，會甥姚希孟卒，哭之慟，亦卒。廷臣請卹，不允。十二年詔復故官。十五年贈禮部尚書，賜祭葬，官一子。福王時，追諡文肅。二子秉、乘。乘遭國變，死於難。

周炳謨，字仲覲，無錫人。父子義，嘉靖中庶吉士，萬曆中仕至吏部侍郎，卒諡文恪。炳謨，萬曆三十二年進士。當重修光宗實錄時，炳謨已先卒。崇禎初，贈禮部尚書，諡文簡。父子皆以學行稱於世。

蔣德璟，字申葆，晉江人。父光彥，江西副使。德璟，天啓二年進士。改庶吉士，授編修。

崇禎時，由侍讀歷遷少詹事，條奏救荒事宜。尋擢禮部右侍郞。時議限民田，德璟言：「民田不可奪，而足食莫如貴粟。北平、山、陝、江北諸處，宜聽民開墾，及課種桑棗，修農田水利。府縣官考滿，以是爲殿最。至常平義倉，歲輸本色，依令甲行之足矣。」十四年春，楊嗣昌卒於軍，命九卿議罪。德璟議曰：「嗣昌倡聚斂之議，加勦餉、練餉，致天下民窮財盡，胥爲盜。又匿失事，飾首功。宜按仇鸞事，追正其罪。」不從。

十五年二月，耕耤禮成，請召還原任侍郞陳子壯、祭酒倪元璐等，帝皆錄用。六月，廷推閣臣，首德璟。入對，言邊臣須久任，薊督半載更五人，事將益廢弛。帝曰：「不稱當更。」對曰：「與其更於後，曷若愼於初。」帝問天變何由弭，對曰：「莫如拯百姓。近加遼餉千萬，〔四〕練餉七百萬，民何以堪！祖制，三協止一督、一撫、一總兵，今增二督、三撫、六總兵，又設副將數十人，權不統一，何由制勝！」帝頷之。首輔周延儒嘗薦德璟淵博，可備顧問；文體華贍，宜用之代言。遂擢德璟及黃景昉、吳甡爲禮部尙書兼東閣大學士，同入直。延儒、甡各樹門戶，德璟無所比。性鯁直，黃道周召用，劉宗周免罪，德璟之力居多。開封久被圍，自請馳督諸將戰，優詔不允。

明年進御覽備邊册。凡九邊十六鎮新舊兵食之數，及屯、鹽、民運、漕糧、馬價悉志焉。已，進諸邊撫賞册及御覽簡明册。帝深嘉之。諸邊士馬報戶部者，浮兵部過半，耗糧居多，而屯田、鹽引、民運，每鎮至數十百萬，一聽之邊臣。天津海道輸薊、遼歲米豆三百萬，惟倉場督臣及天津撫臣出入，部中皆不稽覈。德璟語部臣，合部運津運、各邊民運、屯、鹽，通爲計畫，餉額可足，而加派之餉可裁。因復條十事以責部臣，然卒不能盡釐也。

一日召對，帝語及練兵。德璟曰：「會典，高皇帝教練軍士，一以弓弩刀鎗行賞罰，此練軍法。衞所總、小旗補役，以鎗勝負爲升降。凡武弁比試，必騎射精嫻，方准襲替，此練將法。豈至今方設兵？」帝爲悚然。又言：「祖制，各邊養軍止屯、鹽、民運三者，原無京運銀。自正統時始有數萬，迄萬曆末，亦止三百餘萬。今則遼餉、練餉幷舊餉計二千餘萬，而兵反少於往時，耗蠹乃如此。」又言：「文皇帝設京衞七十二，計軍四十萬。畿內八府，軍二十八萬。又有中都、大寧、山東、河南班軍十六萬。〔五〕春秋入京操演，深得居重馭輕勢。今皆虛冒。且自來征討皆用衞所官軍，嘉靖末，始募兵，遂置軍不用。至加派日增，軍民兩困。願憲章二祖，修復舊制。」帝是之，而不果行。

十七年，戶部主事蔣臣請行鈔法。言歲造三千萬貫，一貫價一兩，歲可得銀三千萬兩。

侍郎王鼇永贊行之。帝特設內寶鈔局，晝夜督造。募商發賣，無一人應者。德璟言：「百姓雖愚，誰肯以一金買一紙。」帝不聽。又因局官言，責取桑穰二百萬斤於畿輔、山東、河南、浙江。德璟力爭，帝留其揭不下，後竟獲免。先以軍儲不足，歲僉畿輔、山東、河南富戶，給值令買米豆輸天津，多至百萬，民大擾。德璟因召對面陳其害，帝卽令擬諭罷之。

二月，帝以賊勢漸逼，令羣臣會議，以二十二日奏聞。都御史李邦華密疏云輔臣知而不敢言。翼日，帝手其疏問何事。陳演以少詹事項煜東宮南遷議對，帝取視默然。德璟從旁力贊，帝不答。

給事中光時亨追論練餉之害。德璟擬旨：「向來聚斂小人倡爲練餉，致民窮禍結，誤國良深。」帝不悅，詰曰：「聚斂小人誰也？」德璟不敢斥嗣昌，以故尙書李待問對。帝曰：「朕非聚斂，但欲練兵耳。」德璟曰：「陛下豈肯聚斂。然旣有舊餉五百萬，新餉九百餘萬，復增練餉七百三十萬，臣部實難辭責。且所練兵馬安在？薊督練四萬五千，今止二萬五千。保督練三萬，今止二千五百。保鎭練一萬，今止二百。若山、永兵七萬八千，薊、密兵十萬，昌平兵四萬，宣大、山西及陝西三邊各二十餘萬，一經抽練，原額兵馬俱不問，幷所抽亦未練，徒增餉七百餘萬，爲民累耳。」帝曰：「今已幷三餉爲一，何必多言。」德璟曰：「戶部雖幷爲一，州縣追比，仍是三餉。」帝震怒，責以朋比。德璟力辯，諸輔臣爲申救。尙書倪元璐以鈔餉乃戶部職，自引咎，帝意稍解。明日，德璟具疏引罪。帝雖旋罷練餉，而德璟竟以三月二日去位。給事中汪惟效、檢討傅鼎銓等交章乞留，不聽。德璟聞山西陷，未敢行。及知廷臣留己，卽辭朝，移寓外城。賊至，得亡去。

福王立於南京，召入閣。自陳三罪，固辭。明年，唐王立於福州，與何吾騶、黃景昉並召。又明年以足疾辭歸。九月，王事敗，而德璟適病篤，遂以是月卒。

黃景昉，字太穉，亦晉江人。天啓五年進士。由庶吉士歷官庶子，直日講。崇禎十一年，帝御經筵，問用人之道。景昉言「近日考選不公，推官成勇、朱天麟廉能素著，乃不得預清華選」。又言「刑部尚書鄭三俊四朝元老，至清無儔，不當久繫獄」。退復上章論之，三俊旋獲釋，勇等亦俱改官。

景昉尋進少詹事。嘗召對，言：「近撤還監視中官高起潛，關外輒聞警報，疑此中有隱情。臣家海濱，見沿海將吏每遇調發，卽報海警，冀得復留。觸類而推，其情自見。」帝頷之。十四年以詹事兼掌翰林院。時庶常停選已久，景昉具疏請復，又請召還修撰劉同升、編修趙士春，皆不報。

十五年六月召對稱旨，與蔣德璟、吳甡並相。明年並加太子少保，改戶部尚書、文淵閣。

南京操江故設文武二員，帝欲裁去文臣，專任誠意伯劉孔昭。副都御史惠世揚遲久不至，帝命削其籍。景昉俱揭爭，帝不悅，遂連疏引歸。唐王時，召入直，未幾，復告歸。國變後，家居十數年始卒。

方岳貢，字四長，穀城人。天啓二年進士。授戶部主事，進郎中。歷典倉庫，督永平糧儲，並以廉謹聞。

崇禎元年出爲松江知府。海濱多盜，捕得輒杖殺之。郡東南臨大海，颶潮衝擊，時爲民患。築石堤二十里許，遂爲永利。郡漕京師數十萬石，而諸倉乃相距五里，爲築城垣護之，名曰「倉城」。他救荒助役、修學課士，咸有成績，舉卓異者數矣。薛國觀敗，其私人上海王陛彥下吏，素有郤，因言岳貢嘗餽國觀三千金，遂被逮。士民詣闕訟冤，巡撫黃希亦白其誣，下法司讞奏。一日，帝晏見輔臣，問：「有一知府積俸十餘年，屢舉卓異者誰也？」蔣德璟以岳貢對。帝曰：「今安在？」德璟復以陛彥株連對，帝頷之。法司讞上，言行賄無實跡，宜復官。帝獎其清執，報可。

無何，給事中方士亮薦岳貢及蘇州知府陳洪謐，乃擢山東副使兼右參議，總理江南糧儲。所督漕艘，如期抵通州。帝大喜。吏部尚書鄭三俊舉天下廉能監司五人，岳貢與焉。帝趣使入對，見於平臺，問爲政何先，對曰：「欲天下治平，在擇守令。察守令賢否，在監司。察監司賢否，在巡方。察巡方賢否，在總憲。總憲得人，御史安敢以身試法。」帝善之，賜食，日晡乃出。越六日，卽超擢左副都御史。嘗召對，帝適以事詰吏部尚書李遇知。遇知曰：「臣正糾駁。」岳貢曰：「何不卽題參？」深合帝意。翼日命以本官兼東閣大學士，時十六年十一月也。故事，閣臣無帶都御史銜者，自岳貢始。

岳貢本吏材。及爲相，務勾檢簿書，請覈赦前舊賦，意主搜括，聲名甚損。十七年二月命以戶、兵二部尚書兼文淵閣大學士總督漕運、屯田、練兵諸務，駐濟寧。已而不行。

李自成陷京師，岳貢及丘瑜被執，幽劉宗敏所。賊索銀，岳貢素廉，貧無以應，拷掠備至。搜其邸，無所有，松江賈人爲代輸千金。四月朔日與瑜並釋。十二日，賊既殺陳演等，令監守者并殺二人。監守者奉以繯，二人並縊死。

丘瑜，宜城人。天啓五年進士。由庶吉士授檢討。崇禎中，屢遷少詹事。襄陽陷，瑜上䟽難宗、擇才吏、旌死節、停催征、蘇郵困、禁勞役六事。帝採納焉。歷禮部左右侍郎。因召對，言：「督師孫傳庭出關，安危所係，愼勿促之輕出。俾鎭定關中，猶可號召諸將，相機進剿。」帝不能從。十七年正月以本官兼東閣大學士，同范景文入閣。都城陷，受拷掠者再，搜獲止二千金，既而被害。

瑜子之陶，年少有幹略。李自成陷宜城，瑜父民忠罵賊而死。之陶被獲，用爲兵政府從事，尋以本府侍郎守襄陽。襄陽尹牛佺，賊相金星子，其倚任不如也。之陶以蠟丸書貽傳庭曰：「督師與之戰，吾詭言左鎭兵大至，搖其心，彼必返顧。督師擊其後，吾從中起，賊可滅也。」傳庭大喜，報書如其言，爲賊邏者所得。傳庭恃內應，連營前進，之陶果舉火，報左兵大至。自成驗得其詐，召而示以傳庭書，責其負己。之陶大罵曰：「吾恨不斬汝萬段，豈從汝反耶！」賊怒，支解之。

贊曰：莊烈帝在位僅十七年，輔相至五十餘人。其克保令名者，數人而已，若標等是也。基命能推轂舊輔以定危難，震孟以風節顯，德璟諳悉舊章。以陸喜之論薛瑩者觀之，所謂侃然體國，執正不懼，斟酌時宜，時獻微益者乎。至於扶危定傾，殆非易言也。嗚呼，國步方艱，人材亦與俱盡，其所由來者漸矣。

校勘記

〔一〕七年五月卒戍所　七年五月，國榷卷九二頁五五八三作「五年正月庚戌」，明史考證攟逸卷二五引倪元璐所撰墓誌，亦作「五年正月」，疑傳文誤。

〔二〕十二月逮至下獄　十二月，本書卷二三莊烈帝紀作「九月己卯」。

〔三〕及解嚴　解嚴，原作「戒嚴」，據明史稿傳一三〇成基命傳改。

〔四〕近加遼餉千萬　千萬，原作「十萬」。明史稿傳一三〇蔣德璟傳作「千餘萬」。按本書卷七八食貨志引御史郝晉言「近加派遼餉至九百萬」。「十」字顯係「千」字之譌，今改正。

〔五〕又有中都大寧山東河南班軍十六萬　中都，原作「中部」。明史稿傳一三〇蔣德璟傳作「中都」。按「中都」是指「中都留守司」，今改正。

明史卷二百五十二

列傳第一百四十

楊嗣昌　吳甡

楊嗣昌，字文弱，武陵人。萬曆三十八年進士。改除杭州府教授。遷南京國子監博士，累進戶部郎中。天啓初，引疾歸。

崇禎元年起河南副使，加右參政，移霸州。四年移山海關飭兵備。父鶴，總督陝西被逮。嗣昌三疏請代，得減死。五年夏，擢右僉都御史，巡撫永平、山海諸處。嗣昌父子不附奄，無嫌於東林。侍郎遷安郭鞏以逆案謫戍廣西，其鄉人爲訟冤。嗣昌以部民故，聞於朝，給事中姚思孝駁之，自是與東林郄。

七年秋，拜兵部右侍郎兼右僉都御史，總督宣、大、山西軍務。時中原饑，羣盜蜂起。嗣昌請開金銀銅錫礦，以解散其黨。又六疏陳邊事，多所規畫。帝異其才。以父憂去，復遭繼母喪。

九年秋，兵部尚書張鳳翼卒，帝顧廷臣無可任者，卽家起嗣昌。三疏辭，不許。明年三月抵京，召對。嗣昌通籍後，積歲林居，博涉文籍，多識先朝故事，工筆札，有口辨。帝與語，大信愛之。鳳翼故柔靡，兵事無所區畫。嗣昌銳意振刷，帝益以爲能。每對必移時，所奏請無不聽，曰：「恨用卿晚。」嗣昌乃議大舉平賊。請以陝西、河南、湖廣、江北爲四正，四巡撫分勦而專防；以延綏、山西、山東、江南、江西、四川爲六隅，六巡撫分防而協勦。是謂十面之網。而總督、總理二臣，隨賊所向，專征討。福建巡撫熊文燦者，討海賊有功，大言自詭足辦賊。嗣昌聞而善之。會總督洪承疇、王家禎分駐陝西、河南。〔一〕家禎故庸材，不足任，嗣昌乃薦文燦代之。因議增兵十二萬，增餉二百八十萬。其措餉之策有四：曰因糧，曰溢地，曰事例，曰驛遞。因糧者，因舊額之糧，量爲加派，畝輸糧六合，石折銀八錢，傷地不與，歲得銀百九十二萬九千有奇。溢地者，民間土田溢原額者，核實輸賦，歲得銀四十萬六千有奇。事例者，富民輸資爲監生，一歲而止。驛遞者，前此郵驛裁省之銀，以二十萬充餉。議上，帝乃傳諭：「流寇延蔓，生民塗炭，不集兵無以平寇，不增賦無以餉兵。勉從廷議，暫累吾民一年，除此腹心大患。其改因糧爲均輸，布告天下，使知爲民去害之意。」尋議諸州縣練壯丁捍本土，詔撫按飭行。

賊攻淅川，左良玉不救，城陷。山西總兵王忠援河南，稱疾不進，兵譟而歸。嗣昌請逮戮失事諸帥，以肅軍令。遂逮忠及故總兵張全昌。良玉以六安功，落職戴罪自贖。

嗣昌既建「四正六隅」之說，欲專委重文燦。文燦顧主撫議，與前策牴牾。帝譙讓文燦，嗣昌亦心望。既已任之，則曲爲之解。乃上疏曰：「網張十面，必以河南、陝西爲殺賊之地。然陝有李自成、惠登相等，大部未能剿絕，法當驅關東賊不使合，而使陝撫斷商、雒，鄖撫斷鄖、襄，安撫斷英、六，鳳撫斷亳、潁，而應撫之軍出靈、陝，保撫之軍渡延津。然後總理提邊兵，監臣提禁旅，豫撫提陳永福諸軍，幷力合剿。若關中大賊逸出關東，則秦督提曹變蛟等出關協擊。期三月盡諸劇寇。巡撫不用命，立解其兵柄，簡一監司代之。總兵不用命，立奪其帥印，簡一副將代之。監司、副將以下，悉以尙方劍從事。則人人效力，何賊不平。」乃刻今年十二月至明年二月爲滅賊之期。帝可其奏。

是時，賊大入四川，朝士尤洪承疇縱賊。嗣昌因言於帝曰：「熊文燦在事三月，承疇七年不效。論者繩文燦急，而承疇縱寇莫爲言。」帝知嗣昌有意左右之，變色曰：「督、理二臣但責成及時平賊，奈何以久近藉之口！」嗣昌乃不敢言。文燦既主撫議，所加餉天子遣一侍郎督之，本藉以剿賊，文燦悉以資撫。帝既不復詰，廷臣亦莫言之。

至明年三月，嗣昌以滅賊踰期，疏引罪，薦人自代。帝不許，而命察行間功罪，乃上疏曰：「洪承疇專辦秦賊，賊往來秦、蜀自如，剿撫俱無功，不免於罪。熊文燦兼辦江北、河南、湖廣賊，撫劉國能、張獻忠，戰舞陽、光山，剿撫俱有功，應免罪。諸巡撫則河南常道立、湖廣余應桂有功，陝西孫傳庭、山西宋賢、山東顏繼祖、保定張其平、江南張國維、江西解學龍、浙江喻思恂有勞，鄖陽戴東旻無功過，鳳陽朱大典、安慶史可法宜策勵圖功。總兵則河南左良玉有功，陝西曹變蛟、左光先無功，山西虎大威、山東倪寵、江北牟文綬、保定錢中選有勞無功，河南張任學、寧夏祖大弼無功過。承疇宜遣逮，因軍民愛戴，請削宮保、尚書，以侍郎行事。變蛟、光先貶五秩，與大弼期五月平賊，踰期并承疇逮治。大典貶三秩，可法戴罪自贖。」議上，帝悉從之。

嗣昌既終右文燦，而文燦實不知兵。既降國能、獻忠，謂撫必可恃。嗣昌亦陰主之，所請無不曲徇，自是不復言「十面張網」之策矣。是月，帝御經筵畢，嗣昌奏對有「善戰服上刑」等語。帝怫然，詰之曰：「今天下一統，非戰國兵爭比。小醜跳梁，不能伸大司馬九伐之法，奈何爲是言？」嗣昌慚。

當是時，流賊既大熾，朝廷又有東顧憂，嗣昌復陰主互市策。適太陰掩熒惑，帝減膳修省，嗣昌則歷引漢永平、唐元和、宋太平興國事，蓋爲互市地云。給事中何楷疏駁之，給事中錢增、御史林蘭友相繼論列，帝不問。

六月改禮部尚書兼東閣大學士，入參機務，仍掌兵部事。嗣昌既以奪情入政府，又奪情起陳新甲總督，於是楷、蘭友及少詹事黃道周抗疏詆斥，修撰劉同升、編修趙士春繼之。帝怒，並鐫三級，留翰林。刑部主事張若麒上疏醜詆道周，遂鐫道周六級，幷同升、士春皆謫外。已而南京御史成勇、兵部尚書范景文等言之，亦獲譴。嗣昌自是益不理於人口。

我大清兵入牆子嶺、青口山，薊遼保定總督吳阿衡方醉，不能軍，敗死。京城戒嚴，召盧象昇帥師入衞。象昇主戰，嗣昌與監督中官高起潛主款，議不合，交惡。編修楊廷麟劾嗣昌誤國。嗣昌怒，改廷麟職方主事監象昇軍，而戒諸將毋輕戰。諸將本恇怯，率藉口持重觀望，所在列城多破。嗣昌據軍中報，請旨授方略。比下軍前，則機宜已變，進止乖違，疆事益壞云。象昇既陣亡，嗣昌亦貶三秩，戴罪視事。

十二年正月，濟南告陷，德王被執，遊騎直抵兗州。〔三〕二月，大清兵北旋，給事中李希沆言：「聖明御極以來，北兵三至。己巳之罪未正，致有丙子。丙子之罪未正，致有今日。」語侵嗣昌。御史王志舉亦劾嗣昌誤國四大罪，請用丁汝夔、袁崇煥故事。帝怒，希沆貶秩，志舉奪官。初，帝以嗣昌才而用之，非廷臣意。知其必有言，言者輒斥。嗣昌既有罪，帝又數逐言官，中外益不平。嗣昌亦不自安，屢疏引罪，乃落職冠帶視事。未幾，以敍功復之。

先是，京師被兵，樞臣皆坐罪。二年，王洽下獄死，復論大辟。九年，張鳳翼出督師，服毒死，猶削籍。及是，亡七十餘城，而帝眷嗣昌不衰。嗣昌乃薦四川巡撫傅宗龍自代。帝命嗣昌議文武諸臣失事罪，分五等：曰守邊失機，曰殘破城邑，曰失陷藩封，曰失亡主帥，曰縱敵出塞。於是中官則薊鎮總監鄧希詔、分監孫茂霖，巡撫則順天陳祖苞、保定張其平、山東顏繼祖，總兵則薊鎮吳國俊、陳國威，山東倪寵，援剿祖寬、李重鎮及他副將以下，至州縣有司，凡三十六人，〔三〕同日棄市。而嗣昌貶削不及，物議益譁。

當戒嚴時，廷臣多請練邊兵。嗣昌因定議：宣府、大同、山西三鎮兵十七萬八千八百有奇，三總兵各練萬，總督練三萬。以二萬駐懷來，一萬駐陽和，東西策應。餘授鎮監、巡撫以下分練。延綏、寧夏、甘肅、固原、臨洮五鎮兵十五萬五千七百有奇。五總兵各練萬，總督練三萬。以二萬駐固原，一萬駐延安，東西策應。餘授巡撫、副將以下分練。遼東、薊鎮兵二十四萬有奇。五總兵各練萬，總督練五萬。外自錦州，內抵居庸，東西策應。餘授鎮監、巡撫以下分練。汰通州、昌平督治二侍郎，設保定一總督，合畿輔、山東、河北兵，得十五萬七千有奇。四總兵各練二萬，總督練三萬。北自昌平，南抵河北，聞警策應。餘授巡撫以下分練。又以畿輔重地，議增監司四人。於是大名、廣平、順德增一人，眞定、保定、河間各一人。薊遼總督下增監軍三人。議上，帝悉從之。嗣昌所議兵凡七十三萬有奇，然民流餉絀，未嘗有實也。

帝又採副將楊德政議，府汰通判，設練備，秩次守備，州汰判官，縣汰主簿，設練總，秩次把總，並受轄於正官，專練民兵。府千，州七百，縣五百，捍鄉土，不他調。嗣昌以勢有緩急，請先行畿輔、山東、河南、山西，從之。於是有練餉之議。初，嗣昌增剿餉，期一年而止。後餉盡而賊未平，詔徵其半。至是，督餉侍郎張伯鯨請全徵。帝慮失信，嗣昌曰：「無傷也，加賦出於土田，土田盡歸有力家，百畝增銀三四錢，稍抑兼并耳。」大學士薛國觀、程國祥皆贊之。於是剿餉外復增練餉七百三十萬。論者謂：「九邊自有額餉，概予新餉，則舊者安歸？邊兵多虛額，今指爲實數，餉盡虛糜，而練數仍不足。且兵以分防不能常聚，故有抽練之議，抽練而其餘遂不問。且抽練仍虛文，邊防愈益弱。至州縣民兵益無實，徒糜厚餉。」以嗣昌主之，事鉅莫敢難也。神宗末增賦五百二十萬，崇禎初再增百四十萬，總名遼餉。至是，復增剿餉、練餉，額溢之。先後增賦千六百七十萬。〔四〕民不聊生，益起爲盜矣。

五月，熊文燦所撫賊張獻忠反穀城，羅汝才等九營皆反。八月，傅宗龍抵京，嗣昌解部務，還內閣。未幾，羅猴山敗書聞。〔五〕帝大驚，詔逮文燦。特旨命嗣昌督師，賜尚方劍，以便宜誅賞。九月朔，召見平臺。嗣昌曰：「君言不宿於家，臣朝受命，夕啓行，軍資甲仗望敕所司速發。」帝悅，曰：「卿能如此，朕復何憂。」翊日，賜白金百、大紅紵絲四表裏、斗牛衣一、賞功銀四萬、銀牌千五百、幣帛千。嗣昌條七事以獻，悉報可。四日召見賜宴，手觴三爵，御製贈行詩一章。嗣昌跪誦，拜且泣。越二日，陛辭，賜膳。二十九日抵襄陽，入文燦軍。文燦就逮，嗣昌猶爲疏辯云。

十月朔，嗣昌大誓三軍，督理中官劉元斌，湖廣巡撫方孔炤，總兵官左良玉、陳洪範等畢會。賊賀一龍等掠葉，圍沈丘，焚項城之郛，寇光山。副將張琮、刁明忠率京軍踰山行九十里，及其巢。先驅射賊，殪絳袍而馳者二人，追奔四十里，斬首千七百五十。嗣昌稱詔頒賜。十一月，興世王王國寧以衆千人來歸，受之於襄陽，處其妻子樊城。表良玉平賊將軍。〔六〕諸將積驕玩，無鬭志。獻忠、羅汝才、惠登相等八營遁鄖陽、興安山間，掠南漳、穀城、房、竹山、竹谿。嗣昌鞭刁明忠，斬監軍僉事殷大白以徇。檄巡撫方孔炤遣楊世恩、羅安邦剿汝才、登相，〔七〕全軍覆於香油坪。嗣昌劾逮孔炤，奏辟永州推官萬元吉爲軍前監紀，從之。

當是時，李自成潛伏陝右，賀一龍、左金王等四營跳梁漢東，嗣昌專剿獻忠。獻忠屢敗於興安，求撫，不許。其黨托天王常國安、金翅鵰劉希原來降，獻忠走入川，良玉追之。嗣昌牒令還，良玉不從。十三年二月七日與陝西副將賀人龍、李國奇夾擊獻忠於瑪瑙山，〔八〕大破之，斬馘三千六百二十，〔九〕墜巖谷死者無算。其黨掃地王曹威等授首，十反王楊友賢率衆降。是月也，帝念嗣昌，發銀萬兩犒師，賜斗牛衣、良馬、金鞍各二。使者甫出國門，而瑪瑙山之捷至。大悦，再發銀五萬，幣帛千犒師。論功，加太子少保。而湖廣將張應元、汪之鳳敗賊水右壩，〔一〇〕獲其軍師。四川將張令、方國安敗之千江河。李國奇、賀人龍等敗之寒溪寺、鹽井。川、陝、湖廣諸將畢集，復連敗之黃墩、木瓜溪，軍聲大振。汝才、登相求撫，獻忠持之，斂兵南漳、遠安間。殺安撫官姚宗中，走大寧、大昌，犯巫山，爲川中患。獻忠遁興安、平利山中，良玉圍而不攻，賊得收散亡，由興安、房縣走白羊山而西，與汝才等合。嗣昌以羣賊合，其勢復張，乃由襄陽赴夷陵，扼其要害。帝念嗣昌行間勞苦，賜敕發賞功銀萬，賜鞍馬二。罷鄖陽撫治王鰲永，詔廢將猛如虎軍前立功。黃得功、宋紀大破賊商城，賀一龍五大部降而復叛。鄭嘉棟、賀人龍大破汝才、登相開縣。汝才偕小秦王東奔，登相越開縣而西，自是二賊始分。

當是時，諸部士馬居山谷，罹炎暑瘴毒，物故十二三。京兵之在荆門、雲南兵之在簡坪、湖廣兵之在馬蝗坡者，久屯思歸，夜亡多。關河大旱，人相食，土寇蜂起。陝西賫開遠、河南李際遇爲之魁。饑民從之，所在告警。嗣昌以聞。帝發帑金五萬，營醫藥，責諸將進兵。而陝之長武，川之新寧、大竹，湖廣之羅田又相繼報陷。嗣昌乃下招撫令，爲諭帖萬紙，散之賊中。七月，監軍孔貞會等大破汝才豐邑坪。其黨混世王、小秦王率其下降，賊魁整十萬及登相、王光恩亦相繼降。於是羣賊盡萃於蜀中。嗣昌遂入川，以八月泛舟上，謂川地阨塞，諸軍合而蹙之，可盡殄。而人龍以秦師自開縣譟而西歸，應元等敗績於夔之土地嶺，獻忠勢復張，汝才與之合。聞督師西，遂急趨大昌，犯觀音巖，守將邵仲光不能禦，遂突淨壁，陷大昌。嗣昌斬仲光，劾逮四川巡撫邵捷春。賊遂渡河至通江，嗣昌至萬縣。賊攻巴州不下。嗣昌至梁山，檄諸將分擊。賊已陷劍州，趨保寧，將由間道入漢中。趙光遠、賀人龍拒之，賊乃轉掠，陷梓潼、昭化，抵綿州，將趨成都。十一月，嗣昌至重慶。賊攻羅江，不克，走綿竹。嗣昌至順慶，諸將不會師。賊轉掠至漢州，去中江百里，守將方國安避之去，賊遂縱掠什邡、綿竹、安縣、德陽、金堂間。所至空城而遁，全蜀大震。賊遂由水道下簡州、資陽。嗣昌徵諸將合擊，皆退縮。屢徵良玉兵，又不至。賊遂陷榮昌、永川。十二月，陷瀘州。

自賊再入川，諸將無一邀擊者。嗣昌雖屢檄，令不行。其在重慶也，下令赦汝才罪，降則授官，惟獻忠不赦，擒斬者賚萬金，爵侯。翌日，自堂皇至庖湢，遍題「有斬督師獻者，賚白金三錢」。嗣昌駴愕，疑左右皆賊，勒三日進兵。會雨雪道斷，復戒期。三檄人龍，不奉令。初，嗣昌表良玉平賊將軍，良玉寖驕，欲貴人龍以抗之。旣以瑪瑙山功不果，人龍慍，反以情告良玉，良玉亦慍。語載良玉、人龍傳。

嗣昌雖有才，然好自用。躬親簿書，過於繁碎。軍行必自裁進止，千里待報，坐失機會。王鰲永嘗諫之，不納。及鰲永罷官，上書於朝曰：「嗣昌用師一年，蕩平未奏，此非謀慮之不長，正由操心之太苦也。天下事，總挈大綱則易，獨周萬目則難。況賊情瞬息更變，今舉數千里征伐機宜，盡出嗣昌一人，文牒往返，動踰旬月，坐失事機，無怪乎經年之不戰也。其閒能自出奇者，惟瑪瑙山一役。若必遵督輔號令，良玉當退守興安，無此捷矣。臣以爲陛下之任嗣昌，不必令其與諸將同功罪，但責其提衡諸將之功罪。嗣昌之馭諸將，不必人人授以機宜，但覈其機宜之當否。則嗣昌心有餘閒，自能決奇制勝，何至久延歲月，老師糜餉爲哉。」

先是，嗣昌以諸將進止不一，納幕下評事元吉言，用猛如虎爲總統，張應元副之。比賊入瀘州，如虎及賀人龍、趙光遠軍至，賊復渡南溪，越成都，走漢州、德陽、綿州、劍州、昭化至廣元，又走巴州、達州。諸軍疲極，惟如虎軍躡其後。十四年正月，嗣昌知賊必出川，遂統舟師下雲陽，檄諸軍陸行追賊。人龍軍既譟而西，頓兵廣元不進，所恃惟如虎。比與賊戰開縣、黃陵城，大敗，將士死亡過半。如虎突圍免，馬贏關防盡爲賊有。

初，賊竄南溪，元吉欲從間道出梓潼，扼歸路以待賊。嗣昌檄諸軍躡賊疾追，不得扼賊遠，令他逸。諸將乃盡從瀘州逐後塵。賊折而東返，歸路盡空，不可復遏，嗣昌始悔不用元吉言。賊遂下夔門，抵興山，攻當陽，犯荆門。嗣昌至夷陵，檄良玉兵，使十九返。良玉撤興、房兵趨漢中，若相避然。賊所至，燒驛舍，殺塘卒，東西消息中斷。鄖陽撫治袁繼咸聞賊至當陽，急謀發兵。獻忠令汝才與相持，而自以輕騎一日夜馳三百里，殺督師使者於道，取軍符。以二月十一日抵襄陽近郊，用二十八騎持軍符先馳呼城門督師調兵，守者合符而信，入之。夜半從中起，城遂陷。

獻忠縛襄王置堂下，屬之酒，曰：「吾欲斷楊嗣昌頭，嗣昌在遠。今借王頭，俾嗣昌以陷藩伏法。王努力盡此酒。」遂害之。未幾，渡漢水，走河南，與賀一龍、左金王諸賊合。嗣昌初以襄陽重鎮，仍深溝方洫而三環之，造飛梁，設橫栝，陳利兵而譏訶，非符要合者不得渡。江、漢間列城數十，倚襄陽爲天險，賊乃出不意而破之。嗣昌在夷陵，驚悸，上疏請死。下至荊州之沙市，聞洛陽已於正月被陷，福王遇害，益憂懼，遂不食。以三月朔日卒，年五十四。

廷臣聞襄陽之變，交章論列，而嗣昌已死矣。繼咸及河南巡按高名衡以自裁聞，其子則以病卒報，莫能明也。帝甚傷悼之，命丁啓睿代督師。傳諭廷臣：「輔臣二載辛勞，一朝畢命，然功不掩過，其議罪以聞。」定國公徐允禎等請以失陷城寨律議斬。上傳制曰：「故輔嗣昌奉命督剿，無城守專責，乃詐城夜襲之檄，嚴飭再三，地方若罔聞知。及違制陷城，專罪督輔，非通論。且臨戎二載，屢著捷功，盡瘁殞身，勤勞難泯。」乃昭雪嗣昌罪，賜祭，歸其喪於武陵。嗣昌先以剿賊功進太子少傅，既死，論臨、藍平盜功，進太子太傅。〔二〕廷臣猶追論不已，帝終念之。後獻忠陷武陵，心恨嗣昌，發其七世祖墓，焚嗣昌夫婦柩，斷其屍見血，其子孫獲半體改葬焉。

吳甡，字鹿友，揚州興化人。萬曆四十一年進士。歷知邵武、晉江、濰縣。天啓二年徵授御史。初入臺，趙南星擬以年例出之。甡乃薦方震孺等，而追論崔文昇、李可灼罪，遂得留。後又諫內操宜罷，請召還鄒元標、馮從吾、文震孟，乃積與魏忠賢忤。七年二月削其籍。

崇禎改元，起故官。溫體仁訐錢謙益，周延儒助之。甡恐帝卽用二人，言枚卜大典當就廷推中簡用，事乃止。時大治忠賢黨，又值京察，甡言此輩罪惡非考功法所能盡，宜先定其罪，毋混察典。御史任贊化以劾體仁謫，甡論救，而力詆王永光媢嫉，請罷黜。皆不納。出按河南。妖人聚徒劫村落，甡遍捕賊魁誅之。奉命振延綏饑，因諭散賊黨。帝聞，卽命按陝西。劾大將杜文煥冒功，置之法。數爲民請命，奏無不允。遷大理寺丞，進左通政。

七年九月超擢右僉都御史，巡撫山西。甡歷陳防禦、邊寇、練兵、恤民四難，及議兵、議將、議餉、議用人四事。每歲暮扼河防秦、豫賊，連三歲，無一賊潛渡，以閒修築邊牆。八年四月上疏言：「晉民有三苦。一苦凶荒，無計餬口。一苦追呼，無力輸租。一苦殺掠，無策保全。由此悉爲盜。請蠲最殘破地十州縣租。」帝卽敕議行。戶部請稅間架，甡力爭，弗聽。其秋，我大清平察哈爾國，旋師略朔州，直抵忻、代，守將屢敗。總督楊嗣昌遣副將自代州往偵，亦敗走。甡鐫五級，嗣昌及大同巡撫葉廷桂鐫三級，俱戴罪視事。先是，定襄縣地震者再，甡曰：「此必有東師也。」飭有司繕守具，已而果入。定襄以有備，獨不被兵。山西大盜賀宗漢、劉浩然、高加計皆前巡撫戴君恩所撫，擁衆自恣。甡陽爲撫慰，而密令參將虎大威、劉光祚等圖之，以次皆被殲。甡行軍樹二白旗，脅從及老弱婦女跪其下，卽免死，全活甚衆。在晉四年，軍民戴若慈母。謝病歸。

十一年二月起兵部左侍郎。其冬，尚書楊嗣昌言邊關戒嚴，甡及添注侍郎惠世揚久不至，請改推。帝怒，落職閒住。十三年冬起故官。明年命協理戎政。帝嘗問京營軍何以使練者盡精，汰者不譁，甡對曰：「京營邊勇營萬二千專練騎射，壯丁二萬專練火器，廩給厚，而技與散兵無異。宜行分練法，技精者，散兵拔爲邊勇，否則邊勇降爲散兵，壯丁亦然。老弱者汰補，革弊當以漸，不可使知有汰兵意。」帝然之。又問別立戰營，能得堪戰者五萬否，甡對：「京營兵合堪戰。承平日久，發兵剿賊，輒沿途僱充。將領利月餉，游民利剽敓，歸營則本軍復充伍。今練兵法要在選將，有戰將自有戰兵，五萬非難。但法忌紛更，不必別立戰營也。」帝顧兵部尚書陳新甲，令速選將，而諭甡具疏以聞。賜果餌，拜謝出。

十五年六月擢禮部尚書兼東閣大學士。周延儒再相，馮銓力爲多，延儒許復其冠帶。銓果以捐資振饑屬撫按題敍，延儒擬優旨下戶部。公議大沸，延儒患之。馮元飆爲甡謀，說延儒引甡共爲銓地。延儒默援之，甡遂得柄用。及延儒語銓事，甡唯唯，退召戶部尚書傅淑訓，告以逆案不可翻，寢其疏不覆。延儒始悟爲甡紿。延儒欲起張捷爲南京右都御史，甡力尼之。甡居江北，延儒居江南，各樹黨。延儒引用錦衣都督駱養性，甡持不可。後帝論諸司弊竇，甡言錦衣尤甚，延儒亦言緹騎之害，帝並納之。

十六年三月，帝以襄陽、荆州、承天連陷，召對廷臣，隕涕謂甡曰：「卿向歷巖疆，可往督湖廣師。」甡具疏請得精兵三萬，自金陵趨武昌，扼賊南下。帝方念湖北，覽疏不悅，留中。甡請面對，帝御文昭閣，諭以所需兵多，猝難集。南京隔遠，不必退守。甡奏：「左良玉跋扈甚，督師嗣昌九檄徵兵，一旅不發。臣不如嗣昌，而良玉踞江、漢甚於曩時。臣節制不行，徒損威重。南京從襄陽順流下，窺伺甚易，宜兼顧，非退守。」大學士陳演言：「督師出，則督、撫兵皆其兵。」甡言：「臣請兵，正爲督、撫無兵耳。使臣束手待賊，事機一失，有不忍言者。」帝乃令兵部速議發兵。尙書張國維請以總兵唐通、馬科及京營兵共一萬畀甡。又言此兵方北征，俟敵退始可調。帝命姑俟之。甡屢請，帝曰：「徐之，敵退兵自集，卿獨往何益？」

踰月，延儒出督師，朝受命，夕啓行。蔣德璟謂倪元璐曰：「上欲吳公速行，緩言相慰者，試之耳，觀首輔疾趨可見。」甡卒遲回不肯行。部所撥唐通兵，演又請留，云關門不可無備。甡不得已，以五月辭朝。先一日出勞從騎，帝猶命中官賜銀牌給賞。越宿忽下詔責其逗遛，命輟行入直。甡惶恐，兩疏引罪，遂許致仕。既行，演及駱養性交搆之，帝益怒。至七月，親鞫吳昌時，作色曰：「兩輔臣負朕，朕待延儒厚，乃納賄行私，罔知國法。命甡督師，百方延緩，爲委卸地。延儒被糾，甡何獨無？」既而曰：「朕雖言，終必無糾者，錦衣衞可宣甡候旨。」甡入都，敕法司議罪。十一月遣戍金齒。南京兵部尙書史可法馳疏救，不從。

明年，行次南康，聞都城變。未幾，福王立於南京，赦還，復故秩。吏部尙書張愼言議召用甡，爲勛臣劉孔昭等所阻。國變後，久之，卒於家。

贊曰：明季士大夫問錢穀不知，問甲兵不知，於是嗣昌得以才顯。然迄無成功者，得非功罪淆於愛憎，機宜失於遥制故耶？吳甡按山右有聲，及爲相，遂不能有爲。進不以正，其能正邦乎。抑時勢實難，非命世材，固罔知攸濟也。

校勘記

〔一〕會總督洪承疇王家禎分駐陝西河南　王家禎，原作「王家楨」。本書卷二五八湯開遠傳、明史稿傳一三八楊嗣昌傳都作「王家禎」。本書卷二六四和明史稿傳一四六都有王家禎傳，事跡與此合，據改。下同。

〔二〕遊騎直抵兗州　直抵，原作「北抵」，據明史稿傳一三八楊嗣昌傳改。

〔三〕凡三十六人　本書卷二四莊烈帝紀作「三十三人」。

〔四〕先後增賦千六百七十萬　按本書卷七八食貨志引御史郝晉言，加派「遼餉」九百萬，「剿餉」三百三十萬，「練餉」七百三十多萬，共一千九百六十多萬。志、傳不盡同。

〔五〕未幾羅⿰犭矦山敗書聞　羅⿰犭矦山，本書卷二四莊烈帝紀及卷二七三左良玉傳都作「羅猴山」。卷三〇九張獻忠傳、綏寇紀略卷六及懷陵流寇始終錄卷一二作「羅⿰犭矦山」。明史紀事本末卷七七作「羅睺山」。明通鑑卷八六莊烈帝紀考異引三編質實云：「羅⿰犭矦山，一名羅猴山。」「羅猴」，疑當作「羅睺」，爲九曜之一。

〔六〕表良玉平賊將軍　傳文繫此事於崇禎十二年十一月。本書卷二四莊烈帝紀、國榷卷九七頁五八五一、懷陵流寇始終錄卷一二都繫於本年十月。

〔七〕檄巡撫方孔炤遣楊世恩羅安邦剿汝才登相　羅安邦，原作「羅萬邦」，據本書卷二六〇鄭崇儉傳、卷二六九湯九州傳，明史稿傳一三八楊嗣昌傳，懷陵流寇始終錄卷一二改。

〔八〕十三年二月七日至擊獻忠於瑪瑙山　原脫「十三年」。按瑪瑙山之戰發生於崇禎十三年二月七日，見本書卷二四莊烈帝紀及其他有關文獻，今補。

〔九〕斬馘三千六百二十　瑪瑙山之戰，明兵屠殺義軍人數，各書記載不一。本書卷三〇九張獻忠傳作「斬首千三百餘級」，明史稿傳一三八楊嗣昌傳作「斬馘三千五百有奇」，懷宗實錄卷一三崇禎十三年二月壬子條作「斬二千八百八十七級」，國榷卷九七頁五八五六作「左兵斬二千二百八十七級」，「秦兵斬首一千三百三十有三」，綏寇紀略卷七同國榷，懷陵流寇始終錄卷一三作「斬首二千三百級」。國榷及綏寇紀略總數與本文數字合，明史稿與本文大數合。張獻忠傳與國榷所稱秦兵殺義軍數合。

〔一〇〕敗賊水右壩　水右壩，原作「水石壩」，據本書卷三〇九張獻忠傳、明史稿傳一八三張獻忠傳、綏寇紀略卷七、懷陵流寇始終錄卷一三改。

〔一一〕嗣昌先以勦賊功進太子少傅既死論臨藍平盜功進太子太傅　少傅，本書卷一〇九宰輔年表、國榷卷九七頁五八九一作「少保」。太傅，懷宗實錄卷一四崇禎十四年三月丙子條、國榷卷九七頁五八九一、懷陵流寇始終錄卷一四作「太保」。

明史卷二百五十三

列傳第一百四十一

王應熊 何吾騶 張至發 孔貞運 黃士俊 劉宇亮 薛國觀 袁愷

程國祥 蔡國用 范復粹 方逢年 張四知等 陳演 魏藻德 李建泰

王應熊，字非熊，巴縣人。萬曆四十一年進士。天啓中，歷官詹事，以憂歸。崇禎三年召拜禮部右侍郎。明年冬，帝遣宦官出守邊鎭，應熊上言：「陛下焦勞求治，何一不倚信羣臣，乃羣臣不肯任勞任怨，致陛下萬不獲已，權遣近侍監理。書之青史，謂有聖明不世出之主，而羣工不克仰承，直當愧死。且自神宗以來，士習人心不知職掌何事，有舉會典律例告之者，反訝爲申、韓刑名。近日諸臣之病，非臨事不擔當之故，乃平時未講求之過也；亦非因循於夙習之故，實愆忘於舊章之過也。」語皆迎帝意，遂蒙眷注。嘗酗酒，詬尙書黃汝良，爲給事中馮元飆所劾。汝良爲之隱，乃解。五年進左侍郎，元飆發其貪汙狀，帝不省。

應熊博學多才，熟諳典故，而性谿刻强很，人多畏之。周延儒、溫體仁援以自助，咸與親善。及延儒罷，體仁援益力。六年冬，廷推閣臣，應熊望輕不與，特旨擢禮部尚書兼東閣大學士，與何吾騶並入參機務。命下，朝野胥駭。給事中章正宸劾之曰：「應熊强愎自張，縱橫爲習，小才足覆短，小辨足濟貪。今大用，必且芟除異己，報復恩讐，混淆毁譽。況狠籍封靡，淪於市行。願收還成命，別選忠良。且訛言謂左右先容，由他途以進，使天下薰心捷足之徒馳騁而起，爲聖德累不小。」帝大怒，下正宸詔獄，削籍歸。有勸應熊爲文彥博者，應熊咈然，佯具疏引退，語多憤激。屢爲給事中范淑泰、御史吳履中所攻，帝皆不問。

八年正月，流賊陷鳳陽，毁皇陵。巡撫楊一鵬，應熊座主；巡按吳振纓，體仁姻也。二人恐帝震怒，留一鵬、振纓疏未上，俟恢復報同奏之，遂擬旨令撫按戴罪。主事鄭爾說、胡江交章詆應熊、體仁朋比悞國，帝怒謫二人，而給事中何楷、許譽卿、范淑泰，御史張纘曾、吳履中、張肯堂言之不已。淑泰言：「一鵬恢復疏以正月二十一日，核察失事情形疏以正月二十八日，天下有未失事先恢復者哉？應熊改塡月日，欺誑之罪難辭。」且劾其他受賄事。帝顧應熊厚，皆不聽，而鐫楷、纘曾秩，慰諭應熊。應熊亦屢疏辯，謂「座主門生，誼不容薄，敢辭比之名。票擬實臣起草，敢辭悞之罪。」楷益憤，屢疏糾之，最後復疏言：「故事，奏章非發抄，外人無由聞；非奉旨，邸報不許抄傳。臣疏六月初十日上，十四日始奉明旨，應熊乃於十三日奏辯。旨尚未下，應熊何由知？臣不解者一。且旨下必由六科抄發。臣疏十四日下，而百戶趙光修先送錦衣堂上官，則疏可不由科抄矣。臣不解者二。」應熊始懼，具疏引罪。帝下其家人及直日中書七人於獄。獄具，家人戍邊，中書貶二秩。應熊乃屢疏乞休去，乘傳賜道里費，行人護行。帝亦知應熊不協人望，特己所拔擢，不欲以人言去也。

十二年遣官存問。其弟應熙橫於鄉，鄉人詣闕擊登聞鼓，列狀至四百八十餘條，贓一百七十餘萬，詞連應熊。詔下撫按勘究。會應熊復召，事得解。

時延儒再相，患言者攻己，獨念應熊剛很，可藉以制之，力言於帝。十五年冬，遣行人召應熊。明年六月，應熊未至，延儒已罷歸。給事中龔鼎孳密疏言：「陛下召應熊，必因其秉國之日，衆口交攻，以爲孤立無黨；孰知其同年密契，肺腑深聯，恃延儒在也。臣去年入都，聞應熊賄延儒爲再召計。延儒對衆大言，至尊欲起巴縣。巴縣者，應熊也。未幾，召命果下。以政本重地，私相援引，是延儒雖去猶未去，天下事何堪再悞！」帝得疏心動，留未下。已而延儒被逮，不卽赴，俟應熊至，始尾之行。一日，帝顧中官曰：「延儒何久不至？」對曰：「需王應熊先入耳。」帝益疑之。九月，應熊至，宿朝房。請入對，不許，請歸田，許之，乃慙沮而返。

十七年三月，京師陷。五月，福王立於南京。八月，張獻忠陷四川。乃改應熊兵部尚書兼文淵閣大學士，總督川、湖、雲、貴軍務，專辦川寇。時川中諸郡，惟遵義未下，應熊入守之。縞素誓師，開幕府，傳檄討賊。明年奏上方略，請敕川陝、湖貴兩總督，鄖陽、湖廣、貴州、雲南四巡撫出師合討。幷劾四川巡撫馬乾縱兵淫掠，〔一〕革職提問。命未達而南都亡，乾居職如故。已而獻忠死，諸將楊展等各據州縣自雄，應熊不能制。其部將曾英最有功，復重慶，屢破賊兵。王祥亦出師綦江相犄角。祥才武不及英，而應熊委任過之。又明年十月，獻忠餘黨孫可望、李定國等南走重慶，英戰歿。可望襲破遵義，應熊遁入永寧山中，旋卒於畢節衞。一子陽禧，死於兵，竟無後。

何吾騶，香山人。萬曆四十七年進士。由庶吉士歷官少詹事。崇禎五年擢禮部右侍郎。六年十一月加尚書，同王應熊入閣。溫體仁久柄政，欲斥給事中許譽卿。已擬旨，文震孟爭之，吾騶亦助爲言。體仁訐奏，帝奪震孟官，兼罷吾騶。詳見震孟傳。

居久之，唐王自立於福州，召爲首輔，與鄭芝龍議事輒相牴牾。閩疆旣失，踉蹌回廣州。永明王以原官召之，爲給事中金堡、大理寺少卿趙昱等所攻。引疾辭去，卒於家。

張至發，淄川人。萬曆二十九年進士。歷知玉田、遵化。行取，授禮部主事，改御史。時齊、楚、浙三黨方熾。至發，齊黨也，上疏陳內降之弊。因言：「陛下惡結黨，而秉揆者先不能超然門戶外。頃讀科臣疏云：『日來慰諭輔臣溫旨，輔臣與司禮自相參定，方聽御批。』果若人言，天下事尚可問耶？」語皆刺葉向高，帝不報。時言官爭排東林，戶部郎中李朴不平，抗疏爭。至發遂劾朴背公死黨，誑語欺君，帝亦不報。

尋出按河南。福王之藩洛陽，中使相望於道。至發以禮裁之，無敢橫。宗祿不給，爲置義田，以贍貧者。四十三年，豫省饑，請留餉備振，又請改折漕糧，皆報聞。還朝，引病歸。

天啓元年進大理寺丞。三年請終養。魏忠賢黨薦之，矯旨令吏部擢用，至發方養親不出。

崇禎五年起順天府丞，進光祿卿。精覈積弊，多所釐正，遂受帝知。八年春，遷刑部右侍郎。六月，帝將增置閣臣。以翰林不習世務，思用他官參之。召廷臣數十人，各授一疏，令擬旨。遂擢至發禮部左侍郎兼東閣大學士，與文震孟同入直。自世宗朝許讚後，外僚入閣，自至發始。

時溫體仁爲首輔，錢士升、王應熊、何吾騶次之。越二年，體仁輩盡去，至發遂爲首輔。萬曆中，申時行、王錫爵先後柄政，大旨相紹述，謂之「傳衣鉢」。至發代體仁，一切守其所爲，而才智機變遜之，以位次居首，非帝之所注也。嘗簡東宮講官，擯黃道周，爲給事中馮元飆所刺。至發怒，兩疏詆道周，而極頌體仁孤執不欺，復爲編修吳偉業所劾。講官項煜論至發把持考選，庇兒女姻任濬而抑成勇。至發上章辯，帝遂逐煜去。

內閣中書黃應恩悍戾，體仁、至發輩倚任之，恃勢恣橫。及爲正字，不當復爲東宮侍書，恐帝與太子開講同日也。至發不諳故事，令兼之。應恩不能兼，講官撰講義送應恩繕錄，拒不納。檢討楊士聰論之，至發揭寢其疏。士聰復上書閣中，極論其事，至發終庇之。會復故總督楊鶴官，許給誥命，應恩當撰文。因其子嗣昌得君，力爲洗雪。忤旨，將加罪，至發擬公揭救。同官孔貞運、傅冠曰：「曩許士柔事，吾輩未嘗救，獨救應恩何也？」至發咈然曰：「公等不救，我自救之。」連上三揭。帝不聽，特降諭削應恩籍。嗣昌疏救，亦不聽。無何，大理寺副曹荃發應恩賕請事，詞連至發。至發憤，連疏請勘。帝雖優旨褒答，卒下應恩獄。至發乃具疏，自謂當去者三，而未嘗引疾。忽得旨回籍調理，時人傳笑，以爲遵旨患病云。

至發頗清强。起自外吏，諸翰林多不服。又始終惡異己，不能虛公延攬。帝亦惡其洩漏機密，聽之去。且不遣行人護行，但令乘傳，賜道里費六十金、彩幣二表裏，視首輔去國彝典，僅得半焉。既歸，捐貲改建淄城，賜敕優奬。俄以徽號禮成，遣官存問。十四年夏，帝思用舊臣，特敕召周延儒、賀逢聖及至發，獨至發四疏辭。明年七月病歿。先屢加太子太傅、禮部尚書、文淵閣大學士。及卒，贈少保，祭葬，廕子如制。

代至發爲首輔者，孔貞運。代貞運者，劉宇亮。貞運，句容人，至聖六十三代孫也。萬曆四十七年以殿試第二人授編修。天啓中，充經筵展書官，纂修兩朝實錄。莊烈帝嗣位，貞運進講皇明寶訓，稱述祖宗勤政講學事，帝嘉納之。

崇禎元年擢國子監祭酒，尋進少詹，仍管監事。二年正月，帝臨雍，貞運進講書經。唐貞觀時，祭酒孔穎達講孝經，有釋奠頌。孔氏子孫以國師進講，至貞運乃再見。帝以聖裔故，從優賜一品服。冬十月，畿輔被兵，條上禦敵城守應援數策。尋以艱歸。六年服闋，起南京禮部侍郎。越二年，遷吏部左侍郎。

九年六月與賀逢聖、黃士俊並入內閣。時體仁當國，欲重治復社，值其在告，貞運從寬結之。體仁怒語人曰：「句容亦聽人提索矣。」自是不敢有所建白。及至發去位，貞運代之，乃揭救鄭三俊、錢謙益，俱從寬擬。帝親定考選諸臣，下輔臣再閱，貞運及薛國觀有所更。迨命下，閣擬悉不從，而帝以所擇十八卷下部議行。適新御史郭景昌等謁貞運於朝房，貞運言所下諸卷，說多難行。景昌與辯，退卽上疏劾之。帝雖奪景昌俸，貞運卒引歸。十七年五月，莊烈帝哀詔至。貞運哭臨，慟絕不能起。舁歸，得疾遽卒。

黃士俊，順德人。萬曆三十五年殿試第一。授修撰，歷官禮部尚書。崇禎九年入閣，累加少傅，予告歸。父母俱在堂，錦衣侍養，人以爲榮。唐王以原官召，未赴。後相永明王，耄不能決事，數爲臺省論列。辭歸而卒。

劉宇亮，綿竹人。萬曆四十七年進士。屢遷吏部右侍郎。崇禎十年八月擢禮部尚書，與傅冠、薛國觀同入閣。宇亮短小精悍，善擊劍。居翰林，常與家僮角逐爲樂。性不嗜書，館中纂修、直講、典試諸事，皆不得與。座主錢士升爲之援，又力排同鄉王應熊，張已聲譽，竟獲大用。明年六月，貞運罷歸，遂代爲首輔。其冬，都城戒嚴，命閱視三大營及勇衞營軍士，兩日而畢。又閱視內城九門，外城七門，皆苟且卒事。

時大清兵深入，帝憂甚，宇亮自請督察軍情。帝喜，卽革總督盧象昇任，命宇亮往代。

宇亮請督察，而帝忽改爲總督，大懼，與國觀及楊嗣昌謀，且具疏自言。乃留象昇，而宇亮仍往督察，各鎭勤王兵皆屬焉。甫抵保定，聞象昇戰歿。過安平，偵者報大清兵將至，相顧無人色，急趨晉州避之。知州陳弘緒閉門不納，士民亦歃血誓不延一兵。宇亮大怒，傳令箭：「亟納師，否則軍法從事。」弘緒亦傳語曰：「督師之來以禦敵也，今敵且至，奈何避之？芻糧不繼，責有司。欲入城，不敢聞命。」宇亮乃馳疏劾之，有旨逮治。州民詣闕訟冤，願以身代者千計，弘緒得鐫級調用。帝自是疑宇亮不任事，徒擾民矣。

明年正月至天津。憤諸將退避，疏論之，因及總兵劉光祚逗遛狀。國觀方冀爲首輔，與嗣昌謀傾宇亮，遽擬旨軍前斬光祚。比旨下，光祚適有武淸之捷，宇亮乃繫光祚於獄，而具疏乞宥，繼上武淸捷音。國觀乃擬嚴旨，責以前後矛盾，下九卿科道議。僉謂宇亮玩弄國憲，大不敬。宇亮疏辯，部議落職閒住。給事中陳啓新、沈迅復重劾之，改擬削籍。帝令戴罪圖功，事平再議。宇亮竟以此去位，而國觀代爲首輔矣。已而定失事者五案，宇亮終免議。久之，卒於家。

薛國觀，韓城人。萬曆四十七年進士。授萊州推官。天啓四年擢戶部給事中，數有建白。魏忠賢擅權，朝士爭擊東林。國觀所劾御史游士任、操江都御史熊明遇、保定巡撫張鳳翔、兵部侍郎蕭近高、刑部尚書喬允升，皆東林也。尋遷兵科右給事中，於疆事亦多所論奏。忠賢遣內臣出鎮，偕同官疏爭。七年再遷刑科都給事中。

崇禎改元，忠賢遺黨有欲用王化貞，寬近高，〔三〕出胡嘉棟者，國觀力持不可。奉命祭北鎮醫無閭，還言關內外營伍虛耗、將吏侵剋之弊，因薦大將滿桂才。帝褒以忠讜，令指將吏侵剋者名。列上副將王應暉等六人，詔俱屬之吏。陝西盜起，偕鄉人仕於朝者，請設防速剿，并追論故巡撫喬應甲納賄縱盜罪。削應甲籍，籍其贓。國觀先附忠賢，至是大治忠賢黨，爲南京御史袁燿然所劾。國觀懼，且虞掛察典，思所以撓之，乃劾吏科都給事中沈惟炳、兵科給事中許譽卿，言：「兩人主盟東林，與瞿式耜掌握枚卜。文華召對，陛下惡章允儒妄言，嚴旨處分。譽卿乃持一疏授惟炳，使同官劉斯琜邀臣列名，臣拒不應，遂使燿然劾臣。臣自立有品，不入東林，遂罹其害。今朝局惟論東林異同向背，借崔、魏爲題，報仇傾陷。今又把持京察，而式耜以被斥之人，久居郭外，遙制察典，舉朝無敢言。」末詆燿然賄劉鴻訓得御史。帝雖以撓察典責之，國觀卒免察。然清議不容，旋以終養去。

三年秋，用御史陳其猷薦，起兵科都給事中。遭母憂，服闋，起禮科都給事中，遷太常少卿。九年擢左僉都御史。明年八月拜禮部左侍郎兼東閣大學士，入參機務。國觀爲人陰鷙谿刻，不學少文。溫體仁因其素仇東林，密薦於帝，遂超擢大用之。

十一年六月進禮部尙書。其冬，首輔劉宇亮出督師，國觀與楊嗣昌比，搆罷宇亮。明年二月代其位。敍剿寇功，加太子太保、戶部尙書，進文淵閣。敍城守功，加少保、吏部尙書，進武英殿。

先爲首輔者，體仁最當帝意，居位久。及張至發、孔貞運、劉宇亮繼之，皆非帝意所屬，故旋罷去。國觀得志，一踵體仁所爲，導帝以深刻，而才智彌不及，操守亦弗如。帝初頗信嚮之，久而覺其奸，遂及於禍。

始帝燕見國觀，語及朝士貪婪。國觀對曰：「使廠衞得人，安敢如是。」東廠太監王德化在側，汗流沾背，於是專察其陰事。國觀任中書王陛彥，而惡中書周國興、楊餘洪，以漏詔旨、招權利劾之，並下詔獄。兩人老矣，斃廷杖下。其家人密緝國觀通賄事，報東廠。而國觀前匿史䓍所寄銀，周、楊兩家又誘䓍蒼頭首告。由是諸事悉上聞，帝意漸移。

史䓍者，淸苑人。爲御史無行，善結納中官，爲王永光死黨。巡按淮、揚，括庫中贓罰銀十餘萬入己橐。攝巡鹽，又掩取前官張錫命貯庫銀二十餘萬。及以少卿家居，檢討楊士聰劾吏部尙書田唯嘉納周汝弼金八千推延綏巡撫，䓍居間，幷發䓍盜鹽課事。䓍得旨自陳，遂訐士聰，而鹽課則請敕淮、揚監督中官楊顯名核奏。俄而錫命子沆訐䓍，給事中張焜芳復劾堃侵盜有據。〔三〕又嘗勒富人于承祖萬金，事發，則遣家人齎重貲謀於黠吏，圖改舊籍。帝乃怒，褫堃職。堃急攜數萬金入都，主國觀邸。謀既定，出疏攻焜芳及其弟炳芳、煒芳。閣臣多徇堃，擬嚴旨。帝不聽，止奪焜芳官候訊。及顯名核疏上，力爲堃解，而不能諱者六萬金，堃下獄。會有兵事，獄久不結，瘐死。都人籍籍，謂堃所攜貲盡爲國觀有。家人證之，事大著。國觀猶力辨堃贓爲黨人搆陷，帝不聽。

帝初憂國用不足，國觀請借助，言：「在外羣僚，臣等任之；在內戚畹，非獨斷不可。」因以武清侯李國瑞爲言。國瑞者，孝定太后兄孫，帝曾祖母家也。國瑞薄庶兄國臣，國臣憤，詭言「父貲四十萬，臣當得其半，今請助國爲軍貲」。帝初未允。因國觀言，欲盡借所言四十萬者，不應則勒期嚴追。或敎國瑞匿貲勿獻，拆毀居第，陳什器通衢鬻之，示無所有。嘉定伯周奎與有連，代爲請。帝怒，奪國瑞爵，國瑞悸死。有司追不已，戚畹皆自危。因皇五子病，交通宦官宮妾，倡言孝定太后已爲九蓮菩薩，空中責帝薄外家，諸皇子盡當殀，降神於皇五子。俄皇子卒，帝大恐，急封國瑞七歲兒存善爲侯，盡還所納金銀，而追恨國觀，待隙而發。

國觀素惡行人吳昌時。及考選，昌時虞國觀抑己，因其門人以求見。國觀僞與交驩，擬第一，當得吏科。迨命下，乃得禮部主事。昌時大恨，以爲賣己，與所善東廠理刑吳道正謀，發丁憂侍郎蔡奕琛行賄國觀事。帝聞之，益疑。

十三年六月，楊嗣昌出督師，有所陳奏。帝令擬諭，國觀乃擬旨以進。帝遂發怒，下五府九卿科道議奏。掌都督府魏國公徐允禎、吏部尚書傅永淳等不測帝意，議頗輕，請令致仕或閒住。帝度科道必言之，獨給事中袁愷會議不署名，且疏論永淳徇私狀，而微詆國觀藐肆妬嫉。帝不懌，抵疏於地曰：「成何糾疏！」遂奪國觀職，放之歸，怒猶未已。

國觀出都，重車纍纍，偵事者復以聞。而東廠所遣伺國觀邸者，值陛彥至，執之，得其招搖通賄狀。詞所連及，永淳、奕琛曁通政使李夢辰、刑部主事朱永佑等十一人。命下陛彥詔獄窮治。頃之，愷再疏，盡發國觀納賄諸事，永淳、奕琛與焉。國觀連疏力辨，詆愷受昌時指使，帝不納。

至十月，陛彥獄未成，帝以行賄有據，卽命棄市，而遣使逮國觀。國觀遷延久不赴，明年七月入都。令待命外邸，不以屬吏，國觀自謂必不死。八月初八日夕，監刑者至門，猶鼾睡。及聞詔使皆緋衣，蹶然曰：「吾死矣！」倉皇覓小帽不得，取蒼頭帽覆之。宣詔畢，頓首不能出聲，但言「吳昌時殺我」，乃就縊。明日，使者還奏。又明日許收斂，懸梁者兩日矣。輔臣戮死，自世廟夏言後，此再見云。法司坐其贓九千，沒入田六百畝，故宅一區。國觀險忮，然罪不至死。帝徒以私憤殺之，贓又懸坐，人頗有冤之者。

袁愷，聊城人。旣劾罪國觀，後爲給事中宋之普所傾，罷去。福王時，起故官，道卒。

程國祥，字仲若，上元人。舉萬曆三十二年進士。歷知確山、光山二縣，有清名。遷南京吏部主事，乞養歸。服闋，起禮部主事。天啓四年，吏部尚書趙南星知其可任，調爲己屬，更歷四司。發御史楊玉珂請屬，玉珂被謫，國祥亦引疾歸。其冬，魏忠賢旣逐南星，御史張訥劾國祥爲南星邪黨，遂除名。

崇禎二年起稽勳員外郎。遷考功郎中，主外計，時稱公愼。御史龔守忠詆國祥通賄，國祥疏辯。帝褒以淸執，下都察院核奏，事得白，守忠坐褫官。尋遷大理右寺丞。歷太常卿、南京通政使，就遷工部侍郎，復調戶部。

九年冬，〔四〕召拜戶部尙書。楊嗣昌議增餉，國祥不敢違。而是時度支益匱，四方奏報災傷者相繼。國祥多方區畫，亦時有所蠲減。最後建議，借都城賃舍一季租，可得五十萬，帝遂行之。勛戚奄豎悉隱匿不奏，所得僅十三萬，而怨聲載途。然帝由是眷國祥。

十一年六月，帝將增置閣臣，出御中極殿，召廷臣七十餘人親試之。發策言：「年來天災頻仍，今夏旱益甚，金星晝見五旬，四月山西大雪。朝廷腹心耳目臣，務避嫌怨。有司舉刻，情賄關其心。剋期平賊無功，而剿兵難撤。外敵生心，邊餉日絀。民貧既甚，正供猶艱。有司侵削百方，如火益熱。若何處置得宜，禁戢有法，卿等悉心以對。」會天大雨，諸臣面對後，漏已深，終考者止三十七人。顧帝意已前定，特假是爲名耳。居數日，改國祥禮部尚書，與楊嗣昌、方逢年、蔡國用、范復粹俱兼東閣大學士，入參機務。時劉宇亮爲首輔，傅冠、薛國觀次之，又驟增國祥等五人。國觀、嗣昌最用事。國祥委蛇其間，自守而已。明年四月召對，無一言。帝傳諭責國祥緘默，大負委任。國祥遂乞休去。

國祥始受業於焦竑。歷任卿相，布衣蔬食，不改儒素。與其子上俱撰有詩集。國祥歿後，家貧，不能舉火。上營葬畢，感疾卒，無嗣。

蔡國用，金谿人。萬曆三十八年進士。由中書舍人擢御史。天啓五年陳時政六事，詆葉向高、趙南星，而薦亓詩敎、趙興邦、邵輔忠、姚宗文等七人。魏忠賢喜，矯旨褒納。尋忤璫意，勒令閒住。

崇禎元年起故官，屢遷工部右侍郎。督修都城，需石甚急，不克辦。國用建議取牙石用之。牙石者，舊列崇文、宣武兩街，備駕出除道者也。帝閱城，嘉其功，遂欲大用。十一年六月，廷推閣臣，國用望輕，不獲與，特旨擢禮部尚書，入閣辦事。累加少保，改吏部尙書、武英殿。〔五〕十三年六月卒於官，贈太保，謚文恪。國用居位清謹，與同列張四知皆庸才，碌碌無所見。

范復粹，黃縣人。萬曆四十七年進士。除開封府推官。崇禎元年爲御史。廷議移毛文龍內地，復粹言：「海外億萬生靈誰非赤子，倘棲身無所，必各據一島爲盜，後患方深。」又言：「袁崇煥功在全遼，而尚寶卿董懋中詆爲逆黨所庇，持論狂謬。」懋中遂落職，文龍亦不果移。

巡按江西，請禁有司害民六事。時大釐鄢傳積弊，減削過甚，反累民，復粹極陳不便。丁艱歸。服闋，還朝，出按陝西。陳治標治本之策：以任將、設防、留餉爲治標；廣屯、蠲賦、招撫爲治本。帝褒納之。廷議有司督賦缺額，兼罪撫按，復粹力言不可。

由大理右寺丞進左少卿。居無何，超拜禮部左侍郎兼東閣大學士。時同命者五人，翰林惟方逢年，餘皆外僚，而復粹由少卿，尤屬異數。蓋帝欲閣臣通知六部事，故每部簡一人：首輔劉宇亮由吏部，國祥以戶，逢年以禮，嗣昌以兵，國用以工。刑部無人，復粹以大理代之。累加少保，進吏部尚書、武英殿。

十三年六月，國觀罷，復粹爲首輔。給事中黃雲師言「宰相須才識度三者」，復粹恚，因自陳三者無一，請罷，溫旨慰留。御史魏景琦劾復粹及張四知學淺才疎，伴食中書，遺譏海內。帝以妄詆下之吏。明年加少傅兼太子太傅，改建極殿。賊陷洛陽，復粹等引罪乞罷，不允。帝御乾清宮左室，召對廷臣，語及福王被害，泣下。復粹曰：「此乃天數。」帝曰：「雖氣數，亦賴人事挽回。」復粹等不能對。帝疾初愈，大赦天下，命復粹錄囚，自尚書傅宗龍以下，多所減免。是年五月致仕。國變後，卒於家。

方逢年，遂安人。萬曆四十四年進士。〔六〕天啓四年以編修典湖廣試，發策有「巨璫大蠹」語，且云「宇內豈無人焉，有薄士大夫而覓皐、夔、稷、契於黃衣閹尹之流者」。魏忠賢見之，怒，貶三秩調外。御史徐復陽希指劾之，削籍爲民。

崇禎初，起原官，累遷禮部侍郎。十一年詔廷臣舉邊才，逢年以汪喬年應。未幾，擢禮部尚書，入閣輔政。其冬，刑科奏摘參未完疏，逢年以犯贓私者，人亡產絕，親戚坐累，幾同瓜蔓，遂輕擬以上。而帝意欲罪刑部尚書劉之鳳，責逢年疎忽。逢年引罪，卽罷歸。

福王時，復原官，不召。魯王三召之，用其議，定稱魯監國。紹興破，王航海，逢年追不及，與方國安等降於我大清。已而以蠟丸書通閩，事洩被誅。

張四知者，費縣人。天啓二年進士。由庶吉士授檢討。崇禎中，歷官禮部右侍郎。貌寢甚，嘗患惡瘍。十一年六月，廷推閣臣忽及之。給事中張淳劾其爲祭酒時貪汚狀，四知憤，帝前力辨，言己孤立，爲廷臣所嫉。帝意頗動，薛國觀因力援之。明年五月與姚明恭、魏照乘俱拜禮部尚書兼東閣大學士。

明恭，蘄水人。出趙興邦門，公論素不予。崇禎十一年由詹事遷禮部侍郎，敎習庶吉士。給事中耿始然劾其與副都御史袁鯨比而爲奸利，帝不聽。明年遂柄用。

照乘，滑人。天啓時，爲吏部都給事中。崇禎十一年歷官兵部侍郎。明年，國觀引入閣。

三人者，皆庸劣充位而已。四知加太子太保，進吏部尚書、武英殿。明恭加太子太保，進戶部尚書、文淵閣。照乘加太子少傅，進戶部尚書、文淵閣。帝自卽位，務抑言官，不欲以其言斥免大臣。彈章愈多，位愈固。四知秉政四載，爲給事中馬嘉植，御史鄭崑貞、曹溶等所劾，帝皆不納。十五年六月始致仕。照乘亦四載。御史楊仁願、徐殿臣、劉之勃相繼論劾，〔七〕引疾去。明恭甫一載，鄉人詣闕訟之，請告歸。後四知降於我大淸。

陳演，井研人。祖效，萬曆間以御史監征倭軍，卒於朝鮮，贈光祿卿。演登天啓二年進士，改庶吉士，授編修。崇禎時，歷官少詹事，掌翰林院，直講筵。十三年正月擢禮部右侍郎，協理詹事府。

演庸才寡學，工結納。初入館，即與內侍通。莊烈帝簡用閣臣，每親發策，以所條對覘能否。其年四月，中官探得帝所欲問數事，密授演，條對獨稱旨，即拜禮部左侍郎兼東閣大學士，與謝陞同入閣。明年進禮部尚書，改文淵閣。十五年以山東平盜功加太子少保，改戶部尚書、武英殿。被劾乞罷，優旨慰留。明年五月，周延儒去位，遂爲首輔。尋以城守功，加太子太保。十七年正月考滿，加少保，改吏部尚書、建極殿。踰月罷政。再踰月，都城陷，遂及於難。

演爲人既庸且刻。惡副都御史房可壯、河南道張煊不受屬，因會推閣臣譏於帝，可壯等六人俱下吏。王應熊召至，旋放還，演有力焉。

自延儒罷後，帝最倚信演。臺省附延儒者，盡趨演門。當是時，國勢累卵，中外舉知其不支。演無所籌畫，顧以賄聞。及李自成陷陝西，逼山西，廷議撤寧遠吳三桂兵，入守山海關，策應京師。帝意亦然之，演持不可。後帝決計行之，三桂始用海船渡遼民入關。往返者再，而賊已陷宣、大矣。演懼不自安，引疾求罷。詔許之，賜道里費五十金，彩幣四表裏，乘傳行。

演既謝事，薊遼總督王永吉上疏力詆其罪，請置之典刑。給事中汪惟效、孫承澤亦極論之。演入辭，謂佐理無狀，罪當死。帝怒曰：「汝一死不足蔽辜。」叱之去。演貲多，不能遽行。賊陷京師，與魏藻德等俱被執，繫賊將劉宗敏營中。其日獻銀四萬，賊喜，不加刑。四月八日，已得釋。十二日，自成將東禦三桂，慮諸大臣爲後患，盡殺之。演亦遇害。

魏藻德，順天通州人。崇禎十三年舉進士。旣殿試，帝思得異才，復召四十八人於文華殿，問「今日內外交訌，何以報讐雪恥」。藻德卽以「知恥」對，又自敍十一年守通州功。帝善之，擢置第一，授修撰。

十五年，都城戒嚴，疏陳兵事。明年三月召對稱旨。藻德有口才。帝以己所親擢，且意其有抱負，五月驟擢禮部右侍郎兼東閣大學士，入閣輔政。藻德力辭部銜，乃改少詹事。正統末年，兵事孔棘，彭時以殿試第一人，踰年卽入閣，然仍故官修撰，未有超拜大學士者。陳演見帝遇之厚，曲相比附。八月補行會試，引爲副總裁，越蔣德璟、黃景昉而用之。藻德居位，一無建白，但倡議令百官捐助而已。十七年二月詔加兵部尙書兼工部尙書、文淵閣大學士，總督河道、屯田、練兵諸事，駐天津，而命方岳貢駐濟寧，蓋欲出太子南京，俾先清道路也。有言百官不可令出，出卽潛遁者，遂止不行。

及演罷，藻德遂爲首輔。同事者李建泰、方岳貢、范景文、丘瑜，皆新入政府，莫能補救。至三月，都城陷，景文死之，藻德、岳貢、瑜並被執，幽劉宗敏所。賊下令勒內閣十萬金，京卿、錦衣七萬，或五三萬，給事、御史、吏部、翰林五萬至一萬有差，部曹數千，勛戚無定數。藻德輸萬金，賊以爲少，酷刑五日夜，腦裂而死。復逮其子追徵，訴言：「家已罄盡。父在，猶可丐諸門生故舊。今已死，復何所貸？」賊揮刃斬之。

李建泰，曲沃人。天啓五年進士。歷官國子祭酒，頗著聲望。崇禎十六年五月擢吏部右侍郎。十一月以本官兼東閣大學士，與方岳貢並命。疏陳時政切要十事，帝皆允行。

明年正月，李自成逼山西。建泰慮鄉邦被禍，而家富於貲，可藉以佐軍，毅然有滅賊志，常與同官言之。會平陽陷，帝臨朝歎曰：「朕非亡國之君，事事皆亡國之象。祖宗櫛風沐雨之天下，一朝失之，何面目見於地下！朕願督師親決一戰，身死沙場無所恨，但死不瞑目耳！」語畢痛哭。陳演、蔣德璟諸輔臣請代，俱不許。建泰頓首曰：「臣家曲沃，願出私財餉軍，不煩官帑，請提師以西。」帝大喜，慰勞再三，曰：「卿若行，朕倣古推轂禮。」建泰退，卽請復故御史衞楨固官；授進士淩駉職方主事，並監軍；參將郭中杰爲副總兵，領中軍事；薦進士石嶐聯絡延、寧、甘、固義士，〔八〕討賊立功。帝俱從之。加建泰兵部尙書，賜尙方劍，便宜從事。

二十六日行遣將禮。駙馬都尉萬煒以特牲告太廟。日將午，帝御正陽門樓，衞士東西列，自午門抵城外，旌旗甲仗甚設。內閣五府六部都察院掌印官及京營文武大臣侍立，鴻臚贊禮，御史糾儀。建泰前致辭。帝奬勞有加，賜之宴。御席居中，諸臣陪侍。酒七行，帝手金卮親酌建泰者三，卽以賜之。乃出手敕曰「代朕親征」。宴畢，內臣爲披紅簪花，用鼓樂導尙方劍而出。建泰頓首謝，且辭行。帝目送之。行數里，所乘肩輿忽折，衆以爲不祥。建泰以宰輔督師，兵食並絀，所攜止五百人。甫出都，聞曲沃已破，家貲盡沒，驚怛而病。日行三十里，士卒多道亡。至定興，城門閉不納。留三日，攻破之，笞其長吏。抵保定，賊鋒已逼，不敢前，入屯城中。已而城陷，知府何復、鄉官張羅彥等並死之。建泰自刎不殊，爲賊將劉方亮所執，送賊所。

賊既敗，大清召爲內院大學士。未幾，罷歸。姜瓖反大同，建泰遙應之。兵敗被擒，伏誅。

贊曰：天下治亂，係於宰輔。自温體仁導帝以刻深，治尚操切，由是接踵一跡。應熊剛很，至發險忮，國觀陰鷙，一效體仁之所爲，而國家之元氣已索然殆盡矣。至於演、藻德之徒，機智弗如，而庸庸益甚，禍中於國，旋及其身，悲夫！

校勘記

〔一〕並劾四川巡撫馬乾縱兵淫掠　馬乾，原作「馬體乾」，據本書卷二七九樊一蘅傳、又卷二九五耿廷籙傳，明史稿傳一三三王應熊傳删「體」字，下同。

〔二〕忠賢遺黨有欲用王化貞寬近高　近高，原作「高」，脱「近」字。按上文稱薛國觀劾蕭近高，本書卷二四二蕭近高傳，所述與本傳文相合，據補。

〔三〕給事中張焜芳復劾薤侵盜有據　張焜芳，原作「劉焜芳」，按本書卷二九一有張焜芳傳，事跡與此合，據改。

〔四〕九年冬　本書卷一一二七卿年表、懷宗實録卷一〇崇禎十年正月辛丑條、國榷卷九六頁五七七四都作「十年正月」。

〔五〕改吏部尚書武英殿　本書卷一一〇宰輔年表、懷宗實録卷一二崇禎十二年六月己丑條、國榷卷九七頁五八四三都作「户部尚書、文淵閣大學士」。

〔六〕萬曆四十四年進士　按方逢年於天啓二年壬戌舉進士，見明進士題名碑録天啓壬戌科，傳文疑誤。

〔七〕御史楊仁願徐殿臣劉之勃相繼論劾　劉之勃，原作「劉之渤」，據本書卷二六三劉之勃傳及明史稿傳一三三張四知傳附魏照乘傳改。

〔八〕薦進士石嶐聯絡延寧甘固義士　石嶐，原作「石嵸」，據國榷卷一〇〇頁六〇六一、明進士題名碑録崇禎癸未科改。

明史卷二百五十四

列傳第一百四十二

喬允升 易應昌等 曹于汴 孫居相 弟鼎相 曹珖

陳于廷 鄭三俊 李日宣 張瑋 金光辰

喬允升，字吉甫，洛陽人。萬曆二十年進士。除太谷知縣。以治行高等，徵授御史。歷按宣、大、山西、畿輔，並著風采。

三十九年大計京官。允升協理河南道，力鋤匪類。而主事秦聚奎、給事中朱一桂咸爲被察者訟冤。察疏猶未下，允升慮帝意動搖，三疏別白其故，且劾吏部侍郎蕭雲舉佐察行私，事乃獲竣，雲舉亦引去。尋遷順天府丞，進府尹。齊、楚、浙三黨用事，移疾歸。

天啓初，起歷刑部左、右侍郎。三年進尚書。魏忠賢逐吏部尚書趙南星，廷推允升代。忠賢以允升爲南星黨，并逐主議者，允升復移疾歸。既而給事中薛國觀劾允升主謀邪黨，詔落職閒住。

崇禎初，召拜故官。時訟獄益繁，帝一切用重典。允升執法不撓，多所平反。先是，錢謙益典試浙江。有奸人金保元、徐時敏僞作關節，授舉子錢千秋。千秋故有文，獲薦，覺保元、時敏詐，與之鬨。事傳京師，爲部、科磨勘者所發。謙益大駭，詰知二奸所爲，疏劾之，并千秋俱下吏。罪當戍，二奸瘐死，千秋更赦釋還，事已七年矣。溫體仁以枚卜不與，疑謙益主之，復發其事。詔逮千秋再訊。帝深疑廷臣結黨，蓄怒以待，而體仁又密伺於旁，廷臣相顧惕息。允升乃會都御史曹于汴、大理卿康新民等讞鞫者再。千秋受拷無異詞，允升等具以聞。帝不悅，命覆勘。體仁慮謙益事白，己且獲譴，再疏劾法官六欺，且言獄詞盡出謙益手。允升憤，求去。帝雖慰留，卒如體仁言，奪謙益官閒住。千秋荷校死。

二年冬，我大清兵薄都城，獄囚劉仲金等百七十人破械出，欲踰城被獲。帝震怒，下允升及左侍郎胡世賞、提牢主事敖繼榮獄，欲置之死。中書沈自植乘間擿劾允升他罪，章并下按問。副都御史掌院事易應昌以允升等無死罪，執奏再三。帝益怒，并下應昌獄，鐫僉都御史高弘圖、大理寺卿金世俊級，奪少卿周邦基以下俸，令再讞。弘圖等乃坐允升絞，而微言其年老可念。帝謂允升法當死，特高年篤疾減死，與繼榮俱戍邊，世賞贖杖爲民。尙書胡應台等上應昌罪，帝以爲輕。杖郎中徐元嘏於廷，鐫應台秩視事，應昌論死。四年四月，久旱求言，多請緩刑。乃免應昌及工部尚書張鳳翔、御史李長春、給事中杜齊芳、都督李如楨死，遣戍邊衞。允升赴戍所，未幾死。允升端方廉直，歇歷中外，具有聲績，以詿誤獲重譴，天下惜之。

易應昌，字瑞芝，臨川人。萬曆四十一年進士。熹宗時，由御史累遷大理少卿。逆黨劾爲東林，削籍。崇禎二年起左僉都御史，進左副都御史，與曹于汴持史𡌴、高捷起官事，爲時所重，至是獲罪。福王時，召復故官，遷工部右侍郎。國變後卒。

帝在位十七年，刑部易尚書十七人。薛貞，以奄黨抵死。蘇茂相，半歲而罷。王在晉，未任改兵部去。允升，遣戍。韓繼思，坐議獄除名。胡應台，獨得善去。馮英，被劾遣戍。鄭三俊，坐議獄逮繫。劉之鳳，坐議獄論絞，瘐死獄中。甄淑，坐納賄下詔獄，改繫刑部，瘐死。李覺斯，坐議獄削籍去。劉澤深，卒於位。鄭三俊，再爲尚書，改吏部。范景文，未任，改工部。徐石麒，坐議獄落職閒住。〔一〕胡應台，再召不赴。繼其後者張忻，賊陷京師，與子庶吉士端並降。

曹于汴，字自梁，安邑人。萬曆十九年舉鄉試第一。明年成進士，授淮安推官。以治行高第，授吏科給事中。疏劾兩京兵部尙書田樂、邢玠及雲南巡撫陳用賓，樂、玠遂引去。吏部郎趙邦清被誣，于汴疏雪之。謁告歸，僦屋以居，不蔽風日。

起歷刑科左、右給事中。朝房災，請急補曠官，修廢政。遼左有警，朝議增兵。于汴言：「國家三歲遣使者閱邊，盛獎邊臣功伐。蟒衣金幣之賜，官秩之增，未嘗或靳。今廢防至此，宜重加按問。邊道超擢，當於秩滿時閱實其績，毋徒循資俸，坐取建牙開府。」

進吏科都給事中。給事中胡嘉棟發中官陳永壽兄弟奸，永壽反訐嘉棟。于汴極論永壽罪。故事，章疏入會極門，中官直達之御前，至是必啓視然後進御。于汴謂乖祖制，洩事機，力請禁之。三十八年典外察，去留悉當。明年典京察，屛湯賓尹、劉國縉等，而以年例出王紹徽、喬應甲於外。其黨羣起力攻，于汴持之堅，卒不能奪。以久次擢太常少卿，疏寢不下，請告又不報，候命歲餘，移疾歸。

光宗立，始以太常少卿召。至則改大理少卿，遷左僉都御史，佐趙南星京察。事竣，進左副都御史。天啓三年秋，吏部缺右侍郎，廷推馮從吾，以于汴副。中旨特用于汴。于汴以從吾名位先己，義不可越，四辭不得，遂引疾歸。明年起南京右都御史，辭不拜。時紹徽、應甲附魏忠賢得志，必欲害于汴，屬其黨石三畏以東林領袖劾之，遂削奪。

崇禎元年召拜左都御史。振舉憲規，約敕僚吏，臺中肅然。明年京察，力汰匪類，忠賢餘黨幾盡，仕路爲清。溫體仁訐錢謙益，下錢千秋法司，訊不得實。體仁以于汴謙益座主也，幷訐之。于汴亦發體仁欺罔狀。帝終信體仁，謙益竟獲罪。

先是，詔定逆案。于汴與大學士韓爌、李標、錢龍錫，刑部尙書喬允升平心參決，不爲已甚，小人猶惡之。故御史高捷、史𡎺素憸邪，爲淸議所擯，吏部尙書王永光力薦之。故事，御史起官，必都察院咨取。于汴惡其人，久弗咨。永光憤，再疏力爭。已得請，于汴猶以故事持之，兩人遂投牒自乞。于汴益惡之，卒持不予。兩人竟以部疏起官，遂日夜謀傾于汴。

中書原抱奇者，賈人子也，嘗誣劾大學士爌。至是再劾爌及于汴幷及尙書孫居相、侍郎程啓南、府丞魏光緒，目爲「西黨」，請皆放黜，以五人籍山西也。帝絀抱奇言不聽。而工部主事陸澄源復劾于汴朋奸六罪。帝雖謫澄源，于汴卒謝事去。及辭朝，以敦大進規。七年卒，年七十七。贈太子太保。

于汴篤志正學，操履粹白。立朝，正色不阿，崇奬名敎，有古大臣風。

孫居相，字伯輔，沁水人。萬曆二十年進士。除恩縣知縣。徵授南京御史。負氣敢言。嘗疏陳時政，謂「今內自宰執，外至郡守縣令，無一人得盡其職。政事日廢，治道日乖，天變人怨，究且瓦解土崩。縱珠玉金寶亘地彌天，何救危亂！」帝不省。誠意伯劉世延屢犯重辟，廢爲庶人，錮原籍。不奉詔，久居南京，益不法，妄言星變，將勤兵赴闕。居相疏發其奸，并及南京勳臣子弟暴横狀。得旨下世延吏，安遠、東寧、忻城諸侯伯子弟悉按問，强暴爲戢。稅使楊榮激變雲南，守太和山中官黃勳嗾道士毆辱知府，居相皆極論其罪。

時中外多缺官，居相兼攝七差，署諸道印，事皆辦治。大學士沈一貫數被人言，居相力詆其奸貪植黨，一貫乃去，居相亦奪祿一年。連遭內外艱。服闋，起官，出巡漕運，還發湯賓尹、韓敬科場事。廷議當褫官，其黨爲營護，旨下法司覆勘。居相復發敬通賄狀，敬遂不振。故事，御史年例外轉，吏部、都察院協議。王時熙、魏雲中之去，都御史孫瑋不與聞。居相再疏劾尚書趙煥，煥引退。及鄭繼之代煥，復以私意出宋槃、潘之祥於外，居相亦據法力爭。吏部侍郎方從哲由中旨起官，中書張光房等五人以持議不合時貴，擯不與科道選，居相並抗章論列。

當是時，朋黨勢成，言路不肖者率附吏部，以驅除異己，勢張甚。居相挺身與抗，氣不少沮。於是過庭訓、〔二〕唐世濟、李徵儀、劉光復、趙興邦、周永春、姚宗文、吳亮嗣、汪有功、王萬祚輩羣起爲難。居相連疏揞拄，諸人迄不能害。至四十五年，亦以年例出居相江西參政，引疾不就。

天啓改元，起光祿少卿。改太僕，擢右僉都御史，巡撫陜西。四年春，召拜兵部右侍郎。其冬，魏忠賢盜柄，復引疾歸。無何，給事中陳序謂居相出趙南星門，與楊漣交好。序同官虞廷陛又劾居相力薦李三才，遙結史記事，遂削奪。

崇禎元年起戶部右侍郎，專督鼓鑄。尋改吏部，進左侍郎，以戶部尙書總督倉場。轉漕多僱民舟，民僨甚，以居相言獲蘇。高平知縣喬淳貪虐，爲給事中楊時化所劾，坐贓二萬有奇。淳家京師，有奧援，乞移法司覆訊，且訐時化請囑致隙。時化方憂居，通書居相，報書有「國事日非，邪氛益惡」語，爲偵事者所得，聞於朝。帝大怒，下居相獄，謫戍邊。七年卒於戍所。

弟鼎相，歷吏部郎中、副都御史，巡撫湖廣，亦有名東林中。

曹珖，字用韋，益都人。萬曆二十九年進士。授戶部主事，督皇城四門。倉衞軍貸羣璫子錢，償以月餉，軍不支餉者三年。及餉期，羣璫抱券至，珖命減息，璫大譁。珖曰：「幷私券奏聞，聽上處分耳。」羣瑺請如命，軍困稍蘇。以憂去。

起補兵部武選主事，歷職方郎中。大瑺私人求大帥，珖不可。東廠太監盧受疏申職掌，珖亦請敕受約束部卒，毋陷良民。稍遷河南參政，〔三〕引疾歸。久之，起南京太常少卿。光宗驟崩，馳疏言：「先帝春秋鼎盛，奄棄羣臣，道路咸知奸黨陰謀，醫藥雜進，以至於此。天下之弒逆，有毒而非酖、戕而非刃者，此與先年梃擊，同一奸宄。乞明詔輔臣，直窮奸狀，以雪先帝之讐。」報聞。

天啓初，敍職方時邊功，加光祿卿，進太常大理卿。魏忠賢亂政，大獄紛起，珖請告歸。尋爲給事中潘士聞所劾，落職閒住。御史盧承欽歷攻東林，詆珖狎主邪盟，遂削奪。

崇禎元年起戶部右侍郎，督錢法，尋遷左侍郎。三年拜工部尙書。珖初名珍，避仁宗諱，始改名。五年，陵工成，加太子少保。桂王重建府第，議加江西、河南、山東、山西田賦十二萬有奇。浙江逋織造銀十餘萬，巡撫陸完學請編入正額。珖皆持不可。

中官張彝憲總理戶、工兩部事，議設座於部堂，珖不可。右侍郎高弘圖履任，彝憲欲共設公座。珖與弘圖約，比彝憲至，皆曰「事竣矣」，撤座去，彝憲怏怏。及主事金鉉、馮元飈交疏劾彝憲，彝憲疑出珖，日摺摭其隙。會山永巡撫劉宇烈請料價萬五千兩、鉛五萬斤，工部無給銀例，與鉛之半。宇烈怒，奏鉛皆濫惡。彝憲取粗鉛進曰「庫鉛盡然」，欲以罪珖。

嚴旨盡鎔庫鉛，司官中毒死者三人，內外官多獲罪。彝憲乃糾巡視科道許國榮等十一人，珖疏救，忤旨詰責。彝憲又指鬪工冒破齮齕之，珖累疏乞骸骨歸，五月得請。屢薦不起。家居十四年卒。

陳于廷，字孟諤，宜興人。萬曆二十三年進士。歷知光山、唐山、秀水三縣，徵授御史。甫拜命，卽論救給事中汪若霖，詆大學士朱賡甚力，坐奪俸一年。頃之，劾職方郎中申用懋、趙拱極、黃克謙爲宰相私人，不宜處要地，又劾賡及王錫爵當斥。已，言諭德顧天埈素干清議，不宜久玷詞林。語皆峻切。視鹺河東，劾稅使張忠撓鹽政。正陽門災，極陳時政闕失。父喪歸。服除，起按江西。時稅務已屬有司，而中官潘相欲親督湖口稅，于廷劾其背旨虐民。淮府庶子常洪作奸，論置之法。改按山東。

光宗立，擢太僕少卿，從太常。議「紅丸」事，極言崔文昇、李可灼當斬。尚書王紀被斥，特疏申救。再進大理卿，戶部右侍郎，改吏部，進左侍郎。尚書趙南星旣逐，于廷署事。大學士魏廣微傳魏忠賢意，欲用其私人代南星，且許擢于廷總憲。于廷不可，以喬允升、馮從吾、汪應蛟名上。忠賢大怒，謂所推仍南星遺黨，矯旨切責，幷楊漣、左光斗盡斥爲民。文選郎張光前、〔四〕御史袁化中、房可壯亦坐貶黜。自是清流盡逐，小人日用事矣。

崇禎初，起南京右都御史。與鄭三俊典京察，盡去諸不肖者。南御史差竣，例聽北考，于廷請先考於南，報可。召拜左都御史。以巡方責重，列上糾大吏、薦人才、修荒政、覈屯鹽、禁耗羨、清獄囚、訪奸豪、弭寇盜八事，請於回道日核實課功。優詔褒納。給事中馬思理，御史高倬、余文縉坐事下吏，並抗疏救之。秩滿，加太子少保。三疏乞休，不允。

兩浙巡鹽御史祝徽、廣西巡按御史畢佐周並擅撻指揮，非故事。事聞，帝方念疆埸多故，欲倚武臣，旨下參覈。于廷等言：「軍官起世胄，率不循法度，概列彈章，將不勝擾，故小過薄責以懲。凡御史在外者盡然，不自二臣始。」帝以指揮秩崇，非御史得杖，令會兵部稽典制以聞。典制實無杖指揮事，乃引巡撫勑書提問四品武職語以對。帝以比擬不倫，責令再核。于廷等終右御史，所援引悉不當帝意。疏三上三卻，竟削籍歸。家居二年卒。福王時，贈少保。

于廷端亮有守。周延儒當國，于廷其里人，無所附麗。與溫體仁不合，故卒獲重譴去。

鄭三俊，字用章，池州建德人。萬曆二十六年進士。授元氏知縣。累遷南京禮部郎中、歸德知府、福建提學副使。家居七年，起故官，督浙江糧儲。

天啓初，召爲光祿少卿，改太常。未上，陳中官侵冒六事。時魏忠賢、客氏離間后妃，希得見帝，而三俊疏有「篤厚三宮，妖冶不列於御」語。忠賢遣二豎至閣中，摘「妖冶」語，令重其罪。閣臣力爭，而擬旨則以先朝故事爲辭。三俊復疏言：「近日麋爛荼毒，無踰中璫，閣臣悉指爲故事。古人言奄豎聞名，非國之福。今聞名者已有人。內連外結，恃閣臣彈壓抑損之，而閣臣輒阿諛自溺其職，可爲寒心。」忠賢益怒，以語侵內閣，留中不下。擢左僉都御史，疏陳兵食大計，規切內外諸司。吏部郎中徐大相言事被謫，抗疏救之。

四年正月遷左副都御史。戶部右侍郎楊漣劾忠賢，三俊亦上疏極論。尋署倉場事。太倉無一歲蓄，三俊奏行足儲數事。忠賢盡逐漣等，三俊遂引疾去。明年，忠賢黨張訥請毀天下書院，劾三俊與鄒元標、馮從吾、孫愼行、余懋衡合汙同流，褫職閒住。

崇禎元年起南京戶部尚書兼掌吏部事。南京諸僚多忠賢遺黨，是年京察，三俊澄汰一空。京師被兵，大臣大獲譴。明年春，三俊以建儲入賀，力言：「皇上憂勞少過，人情鬱結未宣。百職庶司，救過不贍，上下睽孤，足爲隱慮。願保聖躬以保天下，收人心以收封疆。」帝褒納之。南糧歲額八十二萬七千有奇，積逋至數百萬，而兵部又增兵不已。三俊初至，倉庫不足一月餉。三俊力祛宿弊，糾有司尤怠玩者數人，屢與兵部爭虛冒，久之，士得宿飽。萬曆時，稅使四出，蕪湖始設關，歲徵稅六七萬，泰昌時已停。至是，度支益絀，科臣解學龍請增天下關稅，南京宣課司亦增二萬。三俊以爲病民，請減其半，以其半征之蕪湖坐賈。戶部遂派蕪湖三萬，復設關徵商。三俊請罷征，併於工部分司計舟輸課，不稅貨物。皆不從，遂爲永制。蕪湖、淮安、杭州三關皆隸南戶部，所遣司官李友蘭、霍化鵬、任傚皆貪，三俊悉劾罷之。

居七年，就移吏部。八年正月復當京察，斥罷七十八人，時服其公。旋上議官評、杜請屬、愼差委三事，帝皆採納。流寇大擾江北，南都震動，三俊數陳防禦策。禮部侍郎陳子壯下獄，抗疏救之。

考績入都，留爲刑部尚書，加太子少保。帝以陰陽愆和，命司禮中官錄囚，流徙以下皆減等。三俊以文武諸臣詿誤久繫者衆，請令出外候讞。因論告訐株蔓之弊，乞敕「內外諸臣行惻隱實政。內而五城訊鞫，非重辟不必參送法司；外而撫按提追，非眞犯不必盡解京師；刑曹決斷，以十日爲期」。帝皆從之。代州知州郭正中因天變，請舉寒審之典，帝命考故事。三俊稽歷朝寶訓，得祖宗冬月錄囚數事，備列上奏，寢不行。前尚書馮英坐事遣戍，其母年九十有一，三俊乞釋還侍養，不許。

初，戶部尚書侯恂坐屯豆事下獄，帝欲重譴之。三俊屢讞上，不稱旨。讒者謂恂與三俊皆東林，曲法縱舍。工部錢局有盜穴其垣，命按主者罪，三俊亦擬輕典。帝大怒，褫其官下吏。應天府丞徐石麒適在京，上疏力救，忤旨切責。帝御經筵，講官黃景昉稱三俊至淸，又偕黃道周各疏救。帝不納，切責三俊欺罔。以無贓私，令出獄候訊。宣大總督盧象昇復救之，大學士孔貞運等復以爲言，乃許配贖。

十五年正月召復故官。會吏部尙書李日宣得罪，卽命三俊代之。時値考選，外吏多假繕城、墾荒名，減俸行取，都御史劉宗周疏論之。諸人乃夤緣周延儒，囑兵部尙書張國維以知兵薦，帝卽欲召對親擢。三俊言：「考選者部、院事，天子且不得專，況樞部乎？乞先考定，乃請聖裁。」帝不悅，召三俊責之，對不屈。宗周復言：「三俊欲俟部、院考後，第其優劣純疵，恭請欽定。若但以奏對取人，安能得眞品？」帝不從，由是倖進者衆。帝下詔求賢，三俊舉李邦華、劉宗周自代，且薦黃道周、史可法、馮元颺、陳士奇四人。姜埰、熊開元言事下獄，及宗周獲嚴譴，三俊皆懇救。先後奏罷不職司官數人，銓曹悉稟稟。大僚缺官，三俊數引薦，賢士之廢斥者多復用。刑部尙書徐石麒獲罪，率同官合疏乞留。

三俊爲人端嚴淸亮，正色立朝。惟引吳昌時爲屬，頗爲世訴病。時文選缺郎中，儀制郎中吳昌時欲得之。首輔周延儒力薦於帝，且以囑三俊。他輔臣及言官亦多稱其賢，三俊遂請調補。帝特召問，三俊復徇衆意以對。帝頷之，明日卽命下。以他部調選郎，前此未有也。帝惡言官不職，欲多汰之，嘗以語三俊。三俊與昌時謀出給事四人、御史六人於外。給事、御史大譁，謂昌時案制弄權，連章力攻，幷詆三俊。三俊懇乞休致，詔許乘傳歸。國變後，家居十餘年乃卒。

李日宣，字晦伯，吉水人。萬曆四十一年進士。授中書舍人，擢御史。天啓元年，遼陽破。請帝時召大僚，面決庶政。尋請宥侯震暘以開言路，厚中宮以肅名分。忤旨，切責。已又薦丁元薦、鄒維璉、麻僖等十餘人，乞召還朱欽相、劉廷宣等，帝以濫薦逐臣，停俸三月。旋出理河東鹽政。還朝，以族父邦華佐兵部，引嫌歸。五年七月，逆黨倪文煥劾邦華、日宣爲東林邪黨，遂削籍。

莊烈帝卽位，復故官，以邦華在朝，久不出。崇禎三年起故官，巡按河南。還朝，掌河南道事。中官王坤訐大學士周延儒，日宣率同官言：「內臣監兵，不宜侵輔臣，且插款中疑，邊情多故，坤責亦不可逭。」報聞。遷大理丞，屢進太常卿。九年冬，擢兵部右侍郎，鎭守昌平。久之，進左侍郎，協理戎政。尋敍護陵功，加兵部尙書。十三年九月擢吏部尙書。十五年五月會推閣臣，日宣等以蔣德璟、黃景昉、姜曰廣、王錫衮、倪元璐、楊汝成、楊觀光、李紹賢、鄭三俊、劉宗周、吳甡、惠世揚、王道直名上。帝令再推數人，而副都御史房可壯、工部右侍郎宋玫、大理寺卿張三謨與焉。大僚不獲推者，爲流言入內，且創二十四氣之說，帝深惑之。踰月，召日宣及與推諸臣入中左門，偕輔臣賜食。已，出御中極殿，令諸臣奏對。玫陳九邊形勢甚辯。帝惡其干進，叱之，乃命德璟、景昉、甡入閣，而以徇情濫舉責日宣等回奏。奏上，帝怒不解，復御中左門，太子及定、永二王侍。帝召日宣，聲甚厲。次召吏科都給事中章正宸、河南道御史張煊，〔五〕及玫、可壯、三謨，詰其妄舉。日宣奏辯。帝曰：「汝嘗言秉公執法，今何事不私？」正宸奏：「日宣多游移，臣等常劾之，然推舉事，實無所徇。」日宣復爲玫等三人解。帝命錦衣官提下日宣等六人，並褫冠帶就執。時帝怒甚，侍臣皆股栗失色。德璟、景昉、甡叩頭辭新命，因言：「臣等並在會推中。若諸臣有罪，臣等豈能安。」大學士周延儒等亦乞優容。帝皆不許，遂下刑部。廷臣交章申救，不納。帝疑其未就獄，責刑部臣尅期三日定讞。侍郎惠世揚、徐石麒擬予輕比，帝大怒，革世揚職，鐫石麒二秩，郎中以下罪有差。御史王漢言：「枚卜一案，日宣等無私。陛下懷疑，重其罪，刑官莫知所執。」不聽。獄上，日宣、正宸、煊戍邊，玫、可壯、三謨削籍。久之，赦還，卒。

張瑋，字席之，武進人。少孤貧，取糠粃自給，不輕受人一飯，爲同里薛敷敎所知。講學東林書院，師孫愼行。其學以愼獨研幾爲宗。

萬曆四十年舉應天鄉試第一。越七年，成進士，授戶部主事。調兵部職方，歷郎中，出爲廣東提學僉事。粤俗奢麗，督學至，宮室供張輿馬供牽之奉甲他省，象犀文石，名花珠貝，磊砢璀璨，瑋悉屏去弗視也。大吏建魏忠賢祠，乞上梁文於瑋，瑋卽日引去。瑋廉，歸而布袍草履，授徒於家。

莊烈帝卽位，起江西參議，歷福建、山東副使。大學士吳宗達謂瑋難進而易退，言之吏部，召爲尙寶卿，進太僕少卿。坐事調南京大理丞，引疾去。久之，起應天府丞。是歲，四方大旱，瑋以軍食可虞，奏請：「禁江西、湖廣遏糴，而令應天、常、鎭、淮、揚五郡折輸漕糧銀，赴彼易米，則小民免催科之苦，太倉無顆粒之虧；他十庫所收銅錫顏料皮布，非州縣土產者，悉解折色，且盡改民解爲官解，以救民湯火。」所司多議行。

遷南京光祿卿，召入爲右僉都御史，遷左副都御史。時劉宗周、金光辰並總憲紀，瑋乃上風勵臺班疏曰：「懲往正以監來。今極貪則原任巡按蘇松御史王志擧，極廉則原任南京試御史成勇。勇與臣曾不相知，家居聞勇被逮，士民泣送者萬輩，百里不休。後入南都，始知勇在臺不濫聽一辭，不輕贖一鍰，不受屬吏一蔬一果。杰紳悍吏爲民害者，不少假借。

委曲開導民以孝弟。臣離南中，輒扳轅願借成御史，惠我南人。雖前奉嚴譴，宜召爲諸御史勸。」疏上，一時稱快。詔下志舉法司逮治，成勇敍用。

瑋旋以病謝歸，未幾卒。福王時，贈左都御史，謚淸惠。

金光辰，字居垣，全椒人。崇禎元年進士。授行人。擢御史，巡視西城。內使周二殺人，牒司禮監捕之，其人方直御前，叩頭乞哀。帝曰：「此國家法，朕不得私。」卒抵罪。出按河南，條奏至三百餘章，彈劾不避權勢。九年還朝。京師戒嚴，光辰分守東直門，劾兵部尚書張鳳翼三不可解，一大可憂。帝以鳳翼方在行間，寢其奏。

時帝久罷內遣，然以邊警，諸臣類萎膝不任，仍分遣中官盧維寧等總監通、津、臨、德等處兵馬糧餉，而意頗諱言之。光辰疏請罷遣，帝怒，召對平臺。風雨驟至，侍臣立雨中，至以袖障霤。久之，帝召光辰責之。光辰對曰：「皇上以文武諸臣無實心任事，委任內臣。臣愚以任內臣，諸臣益弛卸不任。」帝大怒，聲色俱厲，將重譴光辰，而迅雷直震御座，風雨聲大作。光辰因言：「臣往在河南，見皇上撤內臣而喜。」語未終，帝沉吟，卽云「汝言毋復爾」，然意亦稍解。人謂光辰有天幸云。時張元佐以兵部右侍郎出守昌平，同時內臣提督天壽山者卽日往。帝顧閣臣曰：「內臣卽日往，侍臣三日未出，朕之用內臣過耶？」翼日有詔，光辰鑴三級調外。

久之，由浙江按察司照磨召爲大理寺正，進太僕丞。十三年五月復偕諸大臣召對平臺，咨以禦邊、救荒、安民之策。光辰班最後，時已夜，光辰獨對燭影中，娓娓數百言，帝爲聳然聽。明日諭諸臣各繕疏以進。尋移尙寶丞。陳罷練總、換授、私派、僉報數事，報聞。歷光祿少卿、左通政。十五年五月復偕諸臣召對德政殿，備陳賊形勢。帝悅，擢左僉都御史。無何，以救劉宗周，仍鑴三級調外。事具宗周傳。明年丁父憂。福王時，起故官，未赴。國變，家居二十餘年卒。

贊曰：明自神宗而後，士大夫峻門戶而重意氣。其賢者敦厲名檢，居官有所執爭，卽清議翕然歸之。雖其材識不遠，耳目所熟習，不能不囿於風會，抑亦一時之良也。遭時孔棘，至救過不暇，顧安得責以挽回斡濟之業哉。

校勘記

〔一〕徐石麒坐議獄落職閒住　徐石麒，原作「徐石麟」。本書卷一一二七卿年表，卷二五四鄭三俊傳、李日宣傳，卷二五六劉之鳳傳都作「徐石麒」。卷二七五有徐石麒傳，事跡與此合，據改。

〔二〕過庭訓　原作「過廷訓」，據本書卷二三六夏嘉遇傳、卷二四二翟鳳翀傳及明史稿傳一三四孫居相傳改。

〔三〕稍遷河南參政　河南，原作「河東」，據明史稿傳一三四曹珖傳改。

〔四〕文選郎張光前　張光前，原作「張可前」，按本書卷二四二有張光前傳，事跡與此合，據改。

〔五〕河南道御史張煊　張煊，本書卷二七五徐石麒傳作「張瑄」。